叔本华的心灵咒语

THE SCHOPENHAUER'S WISDOM OF LIFE

[德]叔本华 著 陶然 译

北京联合出版公司
Beijing United Publishing Co.,Ltd.

图书在版编目（CIP）数据

叔本华的心灵咒语 / （德）叔本华（Schopenhauer，A.）著；陶然译 .
—北京：北京联合出版公司，2013.12（2023.3 重印）
　ISBN 978-7-5502-2006-5

　Ⅰ.①叔…　Ⅱ.①叔…　②陶…　Ⅲ.①叔本华，A.（1788~1860）—人生
哲学　Ⅳ.① B516.41

　中国版本图书馆 CIP 数据核字 (2013) 第 234858 号

叔本华的心灵咒语

作　　者：［德］叔本华
译　　者：陶　然
出 品 人：赵红仕
责任编辑：张　萌
封面设计：王　鑫

北京联合出版公司出版
（北京市西城区德外大街83号楼9层 100088）
北京新华先锋出版科技有限公司发行
涿州汇美亿浓印刷有限公司印刷　新华书店经销
字数239千字　787毫米×1092毫米　1/16　17印张
2014年1月第1版　2023年3月第2次印刷
ISBN 978-7-5502-2006-5

定价：69.00元

译者序

　　亚瑟·叔本华是德国著名哲学家，唯意志主义和现代悲观主义创始人，自称"性格遗传自父亲，而智慧遗传自母亲"。他一生未婚，没有子女，与狗为伴。著有《作为意志和表象的世界》等作品。晚年时写了《附录与补遗》一书，以格言式的文体阐述了自己对世界、对人生的看法，使他获得了声誉，瞬间成了名人。

　　本书收录了叔本华的主要著作，其中包含了作者对世界、人生、社会、文学、艺术等诸多问题的广泛思考。从中可以看出叔本华的唯意志主义哲学观和悲观主义主张，更有一些惊世骇俗的思想言论。通过这本书，读者会对叔本华有一个更加全面的了解。

　　由于作者受到所处时代和立场的限制，其对一些事物的评价带有明显的针对性和局限性，今天看起来似乎有些不合时宜。如叔本华认为"这个世界是所有可能当中最糟糕的"，"不用多久就会完蛋"，反对乐观主义，认为"乐观主义就是生存意志毫无根据的自我赞扬"；认为生命本质上就是痛苦，人"一降生便已背负着罪责"；对女性怀有偏见，认为女性缺乏理性和智慧，"关于诚实、正直、正义感等德行比男人差"，虚伪、庸俗，不能产生"任何一项富于独创性或真正伟大的成就"，等等。

　　为了保证作品的完整，全面反映叔本华的思想，译者在编译过程中，如实地保留了叔本华的理论，相信读者能够用现代的眼光和正确的观点来看待、分析该作品，汲取精华，剔除糟粕。

目录

SCHOPENHAUER'S
SUPER IDEA

人生的苦恼

人生中，经验、洞见和知识才是真正的、永恒的祝愿，而幸福、愉悦和欢快是转瞬即逝的、虚幻的；人生的最后果实是经验而不是幸福。

——亚瑟·叔本华

Arthur Schopenhauer

世界是我的表象

"世界是我的表象"——这是真理，适用于任何生活着的和认识着的生物，不过只有人才能够将其纳入反省的、抽象的意识之中。倘若人真的这么做了，他就会出现关于哲学的思考。由此，他会明确地认识到，他不认识什么太阳、地球，而永远只承认眼睛，因为太阳为眼睛所见；永远只承认手，是手感知了地球；就会懂得，围绕在他身边的这个世界只是作为表象而存在着的；即是说，世界的存在完全是就它对另一事物———一个进行"表象者"的关系而言的。人，就是这个进行"表象者"。

这一真理并非新得出的结论，笛卡儿所凭借的怀疑论观点中就已经包含了它，只不过贝克莱则是第一个断然将其说出来的人。虽然他的哲学观点的其他部分站不住脚，但就这一点而言，他为哲学所做出的贡献不容小视。

在第一篇中，我们只是从作为表象的一面来考察这个世界。这一考察虽无损于其为真理，但终究还是不全面的，也是由某种任意的抽象作用引发的，它凸显了人们内心的矛盾，并且以这一矛盾去假定世界为其表象，而他从此也再不能摆脱这一假定。不过，这一考察的片面性可以通过下面一篇得到充实，由另一真理来补充。但这一真理并不像我们此处凭借的那一个那般直接明了，而需通过更深入的探讨、更艰难的抽象与"别异综同"的功夫才可能达到。它一定是严肃的，对每个人而言，即使不是可怕的，也必然是不容忽视的。这另一个真理就是：每个人，他自己也能说且必须说："世界是我的意志。"

主体就是，认识一切而又不为任何事物所认识的东西。因而主体就是这个世界的支柱，一贯被所有现象和客体作为前提的条件；原本凡是存在着的，即是对主体的存在。任何人都可能发现这一点：自己就是这么一个主体，但仅限于它在认识着的时刻，当它作为被认识的客体时则不会这样。人的身体既然已经是客体，从这一点观之，也得称其为表象。尽管身体是直接客体，但终归是诸多客体中的一分子，并不能脱离客体的那些规律。与那些直观的客体一样，身体也同样在时间和空间里，在一切认识所共有的那些形式当中。正是因为这些形式，进而才有了杂多性。

因此，作为表象的世界——我们在此方面考察的这个世界，有着本质的、必然的、不可分割的两个半面——客体和主体。客体的形式是空间和时间，杂多性即是通过这些来表现的。主体却不在空间和时间里，因为在任何一个进行表象的生物中，主体都是完整的、未被分裂的。因而无论是这些生物里单独的一个客体，还是现有的亿万个生物与客体，都同样一道完备地构成这作为表象的世界；一个单独的生物消失了，其作为表象的世界同样跟着消失了。所以这是不可分割的两个半面；甚至对思想也是这样，因为任何一个半面的意义和存在都只能通过另一个半面来体现：共存共亡。二者又互为界限，客体的开始即是主体的终止。这是双方共同的界限，这也同样体现在下列的事实中：一切客体所具有的本质而普遍的那些形式——时间、空间和因果性，不用认识客体本身，只从主体出发就能够发现，能够充分地认识；就像康德说的，这些形式已先验地在我们的意识中。康德发现了这一点，这是他主要的功绩。现在我再进一步地说明，根据律就是我们先天所意识到的，客体所具备的一切形式的共同表述。由此可知，我们先天知道的正是这一定律的内容，别无其他。事实上，这一定律都已经把我们先天明确的"认识"说尽了——这便是由此产生出的结果。

对于我们而言，直观表象和抽象表象间的区别就是一切表象中的主要区别。后者只构成表象的一个类别，即概念——这也只是地球上的人类所专有。这区别于动物且达到概念的能力，即被称为理性。在此我们单就直观的表象展开论述，以后再考察这种抽象的表象。直观表象包含整个可见的世界或者说全部经验以及经验可能达成的条件。这是康德十分重要的一个发现——前面已经提到，他的意思就是：经验的这些条件和形式即是世界的知觉中最普遍的事物，世上的一切现象存在于一种方式共有的东西——时间和空间，当单独离开它们的内容时，不仅能够被抽象地思维，还可被直观。而这种直观并非是从什么经验的重复假借得来的幻象，而是毫不依赖任何经验，甚至会设想经验反过来依赖这直观；这是因为空间和时间的一些属性——比如直观先经验所认识到的，都能够作为一切可能的经验的规律；不管在哪里，经验都须遵照这些规律而取得效果。我曾在讨论根据律的那篇论文里将时间和空间——倘若它们是纯粹而毫无内容地被直观的——看成隶属于表象的、特殊而单独存在的一个类。

但如果将时间和空间分开单独来审视，即便令其没有物质，也还能够直观地加以表象，然而物质就不能没有这两者。物质与其形状是不能分割的，是形状的就必以空间为前提条件。而物质的全部存在也不可能游离于其作用之外，作用总是变化的，且只是在某个时间里的规定。但时间和空间并非分割开来作为物质的前提，物质的本质是由二者的统一构成的，正因为这样，如上所述，其本质是存于作用和因果性中的。倘若所有能够想到的现象和情况，可以在无限的空间里排列而不致拥挤，或是在无尽的时间里先后继起而不致紊乱，那么，在这种现象和情况之间就没什么必然的关系可言了。而依据这些关系对这些现象和情况所做的规则就更无必要，或者说没法得到应用了。最终导致的结果就是：虽然空间中有一切的并列，时间中有一切的变化，但只要这两者各自独立，而没有在相互的关系中有其过程和实质，因果性就无从谈起；而物质真正本质的构成又离不开这因果性，由此可知，没有因果性，就没有物质。但因果律获得意义和必然性的原因在于变化的本质不仅仅是情况本身的变化，更是空间中同一地点上情况随时间的变化，即不同的时间有不同的情况；是同一特定时间上情况随空间的变化，也就是不同的空间有不同的情况。二者只有这样相互地制约，才能使照此变化的规则具有意义且具必然性。因而，因果律所规定的不是只在时间中的情况相继起，而是就一特定空间而言的；情况的存在不是在一特定的地点，而是在某一特定的时间。变化即是依此因果律发生的变更，每次都会同时且统一地涉及到空间和时间的某个部分。由于因果性，空间和时间才得到了统一。

虽然直观须经由因果性的认识而成立，但就此以为客体与主体间存在着原因和效果的关系，那就大错特错了。实际上，这一关系只存在于直接的和间接的客体间。正是由于存在上述的误解，才会不可避免地出现有关外在世界的实在性的愚蠢争论，在争论中才会出现独断论与怀疑论相互对峙的情况，前者一会儿是实在论，一会儿又是唯心论。在此要对争论双方说明的是：首先，客体就是表象；其次，它的作用就是能够直观的客体的存在，在其作用下，事物的现实性随即产生。但想要不同于其作用，在主体的表象之外实现客体的实际存在，要求真实事物有一个存在，那是毫无意义并相互矛盾的。所以只要直观的客体是客体——表象，那么，认识了直观客体的作用方式即是完全认识了这一客体，除此之外，就再没有什么是为这认识而留存于客体上的了。就此而言，存于空间和时间里的直观世界，纯粹通过因果性实现自身，因而也就是实在的，它即为它显现的东西，且完整而毫无保留地作为表象，按因果律而联系着。这即是它经验的实在性。另一方面，一切因果性又只对悟性而存在，因而整个现实的世界——发生作用的世界总以悟性为条件；倘若没有此条件，这样的世界毫无意义。但不仅仅是为这，而是因为想象一个不存在主体的客体根本就不可能不是矛盾的，所以我们才会否认独断论所宣称的那种在主体之外的实在性。表象就是整个客体的世界，无可移易，因而只能以主体为条件，这也就意味着其具有先验的观念性，但并不意味着这一切是假象。它是什么就显现出什么，即显现出一连串的表象，根据律就是穿起这一系列表象的韧带。对于具有健全的悟性的人而言，这样的世界——即便从这世界最内在的意义上讲，也是能够理解的，对悟性而言，这是完全清晰的语言。

就如同从太阳的直射之下走进月光间接反射的光里一般，我们现在探讨的角度就是从直观的、当下的、自为代表和保证的表象转向了反省的思维，理性而抽象的、推理的概念。概念从直观认识中来，只有在这种认识的关系中才显现它的全部内容。倘若我们总是纯粹直观地行事，那么一切都会是稳固而明晰的，没有问题，没有怀疑，没有谬误；人们不会有什么要求，也不能有要求；在直观中人们满足于当下已有的。直观是其本身所具有的，因而凡是纯直观所产生的、忠实于直观的事物——比如真正的艺术品，就不可能是错的，也不会成为某个时代的遗弃物，因为它并不发表某种意见，而只是事情本身的呈现。而在理论上，随同抽象的认识和理性就会出现怀疑和谬误，在实践中产生顾虑与懊悔。在直观的表象中，事实会被假象在当下瞬间歪曲；在抽象的表象中，谬误能够支配几十个世纪，给整个民族套上它牢固的枷锁，能够扼杀人类最至高无上的冲动；它的奴隶们——那些被它所蒙蔽的人们，甚至会给那些不受蒙蔽的人带上镣铐。对于这样的敌人，历代先哲们不知与它进行过多少次实力悬殊的斗争，最后从它那里缴获的一点东西才被珍为人类的财富。我们一踏入这敌人所属的领地对它的警惕之心即刻就被唤起了，这是有好处的。尽管曾有人说，就算看不到什么好处，也不会放弃对真理的追求。这是因为，真理的好处不是直接而是间接的，并且隔上某段时期又会意外地重新显现——在这里我还要说明一点：即便没有看到害处，人们也须去揭露并尽力铲除谬误，谬误的害处同样也是间接的，会在人们掉以轻心的时候又出现；且无论是什么谬误，都会藏有毒素。倘若令人类成为地球主宰的是人的智力和人的知识，那么就不会有无害的谬误；倘若是那些尊严而神圣的谬误，就更不可能是无害的了。为了对那些在某一场合某一地点与谬误做过崇高而艰巨的斗争且献出力量和生命的人表示些安慰，我不禁要插上一句：在真理还没有出现之前，谬误就如同猫头鹰和蝙蝠在夜里逍遥自在一般，固然还能嚣张一段时间，倘若说真理即便已经被认识且能够明晰而完整地被表达出来之后，还会再度被逐退，而旧的谬误又一次大肆重新占领它那片阵地，那么就如同说猫头鹰和蝙蝠会把东升的太阳吓回去一样。真理的力量就是这样，其胜利固然是来之不易，但足以弥补这个遗憾的是：一旦真理赢得了这胜利，是永远不会被夺走的。

直到这里为止，作为我们考察对象的表象，按照它们的构成分析，要是从客体方面入手，能够还原成时间、空间以及物质；要是从主体方面入手，则能够还原成纯感性和悟性（即所谓因果性的认识）。除去这两方面的表象，生活在地球上的所有生物中，只有人类还具有一种不同的认识能力，进而发起一种全新的意识。这就是被人们以一种冥悟的准确性很恰当地称为反省思维的意识。的确，这种意识是一种反照，从直观认识被引申出来，但是它的性质与构成完全不同于直观认识，属于直观认识的那些形式，它全然不知，即便是支配所有客体的根据律，在这里也呈现出另一种不同的形态。这全新的、能力更强的意识——所有直观事物抽象的反照，理性的非直观概念中的反照——人类的思考力即从它而来。人类意识与动物意识的区别即在于此。正因为这一区别，人类在地球上的行为才会与那些无理性的兄弟种属们有所不同，在势力上超过它们，在痛苦上也同比程度地超过它们。它们只活在当下，而人可以同时生活于过去和未来。它们只满足于眼前的需求，而人则以自身的机巧开始未雨绸缪，甚至还未出世的后代也受到恩泽。动物只能任由眼前印象的摆布，任由直观动机的作用摆布，而规定人的却是不受眼前束缚的抽象概念。因而人可以执行预先的计划，可按章程条款来行事，而不顾（临时的）环境、眼前偶然的印象。举个例子，人可以不动声色地为自己的死做出安排，能够伪装得令人毫无察觉，把自己所有的秘密悄然带进坟墓。不仅如此，在众多的动机里他还保留着真正的选择权。这是因为，这些动机只有在抽象中同时并列于意识当中，才会产生这样的认识：既然动机相互排斥，就只能在支配意志的实力上一决高下。占据优势的动机即是起着决定作用的动机——这是通过考虑后的意志抉择，这一动机便是透露意志本性的可靠标志。而动物则相反，它们由眼前印象决定；只有它们对眼前的强制力产生畏惧了，才会抑制自己的欲求，直到这一畏惧成为习惯时才会受到约束，这即是对动物的一种训练。动物也有直观、有感受；而人除此之外则还需要思维，需要知道；欲求是两者都有的。动物通过姿态与声音来表达感觉与情绪，而人传达思想或隐瞒思想则靠语言。可以说语言是人类理性的首要产物、必备工具。因而语言在希腊文与意大利文中，与理性用同一个词来表示：在希腊文中是"逻戈斯"，意大利文是"迪斯戈尔索"。德语里的理性（费尔靡夫特）Vernunft 一词是从"理会"（费尔涅门）Vernehmen 衍生而来的，但与"听到"Horen 并不是同义词，有种理解语言所表达的思想的意思。没有语言的帮助，理性难以完成它那些最重要的使命，像众人协作一致的行动，几千人按照计划的合作；比如文明、国家，以及科学、以往经验的保存、将共同的事物概括于同一概念的真理的传达、谬误的散布、思想和作诗、信条与迷信等等，诸如此类。只有在死亡中动物才会认识到死亡，而人则有意识地渐渐走向死亡；即便有人还没有意识到生命即是在不断的毁灭中逐渐走向死亡，在某一个时刻他仍会产生对生命的焦虑。而人之所以会有不同的哲学与宗教，其主要原因也在于此。

概念是表象的特殊类别之一，在种类上，和我们前面所考察的直观表象全然不同，它只会出现在人的心智中，所以有关概念的本质，我们永远都不可能获得直观而真正明白的认识，只可能是一种抽象的、推理的认识。

概念与直观表象，尽管两者有根本的区别，但概念对直观表象又有一种必然关系，失去了这一关系，就无所谓概念了。因而这一关系就是概念的全部内涵和实际存在。反省思维即是直观世界的摹写和复制——尽管这种摹写十分特别，所用的材料也全然不同。所以把概念称为"表象之表象"，再恰当不过。

根据上面的叙述，又会有这样一种情况：因为概念是抽象的表象，所以并不是十分确定的表象。由此每一项概念便有了人们称为意义范围或适用限定的东西——不管这一概念是否只有一个适用的实在客体场合。这样我们就会看到它们的某些共同之处：在某一概念里被思维的部分，同时又会是另一概念里被思维的部分；反过来也一样；尽管两者同时，却又是真正不同的两个概念，这两者，或者是至少两者中的一个又有着另一概念所不包含的东西。每一个主语与其谓语就包含在这样的关系里，对这一关系的认识即是"判断"。

理性只在有所取之后才会有所与，仅就其本身而言，除了用于施展的空洞形式而外，它一无所有。

整体上而言，逻辑还可以算是纯理性的科学。在其他科学中，理性接受了源自直观表象的内容：这内容在数学中来自于经验、直观意识着的空间关系与时间关系；纯自然科学中——我们对于自然过程先于经验的那部分知识之中，科学的内容源于纯粹的悟性，源于因果律及其结合时间、空间的纯粹直观的先验认识。除此而外的科学——一切不是从上述来源中获得内容的科学，都源于经验。所谓的"知"就是：在人心智的作用下有某种可以任意复制的判断，在这些判断之外的事物中也含有其充足的认识根据，这也就意味着这些判断不是假的。因而"知"是抽象的认识，并以理性为条件。尽管动物也有直观认识，它们做梦这一点也可以证明其存在对直观认识的记忆，有记忆当然就会有想象，但严格说来，这并不能说明动物也有所"知"。所谓的动物意识，指的是意识作用这一概念，从语源上来说虽是从"知"而来，但却和表象作用这概念——不管是哪种表象作用——是一致的。所以才会说植物虽然有生命，但没有意识。"知"是抽象的意识，是将在其他方式下认识的一切在理性概念中固定下来的作用。

由此说来，从寻找整个世界的一个有效因或目的因出发的哲学是不可能的，我的哲学就不问世界的来由，不问为什么会有这个世界，而只对这个世界是什么感兴趣。注意，"为什么"是低于"是什么"的，"为什么"源于世界现象的形式和根据律，且只在这一范围内有意义和妥当性，因而早就是这个世界的一部分了。当然，人们也可以说"世界是什么"，这一问题无须帮助就能够认识到，人自身就是认识的主体，而世界则是这一主体的表象。这一认识某种程度上来说是对的，但只是直观而具体的认识，倘若在抽象中复制这些认识，将先后出现且变动不居的直观，将这个广泛概念包括的东西，将只是消极规定的具象而模糊的知识上升为一种抽象而明晰的知识，这些才可称为哲学的任务。所以哲学应是有关整个世界本质的一个抽象概括：既有关世界的全部，又相关一切的部分。

所以，是否在哲学问题上有天分，就看柏拉图所确定的一条：在部分中认清统一，在统一中看清部分。由此哲学就是极普遍判断的总和，完整性中的世界本身就是它的认识依据，没有半点遗漏，即人的意识中所呈现出来的所有。哲学则是世界在抽象概念里的完整复制，就如同镜子里的反映。因为本质上的同一，这些抽象概念合为一个概念，相异的分为另一概念。哲学的这一任务早已被培根所安排："忠实地复述这世界本身的声音，世界规定了多少，就说出多少；只是这世界的阴影与反映，毫不掺杂自己的东西，仅是复述与回声——这，才是真的哲学。"（《关于广义的科学》）我们之所以承认这一点，是基于培根当时还未能想到的一种更广泛的意义。

世界是我的意志

正是因为我们不能自满于当下对表象的这些认识，所以才更积极地去探求。我们要知道表象的意义，要知道除了表象之外，这世界是否就再没有什么了——倘若当真如此，那么世界也就必然同无实质的梦、幽灵般的海市蜃楼一般，根本不值得我们去探寻了。我们想知道的是：除了表象之外，世界是否还有别的什么；倘若有，那究竟是什么呢？

想从外在来找寻事物的本质，根本行不通。不管如何探求，除了作为比喻的形象、空洞的名称外，人们什么都得不到，仿佛一个枉自绕着王宫走而找不到入口的人，最后只得把各面宫墙摘述一番。在我之前，所谓的哲学家们走的就是这样一条路。

如此一来，探讨者自己就绕进了一个怪圈中：在这个世界中，他是作为个体而存在的，这也就意味着他的认识虽然是作为表象的整个世界的前提支柱，但毕竟是通过身体所获得的。就如前面所指出的，悟性在直观这世界时以身体的感受为出发点。仅作为认识着的主体，就其是主体而言，身体也是表象中的一个表象，客体中的一个客体。如若不以全然不同的方式来考察这身体的活动与行为上的意义，对于这主体而言，也将会和它所知道的所有其他直观客体的变化一样，既陌生又无法理解。应该说，这样的结果是作为个体出现的认识主体早已知晓的了，这就是"意志"。也唯有它才是主体理解自己这一现象的钥匙，进而分别揭示和指出了它的本质与作为，行动的意义与内在的动力。

意志及身体的活动，并非是通过因果性关联起来的两种客观地认识到的不同情况，并非在因与果的关系之中，而是合二为一的同一事物，只是在两种全然不同的方式下的给予：一个是全然直接的给予，一个是在直观中悟性的给予。身体的活动只是客体化了的、进入了直观的意志活动。所以我想把这一真理置于其他真理之上，称其为最高意义上的哲学真理。这一真理能够通过不同的方式来表述。例如：我的身体和意志是同一的；被我看成直观表象且称为我的身体的事物，只要它是在一种没有其他方式可比拟的情况下为我所意识，那它就是我的意志；我的身体即为我的意志的客体性；倘若忽略不计"我的身体是我的表象"这一点，那我的身体就只是我的意志；诸如此类。

身体的各个部分一定要和意志得以宣泄的主要欲望相吻合，必是欲望的可见表现：牙齿、食道与肠道的输送即是饥饿的客体化；而抓取物品的手与跑路的腿所结合的已是意志较为间接的要求了。二者即是这些要求的可见表现。就像人的普通体形与人的普通意志相吻合一样，个人的身体也与个体形成的意志、性格相吻合。所以不管是就全体还是各个部分而言，人的身体都有个体的特征，表现力丰富。亚里士多德所引的《形而上学》里的巴门尼德斯的一段诗句，就言明了这种思想：

就像每个人都有屈伸自如的肢体结构，

与之相对应的，即是人们内心的灵魂；

因为精神与人的自然肢体

对于所有人都一样，在此之上

有决定性的仍然是智慧。

只有意志才是自在之物。作为意志就一定不是表象，并在种类上不同于表象。它是所有表象、客体以及现象、可见性和客体性的出处。它是个别的，同样也是整体的内核。每种盲目地起作用的自然之力中，每一经人类思考的行动之中，都可见它的身影。而从显现的程度来讲，两者间有着巨大的差别，但对"显现者"的本质而言则并非如此。

如同一道符咒般，"意志"一词似要为我们揭示出自然界事物最内在的本质，这并非是一个未知数的标志，并非是一个由推理得来的什么，而是表明我们直接认识的什么，且是我们再熟悉不过的；我们知道且比了解其他东西更懂得意志，无论那是什么。以前，意志总被人们归于力的概念之下，我则刚好相反，要将自然界中的每一种力都设想成意志。人们不能仅仅把这归于字面上的争论，认为这无所谓、可以不去理会，而更应将其作为头等有意义且异常重要的事情。和其他概念一样，力这一概念原本也是以客观世界的直观认识——现象，即表象——为依据且由此而生；是从因与果支配的范围内提炼出来的，因此也是从直观表象中而来。倘若我们将力这一概念归为意志这概念，事实上就等于是把较未知的还原为最熟悉的、真正直接且完全已知的，由此也就大大扩展了我们的认识。

　　意志在作为人的意志而表现得最为清晰明了时，人也就能够真正认识到意志的无根据性而将人的意志称为自由独立的，但同时又会将意志的现象随处要服从的必然性忽视掉，而认为行为也是自由的。行为并不是自由的，动机作用于性格生出的每一个别行为都遵循着严格的必然性。如前所述，一切必然性都是果与因的关系，而绝不会是其他。根据律是现象的一般形式，和其他现象一样，人在其行动中必然也要服从根据律。但意志是在自我意识中直接被认识的，因而在意识中也包含对自由的意识，但这样就忽略了作为个体的人，人格意义上的人并非自在之物的意志，而是意志的现象了，由此自然就进入现象的形式——根据律了。这即是怪事的源头：每个人都先验地自以为自己是绝对自由的，在个别行为中也一样，无论哪个瞬间都能够开始另一种生涯，也就是变为另一个人。但在后验地经验中他惊异地发现自己并非是自由的，而是要服从必然性；尽管自己有许多计划与周详的思考，但实际的行径最终并没有改变；从出生到死亡，他都必须扮演自己不愿承担的角色，直到剧终。

　　从根本上来说，无论是理性的认识，还是直观的认识，二者都是由意志本身而来的。倘若仅作为一种辅助工具，一种"器械"，那么和身体的器官一样，认识也是维系个体存在与种族存在的工具，且属于意志客体化高级别的本质。认识是为达成意志的目的，为意志服务的，从始至终它几乎都很驯服且胜任的；在所有动物——差一点也包括所有的人——都是这样。

我已经成功地传达了这样一个明显而确切的真理：我们存在其中的这个世界，按其全部的本质而言，根本就是意志，根本就是表象——这就已假定了一个形式，客体与主体的形式，因而表象是相对的。倘若我们问，在取消了这一形式以及一切由根据律引出的从属形式之后还有什么？那么，除了意志，这个在种类上就不同于表象的东西不可能再是其他的什么了。所以真正的自在之物就是意志。所有人都可以看到，自己就是它，世界的内在本质就在其中。而所有人也可以看到，自己就是认识着的主体，整个世界就是主体的表象；在人的意识作为表象的支柱这一前提下，表象才有了它的存在。因此，在这双重观点下，人自己就是这世界，就是小宇宙，且认识到这世界的两个方面都全然皆备于我。要是每个人都这样承认自己固有的本质，那么，整个世界的、大宇宙的本质也将被纳入其中。所以，无论是世界还是人自己，根本就是意志，根本就是表象，此外再没有什么了。

实际在本质上，意志自身是没有任何目的、任何界限的，它是无尽的追求。我们在谈到离心力时就已触及到这一点。在重力——意志客体化的最低级别——上也能够发现这一点；重力永不停歇地奔赴一个方向，这很容易让人看出它不可能有最后的目的。这是因为，即便一切存在的物质都按照它的意志形成一整块，但重力在这整块中朝着中心点奋力挣扎的同时还要对付不可透入性——无论它是固体的还是弹性的。因而物质的这种追求总受到阻碍，而不能、也永远得不到满足或安宁。意志的一切现象的追求就是这种情况。在达成某个目标之后，又是一个新的追求过程的开始，就这样反复以至无穷。植物从种子经过根、茎、枝、叶、花和果，以提高自己的显现，而最终的结果又只是新种子的开始，新的个体开端，又按照旧有的过程上演，历经无尽的时间如此往复。动物也是如此：过程的顶点就是生育，完成之后，这一批的个体生命时间不等地走向死亡，与此同时很自然地，新个体的出现保证了这一物种的延续，继续着同样的过程。无尽的流动，永恒的变化，属于意志的本质显现；同样的情况也能够在人类的追求欲望中看到。这些欲望总会把自身的满足当作欲求的最终目标来哄骗我们，而一旦达成，很快就又被抛开了。即使人们不愿意公开地承认这点，事实上也总是当作消逝的幻想撇在一边。假使还剩下什么可盼可努力的，能使这游戏得以继续而不致陷入停顿，那就算幸运的了。从愿望到满足再到新愿望，这一不停的过程要是往复得快，就是幸福，慢，即是痛苦；而陷入停顿之中，就成为了使生命僵化的空虚无聊，成了没有对象、模糊无力的妄想，成了致命的苦闷。据此，当意志有认识地将其照亮时，会明白它此刻的欲求，在这里的欲求，可并不懂得它根本的欲求。每一个别的活动都有目的，但整体的总欲求却没有目的。这就像每一个别自然现象在当时当地显现时必有一个充足原因，而于现象中显出的力却根本不需要原因，因为这一原因已是自在之物的、毫无根据的意志现象的级别。总的说来，意志的自我认识就是总的表象——整个直观的世界，它是意志的客体性与显出，如同镜子一般。

生存的痛苦与虚无

如果说，我们生活最为接近和最为直接的目的并不是痛苦，那么，在这世界上，就没有比我们的生存更违背目的的东西了。很显然，以为那些源自匮乏和苦难、充斥世界各个角落的无穷无尽的痛苦没有任何目的，纯粹意外，这一假设本身就非常荒谬。我们对痛苦何其敏感，但对快乐却相当麻木。尽管个体的不幸看上去纯属例外，但就总体而言，不幸却是规律中一贯存在的情况。

溪水只有在碰到障碍时才会卷起漩涡，同样的情况，人性和动物性也使得我们无法真正察觉到那些同我们意志完全一致的事物。倘若我们真的留心某件事情的话，那定是事情没有马上顺应我们的意志，而是遇到了某些阻碍。与此相比较，所有阻碍、违背，与我们的意志相抵触的事情，即所有令我们感到不快和痛苦的事情，即刻就会被我们感觉到。就像我们不会对身体的整体健康感到满意，而只会专注于鞋子夹脚的某个细微之处——对进展顺利的事情我们毫不留心，却时刻为鸡毛蒜皮的小事而烦恼。"舒适与幸福具有否定的性质，而痛苦则具肯定的特性"，这条我已多次强调的真理，正是以上述事实为基础的。

因而在我看来，形而上学体系中认为痛苦和不幸是否定之物的观点，大部分都荒谬至极。其实，事实刚好与之相反，痛苦和不幸恰是肯定的，是能够引起我们感觉的事物；而所谓好的事物，即所有的幸福和心满意足，却是否定的，意味着愿望的消失，痛苦的终结。

还有一事实与此相吻合，那就是：快乐总是远远低于我们的期望，而痛苦则永远超出我们对它的想象。

如果有谁对此持异议，说这世上快乐超出痛苦，或者说两者基本持平，那他只需在一动物吞吃另一动物之时，将两者各自的感受互相对比一下就够了。

每当遭受不幸或承受痛苦时，只要看看更加不幸的人就足够安慰我们了——这一点人人都能够做到。但假设所有人都在承受这一切，我们还会有其他有效的方式吗？我们就像一群在草地上无忧无虑生活的绵羊，而屠夫正在一旁虎视眈眈，心中早已想好宰杀的顺序了。在好日子的时候，没有人会想到命运此刻已为我们准备了种种不幸与痛苦：疾病、贫穷、迫害、残疾、疯狂甚至死亡，这些往往不期而至。

我们通过历史来了解国家和民族的生活，然而除了战争和暴乱，历史什么也没有，因为太平的日子着实短暂，只是作为幕间休息，偶尔零散地出现。与此情形相同，个人的生活也是一场无休止的战斗。这并非寓意着同匮乏与无聊的对抗，而是实实在在地与人的拼争。无论身在何处，我们都能找到对手，持续不休地争斗，至死仍武器在握。

我们时刻被时间催逼着，不容喘息；时间就像挥舞皮鞭的狱卒，在我们每个人身后步步紧逼，给我们的生存平添了许多痛苦和烦恼。只有那些落入无聊魔掌的人，才能逃过此劫。

然而，正像失去了大气压力，我们的身体会爆炸一样，如果人生没有了匮乏、艰难、挫折与厌倦这些要素，人们的大胆与傲慢就会逐渐上升，即便不会达到爆炸的程度，人们也会受之驱使做出难以想象的蠢事，甚至变得疯狂。所以无论在什么时候，每个人都需要适量的劳心劳力，这正像船只需要装上一定的压舱物，才能走出笔直而平稳的航线一样。

劳心劳力，固然是每个人都不愿承受，却终其一生都无法逃避的命运，然而，要是所有欲望还没来得及出现就已经得到了满足，那人们又该用何种方式来消磨漫漫人生呢？如果人类生活在童话世界的极乐国，在那儿所有的一切都自动生长，烤熟的鸽子在空中飞来飞去，每个人都很快就遇到了自己的爱侣，并且毫不费力地就拥有了她。倘若真是如此，那么结果就会是这样：一部分人无聊得生不如死，甚至会自寻短见；另一部分人则寻衅滋事，互相残杀，以制造出比大自然加诸于他们身上的更多的痛苦。由此看来，再没有别的更适合这类人活动和生存的舞台了。

在上文我已经向各位做了交代：舒适与幸福具有否定的性质，而痛苦则具肯定的特性——因而，一个人是否过得幸福，并不是以他曾经拥有过的快乐和享受为衡量尺度的，而要看他这一生悲哀和痛苦的程度，这些才具有肯定的性质。但这样一来，动物所遭受的命运似乎要比人的命运更好忍受了。让我们详细地考察一下这两者的情况吧。

不管幸福与不幸以怎样复杂多变的形式呈现，并刺激人们追逐前者，逃避后者，构成二者的物质基础都源自身体上的满意或痛苦。这一基础无非就是健康、食物、免受恶劣环境的侵袭、获得性欲的满足，抑或没有这一切。所以，与动物相比，人并非享有更多真正的身体享受——除了人的更加高级的神经系统对这些享乐有着更敏感的感受。不过与此相对应的，人对每一种痛苦的感受也更加深刻了。人身上被刺激起来的情感，比动物的情感不知要强多少倍！情绪的波动也深沉得多，激烈得多！然而这一切最终的目的也并不比动物们高明多少：健康、饱暖等等，仅此而已。

人和动物之所以会表现出如此不同的情况，主要是因为人除了眼前的事，更多的还想到了将来。如此一来，在经过思维的加工之后，一切的效果都被加强了；换句话说，正因为有了思维，人才有了忧虑、恐惧和希望。这些与现实的苦乐比起来，对人的折磨更大，而动物感受到的苦乐，只局限于当下的时刻。也就是说，动物没有人静思回想这一苦乐的加工器，因而动物不会将欢乐和痛苦攒起来，但人类通过回想和预测实现了这一点。对动物而言，此时此刻的痛苦，始终是此时此刻的痛苦，就算这一痛苦循环往复地出现，它也永远是现时的痛苦，跟它第一次出现时没什么不同，这样的痛苦也不会有所累计。因而动物们享有那种让人羡慕不已的无忧无虑。与之相比，因为人类有了静思回想以及与之相关的东西，那些原本是人类和动物共有的苦乐体验，在人类那里的感觉却大大增强了，而所有这一切会时不时造成瞬间的、甚至致命的狂喜，抑或是足以导致自杀行为的极度的痛苦和绝望。认真想一想，事情就是如此。与满足动物的需求相比，满足人的需求原本只稍稍困难一点，然而为了增强欲望得到满足时的快感，便人为地增加了自己的需求，奢侈、排场、烟酒、鸦片、珍馐……与此相关的事物随之而来。不仅如此，同样是因为静思回想，那种因雄心、荣誉感和羞耻感所产生的快乐或痛苦，也只有人类才能领略到。总而言之，这一苦乐的源泉，即是人们对别人如何看待自己的关注。人的精神超乎寻常地被这一源泉引起的苦乐占据着——实际上，所有其他方面的快乐或痛苦根本无法与之相比。为博得别人好感的雄心壮志，虽然形式上多种多样，但几乎所有人都为之努力奋斗着——而所有这些努力已不仅仅是为身体的苦乐了。尽管人比动物多了真正智力上的享受——这其中有着等级的差别，从最简单的游戏、谈话，到人类创造的最高的精神智慧的结晶——然而，与此相对应的痛苦却是无聊，这在动物界是无法被感知的——处于自然状态下的动物基本上是这样，那些被驯养的最聪明的动物或许会感知到这一点。对于人类而言，无聊犹如鞭笞般难受，我们可以从那些只知道填满钱袋却脑袋空空的可怜人身上看到这种痛苦；对他们而言，优越的生活条件已变为一种惩罚，他们已落入无聊的深渊。为了逃避这一可怕的境地，他们到各地旅行，今天到这儿旅游，明天到那儿度假。刚刚到达某处地方，就瞪大眼睛打听可供"消遣"之处，好似饥寒交迫的贫弱者忧心地询问赈济局的所在地。欲念与无聊，正是人生的两极。

令人惊叹的是这样的情况：因为拥有动物所没有的头脑思维，人就以自己和动物所共有的狭窄苦乐为基础，构建起以自身的悲欢为材料的高大建筑物；在涉及到悲欢和苦乐的方面时，人的心情会产生激烈的情绪波动与强烈的震撼，由此留下的印记将会以皱纹的形式清晰地刻在脸上。可这一切获得的结果到头来和动物们的情况别无二致——相比之下，动物们只付出了少得多的情感和痛苦代价！这一切，使得人们感受到的痛苦远比快乐多很多，而这些痛苦还会因人们确切"知道"有死亡这么一回事而大大增强，动物们却只是凭本能逃避死亡，却不真正明白死亡这回事，所以不会像人一样，永远面对着死亡这一前景。尽管只有少数的动物能够修成正果，得尽天年，另一部分动物刚好有足够的运气和时间繁衍，要不就在更早的时候成了其他动物的食物，只有人才能做到一般意义上的自然死亡——这其中也有相当偶然的成分——即便是这样，动物仍具有其优势；除此之外，和动物一样，人类之中能真正得尽天年的也不占多数，人们非自然的生活状态、过分的操劳和情欲的放纵，以及由此导致的物种退化，都必然导致这一结果。

与我们人类相比，动物更能只满足于存在，植物则更是百分之百的满足，而人能否满足，则关键在于其意识的呆滞程度。与此相对应的，动物的痛苦和快乐也比人少许多。一方面，动物不知道"担忧"，也就不必经受因此带来的折磨；另一方面，动物也无所谓"希望"，这样，它们就不会因为"想法""念头"以及与此相生的种种幻想而期待"美好的明天"——而我们大部分人能感受到的幸福和快乐却恰恰源于此。

因而从这点意义上来说，动物是没有希望的。它们没有担忧，没有希望，因为它们的意识只局限在直观所见的事物上，也就是说，只局限于当时当刻，只有在当下直观地呈现于它们面前的事物，才能引起它们极为短暂的恐惧与希望，而人的意识视野贯穿其一生，甚至超出了这个范围。但也因为如此，与人类相比，动物从某种方面看确实更有智慧——它们可以心平气和地、全身心地享受当下的时刻。因此，动物是现时的体验，它们明显享受内心平静的状态，常常令受到担忧和思虑折磨、时常心生不满的我们万分惭愧；不仅如此，甚至连我们刚刚讨论的希望与期待所能够带来的快乐也不是随心所欲的：经由希望与期待所提前享有的满足感将在稍后的时间里从现时的享受中大打折扣——稍后所获得的满足刚好同之前的期待构成反比。与此相比，动物们就不会出现这样的情况，享受既不会提前到来，也不会在稍后的时间里打上折扣，它们就是完整地、全然地享受当时当刻真实的事物本身。与此相应的，不幸也只是适度地打扰一下它们，但对于人类，由于预测与恐惧，这种不幸会呈十倍上涨。

动物所独有的这种全然沉浸现时的特点，让我们只要看着那些驯养的动物，就会获得很大的快乐。它们是现时的化身，从某种程度而言，动物们让我们领略到了每一轻松明快的时刻所拥有的价值——对于这些时刻，满怀心事的我们常常未加理会就让其匆匆溜走了。然而，动物那种更满足于生存的特质却受到自私自利的人类的滥用；动物们常常受到人类的剥削和压迫，除了苟且偷生，它们别无选择。很明显的实例就是，那天生翱翔在半个地球上的小鸟，却被人类囚禁于一尺见方的空间内，渐渐憔悴、哀嚎而死，因为困于笼中的无奈与郁闷，使得它的歌唱不再源自快乐，而是发于愤恨。

而具高等智力，堪称人类最忠诚朋友的狗，却被它们的朋友——人类套上了铁链！看到它们遭受这样的虐待，我对此深表同情的同时，也对它的主人感到极大的愤慨。这令我想到若干年前《泰晤士报》上曾报道过的一件事情：一位勋爵用铁链拴起一条大狗。某天，当他走过院子时，突然向这条狗走去，并想拍一下它的脑袋，结果他的整只手臂被这条狗撕下来，真是罪有应得！这条狗大概想以此来抗议："你不是我的主人，你这个恶魔——你把我的短暂一生弄得如同在地狱一般！"把小鸟关在一尺见方的囚笼里也是虐待动物——把这种天生的飞行家囚禁在如此狭小封闭的空间里，目的只为聆听它们的哀嚎！

倘若以上论述的目的只为了提高人的认识力使其生活得比动物们更痛苦，那我们可将这种情况归结于如下的一条普遍法则，我们还可由此对这一情况获得更全面的了解。

就认知本身而言，无所谓苦痛。痛苦只与意志相关，它的情形不外乎就是意志受到阻碍、抑制，而对此的附加条件就是必须对阻碍和抑制加以认识，这正像光线只在有物体来反射光线的情况下才能够照亮空间，声音只有在产生共鸣、回响，碰撞于硬物上振动空气波，并限定于一定的距离时才能为耳朵所听见——也正因为此，在孤绝的山顶上发出的呐喊和于空旷的平地上歌唱，只有微弱的音响效果。同样的道理，意志所遭受的阻碍和抑制，必须具有适当的认识力，所谓的感觉痛苦才能够成立，然而对于认识力本身来说，痛苦却是陌生的。

所以，感受到肉体痛苦的前提，就是神经及其与脑髓的连接。因为倘若手脚连接脑髓的神经被切断，抑或因为实施了哥罗芬麻醉，致使脑髓失去了自身的功能，那么手脚受到损伤，是不会被我们知觉到的。因此，濒临死亡的人一旦意识消失，在那之后出现的身体上的抽搐便被视为没有苦痛。而感知"精神"的痛苦要以认知为条件，就更不言自明了，很容易就能够看出来精神的痛苦是随着认知程度的提高而增加的。由此，我们可以用一个十分形象的比喻来揭示二者之间的关系：意志好比琴弦，对意志的阻碍或抑制即是琴弦的颤动，认知则为琴上的共鸣板，痛苦则是由此产生的声响。

这样看来，不管意志受到怎样的抑制，无机体和植物都不会有痛感。与此相比，不管是哪种动物，即便是纤毛虫，也会有痛感，因为认知是动物的共性，无论这一认知多么欠缺完美。随着动物等级的提高，由认知而感受到的痛感也同步增强。因而最低等的动物只感受到最轻微的痛苦，诸如身体后半部几乎被撕断的昆虫，仅凭肠子的一点粘连仍可以狼吞虎咽地进食。即便是最高等的动物，因为缺乏概念与思想，它们所感知的痛苦也不能同人的痛苦相提并论。它们只在否定意志的可能性之后（这全靠理智地反省回顾），对痛苦的感知力才达到最大限度。倘若不存在否定意志的可能性，这一感受就成了毫无作用的残酷折磨。

年轻时，我们对即将到来的生活充满憧憬，如同在剧院里等待大幕开启的孩童，兴奋而迫切地期待即将上演的一幕好剧。对现实将要发生的事情一无所知，实际上是一种福气，在对真相一清二楚的人看来，这些孩童有时如同一群无辜的少年犯——并非是被判死刑，而是被判要活下去，但对这一判决所深含的意义，他们并不会明白。即便是这样，人人也都想长寿，也就是达到这样的境界："从今后每况愈下，直至最糟糕的一天来临。"

倘若我们尽最大可能地来设想一下，在运转的过程中，太阳所照耀到的各种匮乏、磨难以及痛苦的总和，我们就不得不承认：如果像月球那样，太阳不曾在地球上创造出生命，而地球表面仍处在晶体的状态，情况或许更好些。

我们也可以将生活看作是在极乐的虚无与安宁中加进的一小段骚动的插曲——尽管毫无意义。无论如何，即便是那些看起来小日子过得挺滋润的人，活得越久，越会清醒地认识到：总体来看，生活就是幻灭，不，确切地说应该是场骗局；或者更准确地说：生活具有某种扑朔迷离的气质。当两个年轻时的知己，分别了大半辈子，在暮年之时又再度重逢，两位白首老者间相互激起的就是"对自己一生全然彻底的幻灭与失望"感，因为只要看到对方，就会唤醒自己对早年生活的记忆。在那朝气蓬勃的往昔岁月，在他们的眼中，生活散发着奇异的光芒；生活对我们的许诺如此之多，然而真正履行的又寥寥无几——在昔日老友久别重逢之时，这种感觉明显占据了上风，他们甚至无需用语言来表达，而彼此心有灵犀，在心灵感应的基础上畅谈怀旧。

谁要是经历了两三代人的世事沧桑，便会产生一种类似旁观者的心境：这名观众已遍览市集戏台上所有的魔术杂耍，倘若他继续坐在观众席上，接下来的节目只是同样表演的重复循环。这些节目只为一场表演而设，因而在了解了内容之后，不再有新奇感，重复的表演只会令人感到乏味。

倘若考虑到宇宙浩渺繁杂的布置安排：茫茫宇宙中，数不尽的燃烧着的、发着光的恒星，除了用自身的光热照亮其他星球之外，再无别的事情可做，而被它们照亮的星球即是苦难与不幸上演的舞台。身处其间，即便撞上天大的好运，我们所能得到的也只是无聊，就从我们所熟知的物种来看，这样的判断并不为过——要是把这一切全部考虑进去，那非让人发疯不可。

所以没有真正值得我们羡慕的人，然而值得我们同情的人却数不胜数。

生活好比一件务必完成定额的工作。从这一意义上来看，所谓的"安息"实在是最恰当的表述。

在这个世界上，人类是被折磨者，同时也是折磨别人的恶魔——这里只是地狱。

看到这儿人们肯定要说我的哲学无法带给他们安慰，只因为我道出了真相，而大众想听到的则是"上帝把一切都安排得很好"之类的话。你们尽管去那神圣的教堂吧，大可不必理会我们哲学家的话！至少别指望哲学家会根据你们的意志来编排学说！只有那些冒牌货和撒谎者才不吝干这种勾当；你们可以从他们那里像点菜般随意规定你们所要的学说。

因为原罪或过失，婆罗门神创造了世界，为此他本身就不得不呆在这个世界上赎罪，直至通过这一世界获得解救。这一思想多么美妙！佛教认为，世界的产生是缘于涅槃的清明状态（这也是通过赎罪获得的），在经过了很长一段时期的安宁之后，又遭到了无法言明的毁坏。混浊出现了——造成这一结果的，是一种在道德意义上才能被理解的厄运，尽管在自然物理界，这种事情也有着与之精确对应的类比事例和形态：在史前世界，星云带就莫名其妙地出现，而太阳也诞生在此时。所以，因为道德上的失误，自然物理方面的情况也越来越恶劣，直至造成了目前这一可悲的境地。这是多么奇妙的思想！在希腊人看来，是一种深不可测的必然性引起了这一世界和神祇的出现——这种解释还算说的过去，因为它暂时还能让我们感到满意。而下面这样一种认识就让人实在难以忍受了：只是出于高兴和愿意，耶和华上帝才创造了这个充满痛苦与不幸的世界，而且"看着一切所创造的都很美好"！[①]

在可能出现的世界中，没有比现存的这个世界更好的了——即便莱布尼茨这一观点和其示范证明是正确的，我们仍不能接受他为神强词辩护的《论神的善良与仁慈》。显然，造物主的确不仅仅只创造了这个世界，而且可能性本身也被一同创造了出来。因而他本该安排好一切，竭尽所能创造出一个更好的世界。

莱布尼茨是系统的乐观主义奠基人，他对哲学所做的贡献无可厚非，然而，由上帝预先安排好事物的和谐秩序——这样的情形着实令我无法想象。针对莱布尼茨所提出的明显是诡辩的论据——用来证明这个世界是所有可能

[①] 由于本书作者所处时代及生活历史背景的限制，其部分观点具有相当的局限性，不为当代学者所认同，此处为真实全面展现作者思想，未作删节。以上仅代表作者个人观点，不代表本社立场，下同。

中最好的，我们完全可以严正地提出相反的论据，以证明这个世界是可能之中最糟的一个。这是因为，"可能"并不意味着我们可以天马行空地随意想象，而是确实能够存在继而延续的事物。这会儿，世界的安排刚好够维持它的存在；如若安排稍差一点，那么这个世界就无法存在了。因而绝对不可能有一个更糟的世界——这样一个更糟的世界根本没办法存在。所以，现在这个世界就是所有可能当中最糟的。即便没有出现行星相互碰撞的情况，只要有某个行星轨迹出现了混乱而没有逐步被其他混乱所平衡，那这个世界不用多久就会完蛋。因而天文学家们就得明确了解这一情况究竟取决于哪种偶然的机会。经过漫长而艰难的计算，他们所得出的结论就是这个星球还能够继续维持。尽管牛顿秉持相反意见，然而我们都希望天文学家没有失误。如此一来，就不用担心这一行星系会像其他星系一样，已实现了的机械持续运动某时最终会停止下来。此外，在这一星球坚固的外壳下，集结着强大的自然力量。一旦有某个偶然机会提供给这些自然力足够的活动空间，它们必然会摧毁这星球的外壳，附着在这上面的生命也会毁于一旦。在这地球上，相同情形至少已发生了三次，而且有更加频繁发生的可能。里斯本和海地发生的大地震，庞贝城的被吞噬，这些只是对这种可能性小小的如同儿戏般的暗示。大气层有些微的变化（这种变化甚至无法通过化学得到证明）就引发了霍乱、黄热病、黑死病等，数以百万计的人口被夺去了生命，而一个更大的变化则将可能导致毁灭性的后果。气候稍稍变暖，就会令所有河流和泉水变得干涸。动物们没有足够的器官和能量来保证它们在全力以赴的情况下就可以获得自己以及后代所需的食物，因而动物如果失去某一肢体或丧失运用这一肢体的能力，那通常的结果只能是灭亡。哪怕是拥有悟性和理智这一强大工具的人类，十有八九仍在与匮乏作持续的斗争，几经艰辛困苦才得以勉强不使自己毁灭。所以，无论是从维持整个种属还是个体的方面而言，条件都是苛刻的、缺乏的。因而个体生命，即是一场为生存而展开的无休止的斗争，每向前迈出一步，都面临着毁灭的威胁，而这种威胁又屡屡得逞，以致繁殖后代的种子数量才会达到令人难以置信的程度。因为只有如此，单一个体的灭亡才不至直接导致种属的消失，而种属才是大自然最关注的。因而这世界的糟糕程度即达到了可能中的极至。一度生活在这一星球上的各种动物所遗留的化石（用来证明我们的说法），使我们得以从以前世界的记录中了解到：以前那种世界不可能再延续下去，所以，以前的世界就是比可能中的最糟的世界还要糟。

总而言之，乐观主义就是生存意志毫无根据的自我赞扬——而这一世界的真正发动者恰恰是生存意志，它安然地将自身显现在自己的作品中。因此可以这么说，乐观主义的理论学说不仅虚假，而且相当有害。它将生活表现成一种令人羡慕的状态，所谓的幸福就成了生活的目的。如若从这一观点出发，每一个人都会将自己对幸福和快乐的要求视为最理所当然的。然而所谓的幸福和快乐如果并没有降临到他们身上（这样的事情实在太多了），他便会认为自己受到极不公的待遇，甚或认为错失了他生存的意义。然而事实上，正如婆罗门教、佛教以及真正的基督教认为的那样，将劳心劳力以及最终的死亡视作生活的目的，这才是更为正确的观点，正是因为这些痛苦、磨难，才导致了人们否定生存意志。在《圣经·新约》中，世界被说成是苦海，生活是净化的过程，而刑具则是基督教的象征。莱布尼茨、萨伏斯伯里、波林布鲁克和蒲伯的乐观主义之所以招致普遍的反感，主要就是因为乐观主义与基督教水火不容。伏尔泰就这一点已在他杰出的诗作《里斯本的灾难》的前言部分做了解释，他的这篇诗文也是针对乐观主义而发的。伏尔泰遭到德国无耻文人的肆意谩骂，然而在我看来，与卢梭相比，伏尔泰绝对是更高级别的伟人，他的这三个观点证实了其思想的深刻性：（1）在这个世界上，恶毒、不幸与生存的苦难在数量和范围上占据着绝对的优势（对于这一点伏尔泰深信不疑）；（2）意志行为严格遵循着必然性；（3）思维之物也可以是物质的——洛克的这一原则包含着真理。与之相比，卢梭的《沙伏雅牧师的信仰表白》却空谈怀疑，并否定了这些观点；还秉承这一精神，用片面而空泛的议论、错误百出的逻辑推理来攻击伏尔泰这一优美的诗篇，为乐观主义推波助澜——他于 1756 年 8 月 18 日写给伏尔泰的长信，其内容纯粹就是为这一目的服务的。当然，卢梭全部哲学的基本特征，以及迈出的"首要错误一步"，便是以人的原初的美好本性及其可被无限完善的可能性，来取代基督教所宣扬的人的原罪与人类原初的堕落本性。以卢梭的观点来看，由于文明所招致的后果，人的优良品性才会误入歧途。在此基础上，卢梭的乐观主义和人文思想才得以建立起来。

总的说来，将世界视为由一个全知全能和慈祥的生物所创造出的完美作品的观点，一方面与这世界各个角落所充斥的苦难十分矛盾，另一方面也与这世界最完美的现象（即人）仍带有的明显的不完美、甚至带有可笑的扭曲也不相协调。这其中的矛盾与不协调是永远无法解释清楚的。与之相比，这些欠缺与苦难的实例却同我们的说法相符合，成了证实我们观点的有力证据——倘若将这个世界视作人类罪孽的产物，因此无胜于有的话。在第一种观点中，以上实例变成了对造物主严厉的控诉，并为讽刺造物主提供了一个很好的平台。然而在第二种观点中，指出人的种种欠缺与不足的例子，却是对人自身真实本性与意志的谴责，这有助于让我们变得谦卑一些：我们如同是浪荡子生下的孽种，一降生便已背负着罪责；正因为必须要不断偿还这一切，我们的存在才变得如此悲惨，死亡也就是我们最后的归宿——这一点确凿无疑：归根结底，正是这世界本身罪孽深重，才招致如此之多和如此之巨的痛苦。在这里，我并非指自然物理和现实方面的联系，而是形而上的因果关系。在《圣经·旧约》上，只有原罪的故事与之相吻合（这个故事使得我能够容忍《旧约》的内容）。实际上在我看来，整部《旧约》中只有这一原罪的说法才是形而上的真理，尽管它被裹上了寓言的外衣。没有什么比因迈出错误的一步和罪恶性欲而引起如此的恶果更能昭示我们的生存现状了。在此我很想向喜爱深思的读者推荐克劳迪乌斯的《因为您的缘故，这是可诅咒的土地》，这是一篇专门论述这一问题的文章，流传很广，内容相当深刻，基督教的悲观精神在其中得到了充分体现。

要想握好罗盘以随时辨清生活的方位，要想正确理解生活而不误入歧途，只要让自己习惯于将世界视为一个赎罪之地，就能够轻松地做到。世界就是监狱、劳改场、流放地，而"感化地"不过是最古老的哲学家对这一世界的称谓。基督教教士之中，俄勒冈尼斯表达出了同样的看法（参见圣奥古斯丁的《上帝之城》），他的勇气值得称赞。理论上和客观上对这种世界观的说明并非仅见于我的哲学，它也在各个时代的人类智慧思想中闪耀，如婆罗门教、佛教、恩培多克勒、毕达哥拉斯的哲学等。西塞罗的《哲学断片》的第7卷中有一段话也说到古老智者用这一世界观教导人们，并在接受秘密宗教仪式时，同样受到这一教诲："因前世犯下的罪孽，我们就来到这一世赎罪。"哪怕人们将瓦尼尼的肉身烧毁，也无法驳倒其观点——再没有比他这段话更能表达这一观点的实质的了：人生充斥着巨大的痛苦——倘若这样的言论不会令基督教反感，我甚至还会说："果真有魔鬼的话，他们也是人的化身，并为自己的罪孽而招致惩罚。"即便是被正确理解的基督教教义也将人的生存视为罪孽与过失的结果。一旦我们适应了此种看法，便会乖乖地主动调节对生活的期望值，生活中的那些大灾小难、痛苦、烦恼、匮乏以及种种令人厌恶的事情，便不再被看作是奇怪和意外的事件，它们的存在反而是规律之中的事情；它也令我们懂得这样一件事：在这一世上，无论是谁，都得为自己的存在遭受惩罚，至于惩罚的方式，因人而异。监狱里的其他犯人便是待在监狱中的坏处之一。这对更为高贵的人而言，个中滋味就不用我说了。本性高贵的人和天才，有时候他们在这世上的感觉就如同高贵的政治犯一般，被迫同一群偷鸡摸狗、杀人越货的惯犯在橹船上干苦役，因而这两类人是最不愿同他人交往的。总而言之，以上种种看待事物的方式，已经使我们不会再诧异于、更不会愤怒地看待所谓的不完美，也就是绝大部分人不管是道德上还是智力上的黑暗本性，以及与此相对应的这些人的精神面貌。由此我们便会牢记这些人的困境，并将每个人的存在首先视为罪孽的缘故，因为这个人就是为赎罪而生的。这正好是基督教所声称的人的原罪性的体现，同时也构成了我们这一世所看到的同类们的基础。不仅如此，因为这个世界的构成因素，使得几乎所有的人或多或少都处在某种痛苦与不满的现状中，进而也令人无法变得更富有同情心，更友好地对待他人。最终，几乎所有人的智力也只够勉强为意志服务。

据此，我们不得不调整我们对世人的所求。要是谁坚信于此，便会明白：产生同人交往的冲动实在是有害的倾向。

实际上，这种信念——这个世界，包括人在内，实是本来不该存在的事物——会令我们更为坚忍和宽容，对于处在这种境地的我们，难道还该有什么期望吗？事实上从这一观点来看，我们就会懂得：人类相互之间真正恰当的称呼并非是 "Sir"（英语 "先生"）、"Monsieur"（法语 "先生"），而应是 "Leidensgefährte"（德语 "难友"）、"compagnon de miseres"（法语 "难友"）以及 "my fellow-sufferer"（英语 "难友"）。乍听起来，这种称呼似乎非常古怪，然而却与事实十分吻合，我们可以通过它来正确理解每一个人，并时刻提醒我们应保持的坚忍、耐心，和对他人的爱——这也是我们所有人都该得到和需要给予的。

并非像人们所说的那样，这个世界上的事物（特别是世人们）的特征只是欠缺完美，而实是扭曲和颠倒。不管是人的道德、智力，还是自然物理方面，所有的一切无不体现出这一点。

面对诸多恶行，不时会有这样的借口传到我们耳中："对于人类而言，这样的行径实是自然的。"但这一借口是毫无说服力的。对此我们的回答应该是："正因为这样的行为是恶劣的，所以它是自然的；正因为它是自然的，所以它是恶劣的。"倘若能正确理解这一思想的含意，那就说明已对原罪学说有所了解了。

我们在评判一个人时，一定要坚持这样的观点：此人存在的基础是"原罪"——某种罪恶、颠倒与荒谬，本来就是些无胜于有的东西，因而一个人命中注定是要死亡的。此人的劣根性甚至也是通过这样一种典型现实反映的：没有人能够经得起真正的审视与检查。我们还能对人这样一种生物抱有何种期待呢？因此从这一点出发，我们会更为宽容地评判他人；即便是潜伏在人身上的恶魔偶然苏醒发威，我们也不会太过吃惊；我们也会更加珍视在他人身上发现的优点，无论这是出自其智力还是其他方面的因素。我们对他人的处境也将更为关注，并能认识到：从本质上来看，生活就是一种感到匮乏、不断需求与常常处于悲惨中的条件状态，不管是谁，都得为自己的生存奋力拼搏，因而就不可能总是一副笑脸迎人的模样。倘若人真会像乐观的宗教与哲学所喜欢描述的那样，也就是说人是上帝的作品，甚至直接就是上帝的化身，而且不管从何种意义上来看，人这一生物都是他应该成为的样子，那么，在我们同一个人初次见面、加深了解继而交往之后，我们所获得的印象与这种说法该是多么大相径庭啊！

"原谅即是一切。"（《辛白林》，第 5 幕第 5 景）我们须用宽容的态度来对待人们的愚蠢、缺点和恶劣的行径，因为我们眼前所见的这些不过是我们所属的人类的共同缺陷。而我们之所以会对这缺陷如此愤怒，只因为此刻我们自身还未显现这些而已。换言之，它们并没有现于表面，而是潜伏于深处。一旦有机会，便会立即现身，这正像我们从他人那里得到的经验，尽管某种弱点在某个人身上会更为明显，但不可否认的是，因为人存在个体差异性，在一个人身上的一切恶劣因子会比在另一个人身上的劣根性的总和还要多。

生存的虚无感随处可现，表露无遗：生存的整个形态；时间与空间的无限，相形之下个体在时间与空间上的有限；现时的匆匆易逝，然而却是现实此刻唯一的存在形式；一切事物间相互依存又相对的关系；一切都处于运动变化之中，没有何种驻留、固定的存在；不竭地渴望伴随着永久无法获得的满足；所有付出的努力都遭受阻碍，生命的进程即是如此，直至阻碍被克服为止……时间及在它之内的一切事物所具有的易逝、无常的本质，不过是一种形式而已，凡此种种努力与拼夺的虚无本质便以此向生存意志显现出来，而后者作为自在之物，是永驻不灭的。因为时间的缘故，一切的一切都在我们的手中即刻化为虚无，其真正价值也一并消逝了。

过去曾存在过的，现时已不再，这样就如同从来不曾存在过一般。但当下存在着的一切，在下一刻即成了过去的存在。因而同最有意义和最重要的过去相比，确实性即是最没意义和最不重要的现在所拥有的根本优势。缘此，现在与过去的关系，即同于有与无的关系。

人们十分惊讶于这样的发现：在经过无数个千万年之后，自己突然存在了！随后经历短暂的一段时间，自己又将回归到漫长时间的非存在。这其中总有些不妥——我们的心这样说。想到诸如此类的一些事情，即便是悟性不高的粗人，也能够隐约触到时间的观念。要想进入真正的形而上学的殿堂，就必须了解作为观念存在的时间与空间，这为我们理解另一种同自然秩序迥然不同的事物秩序奠定了基础。康德的伟大就在于此。

我们生命中的一切只在某一刻才属于现在时的"be"，当这一刻过去之后它将永远成为过去时的"used to be"。每当夜晚来临，就意味着我们又少了一天。眼见我们本就短暂的时间一点点消失不见，这真有可能让我们变得疯狂，幸好我们的内在深处还悄悄意识到：永不枯竭的源泉属于我们，生命时间能够通过这一源泉得到不竭的更新。

基于上述的种种思考，我们当然能够得出这样的理论：人生最大的智慧，即是享受当下的时刻并使之成为生命中永恒的目标，因为只有当下的这个时刻才是真实且唯一的，其他的一切不过是我们的想法与念头罢了。然而我们同样也可把这种做法看作是最大的愚蠢，因为在接下来的时刻发生的，会像上一刻那样梦一般完全消失得无影无踪，不复存在，这样的东西永不值得认真地努力争取。

只有不断消逝的现时才是我们生存的立足点，此外更无其他。本质上，我们的生存形式就是持续不断的运动，那种梦寐以求的安宁根本上是不可能的。人类的生存如同一个跑下山坡的人——要想停下脚步就必然会跌倒，只有继续奔跑才能寻求平衡以稳住身体；抑或像在手指上掌握平衡的木杆；再不就如同行星，倘若停止向前运动，就会撞向太阳。因而生存的根本特征即是活动不息。

在如此一个毫无固定性的世界之中，保持不变的状态是无法办到的，所有的一切无不在循环与变化着。每个人都匆匆前行与奔驰，就像不断前进、做出各种动作以保持身体平衡的走钢丝者——这样的世界，幸福无从说起。

在一个柏拉图所说的"只有持续永恒的发展、形成，永没有既成存在"的地方，幸福毫无安身之处。没有人是幸福的，而每一个人终其一生都在争取一种臆想的、却甚少抓住的幸福。倘若真能获得这样的幸福，那他尝到的只能是幻灭、失望的滋味。一般而言，在人们最终抵达港湾时，承载的船体早已千疮百孔，桅杆、风帆更是不见踪影。但鉴于生活只是由转瞬即逝的现时所构成，现时的生活即刻就将完结，因此，一个人到底曾经是幸福抑或不幸，都显得不那么重要了。

然而令人最感惊奇的事情却是在人类同动物的世界中，不论是人还是动物，那些最为激烈多样、生生不息的活动，却是由饥饿与性欲这两种最原始的动力所产生和推动着（或许无聊在其中也起到了点帮助），而且二者竟能为如此复杂的机械传送"原动力"，从而活动起这些变化多端、丰富多彩的木偶戏。

此刻倘若我们更为详细地考察这个问题，首先就会发现，无机物的存在时时刻刻都受到化学作用的影响，并最终在这些化学作用下化为乌有。而有机的存在必须通过物质永恒的变化才会成为可能，而这种变化需不间断地持续流动，因此也就需要获得外在的协助。从中可以看到，有机生命本身就已如同竖在手中的木杆，想获得平衡，必须处于始终运动的状态，因此有机生命就是持续不断的需求、一再重复的匮乏、无尽的困苦。然而也只能通过此种有机生命，意识才成为可能。因而说，万事万物都是有限的存在，而与此相对的即被视为无限，这种无限既不会受到外在的销蚀，也不需外在的协助，而是作为"永久保持不变"、处于永恒安宁之中的事物，因为"既不成为存在也就谈不上消失"，无变化、不受时间的束缚，无复杂多样的形态，对这种种否定性质的认识即构成了柏拉图哲学的基调。否定生存意志，就为我们开启了认识这一种存在的大门。

我们生活的情态就好似嵌于砖上的粗线条图案：离得太近，无法看清这些图案所营造的效果，只有从远距离审视，才能感受到这些图案的美丽。因而，一旦获得我们热切渴望的东西，就意味着发现了它的空洞与无用。我们总是生活在一种期待更美好的状态之中，同时又常常后悔和怀念往日的辰光。而当下的时刻只被当作是暂时的忍受，是通往我们目标中途的站点而已。这样一来，在即将达到人生终点之时，蓦然回首，大部分人会发现自己终其一生都在"暂时"地活着，他们会很惊讶地看到：自己未曾留意回味就任其消逝的东西恰是他们想要的生活，是他们自始至终都在期待的东西。总的来说，一个人的一生就是被希望愚弄之后，一头扎入死亡的怀抱。

除以上所提到的，还有个体意志的贪婪。正是缘于此，在每一愿望满足之后又会产生新的愿望。这样的渴求真是永无尽头！然而归根到底，这一切都是因意志本身就是这个世界的统治者。所以，部分是难以满足它的，只有全部才会让它称心快意——然而全部就意味着无限了。同时，当我们考虑到这一化身于个体现象的世界的统治者所能获得的又何其微薄（常常只够维持个体的身体），那我们又会被激起深切的同情。个体的深重苦痛就是由此而来。

我们正处在思想匮乏、精神无能的时期，其表现就是人们尊崇一切拙劣的事物，甚而人们还自创了形容这一时代的重复词语："当代今天"，不可谓不贴切，其自命不凡的态度就好似在说这时代就是"特立独行"、"前不见古人"的时代，在此之前的一切时代不过是为它的出现搭桥铺路罢了。在这样的一个时期，甚至连泛神论者都会毫无害羞之色地说生命就是（就他们的话来讲）"目的本身"。倘若我们的生存就是这世界的最终目的，那再没有比之更愚蠢的了，无论定下这一目的的究竟是谁。

生命首先是一个任务，即是说维持这一生命的任务，亦即法语的"de gagner sa vie"（法语"谋生"）。在解决这一问题后，我们历经艰辛争取回来的却成了负担。如此一来，继而第二个任务就是如何处理和安排这一生活以排解无聊。无聊如同守立一旁虎视眈眈的猛兽，等待机会随时扑向每一个衣食无忧的人。所以，首要的任务就是争取获得某样东西，其次是在争取到这样东西后，又不能使我们感觉到它，否则这样东西就成为一种负担。

如若我们能够统观整个人类世界，就会发现到处都是无休止的争斗。为了生存，人类不惜耗尽全副精神和体力全身心地投入殊死的搏斗，同时还要防备随时随地可能发生的天灾人祸。而这一切努力之后所得到的回报（亦即生存本身），审视一番，在这生存里面，我们发现会有某些无痛苦的间歇时刻，但这些即刻会受到无聊的偷袭，并很快陷于新一轮的痛苦。

需求与匮乏的背面，即是无聊，就连较为聪明的动物也会遭到它的折磨。这是因为，本质上，生活并无"真正的内容"，生活只是被需求与幻象"活动"起来的，这些"活动"的动因一旦消失，生存就会显出它荒凉与空虚的本色。

只要简单留意下面一则事实，就会认清这样一个道理——人的生存肯定是某种错误：人如同需求的凝固物，想满足这些需求是相当困难的，这些满足除了暂时带给他无痛苦的状态外，再没有别的什么了，而处于这样一种无痛苦的状态，也就落入了无聊的深渊。这个事实所说明的问题显而易见：就本身而言，生存是没有价值的。正是因为知觉到了这一生存的空洞与乏味，才诞生了无聊。即是说，我们的本质与存在，就在于对生活的追求，倘若生活本身具有值得肯定的价值与切实的内容，那么所谓的"无聊"是根本不可能有的。仅存在本身就足够令我们感到充实了。然而现如今，我们并不为自身的存在感到如何的高兴，除非我们正尽力朝着某个目标奋进。由于距离远、障碍重重，追逐目标显然会让我们感到满足，然而一旦达到目标，随之而来的即是幻象的消失；又或者我们正进行着单纯的智力活动，即是说在做这些事情的时候，我们能够从生活中抽身，从外部回头审视这段生活，如同坐在包厢里的旁观者。甚至感官的快乐也只源于持续的追求，目标一旦达到，快乐也随之消失。如若自身并未处于以上所讲的两种情形，而是回归存在本身，生存的空洞与虚无感便会笼罩在心头——无聊即是如此。我们当然希望事物发展的那种单调、无聊的自然秩序会终止，这显现在我们内在所特有的、无法消除的对特殊、怪异事件的追求与喜好上。甚至上流社会的奢华也不过是为挣脱这一本质上匮乏、可怜的生存状态所做的徒劳的挣扎。名贵的宝石、珍珠、羽饰、天鹅绒，不计其数的蜡烛、狂欢的舞者、时而戴上时而摘下的面具……所有的这一切算得上什么呢？此时此刻，无人感到完全的幸福。果真如此的话，那他八成是醉了。

人所具有的极尽巧妙又复杂的机体，即是生存意志所显现的最完美的现象，然而这机体最终还是要归于尘土，因此，这一现象整个的本质与努力很明显地也归于毁灭。从根本上来说，意志的所有争取都是虚无的——所有这些即是真实的大自然所给予的最单纯和朴实的表达。要是存在本身不附带条件地具有真正的价值，那么这种存在的目的就不该是非存在。歌德优美诗句的字里行间也隐藏着这样的感觉：

> 于古老塔顶的巅峰，
> 英雄的高贵精灵在上。

首先可以从这样的一件事实中推导出死亡的必然：因为人只是一种现象，所以也就不是"真正确实的"（柏拉图语）——倘若人果真是自在之物，就不可能消亡。而这些现象背后所隐藏的自在之物，却因自在之物的本性，只能于现象之中呈现出来。

我们的开始与我们的结局，两相比较，反差是多么大！前者于肉欲制造的幻象和性欲快感带来的意乱情迷之中产生，后者则伴随着器官的衰竭和尸体发出的恶臭。在愉快享受生命的问题上，从出生至死亡总是走下坡路：无忧无虑的童年，快乐幻想的青年，艰苦奋斗的中年，身衰力竭又让人同情的老年，临终病痛的折磨和与死神最后的搏斗。所有这一切无不都在表明：存在即失足，恶果逐步越来越明显地暴露出来。

生活即幻灭，没有比这更精确的看法了。一切的一切无不准确无误地指出了这一点。

生活拥有某种微观的特征：一个不可分的点被时间和空间这两种强力透镜拉伸。由此我们眼中的生活已被放大了很多。

时间只是我们思想中的装置，通过某种意义上的时间的维持，为所有事物（当然也包括我们自身的虚无存在）披上一件实在现实的外衣。

为错失享受幸福或快乐的良机而后悔悲伤，这是多么地愚蠢啊！这些幸福快乐能维持到现在吗？不过成为某一干瘪的记忆罢了。我们真实享受经历过的事情无不如此。所以，所谓的"时间形式"不过是个媒介，仿佛是专门为使我们明白尘世间快乐的虚无本质而特设的一般。

无论是人类还是动物，其存在并非是某种固定不变、最起码也是暂时不变的事物，恰恰相反，这些都是流动性的存在，唯有持续不断的变化才成为存在，这就好比是水中的漩涡。尽管身体的"形式"暂时、大概地存在，但前提是身体物质要不断地变化，不断地新陈代谢。因而，时刻争取获得适合流入身体的物质，即是人与动物首要的任务。同时，他们也同样意识到上述方式只够短暂维持他们这样的生存构成，因此随着死亡的来临，他们迫切希望并身体力行地将其生存通过各种方式传递给将取代他们的生物。这种渴望与奋斗，出现在自我意识中即是性欲；在对别的事物的意识，即对客体事物的直观中，则是以生殖器的形式显现。这种驱动力就好比是将珍珠串连起来的一条线，线上的珍珠即是那些快速交替的个体生物。倘若在我们的想象中加快这一交替，并在单一个体和整个序列中，只以永恒的形式出现，而物质材料总是处于永恒变化之中，于此我们就会认识到，我们只是一种表面的、并不确定的存在。这种对生存的理解与阐释构成了柏拉图学说的基础，这一学说想要告诉我们的是：存在的只有理念，而同理念相对应的事物，只具有影子般的构成。

我们，单纯地只是现象，同自在之物截然不同——这种看法在以下事实中获得了最直观的阐释：持续的吸收与排泄物质即是维持我们生存的必需条件，对此（食物和营养）的需求总是一再循环出现。个中情形就如同那些需要供应物维持的烟火或喷射出的水流，供应物一旦停止，现象也就随之逐渐消失、停止了。

也可以这么说，生存意志是通过纯粹的现象显现出来的，所有这些现象最终都将完全彻底地从有化为无。然而这种"无"及其连带现象始终都处在生存意志的范围内，并以之为根基。不过这些都是模糊难懂的。

倘若我们不再从宏观上审视世事发展的进程——特别是人类世代更迭的

迅速及其存在假象的匆匆一现，而转为观察人类生活的细微之处（如同喜剧故事中所表现出的样子），由此，我们所获得的印象，就如同在高倍显微镜下观察满是纤毛虫的水滴，或察看一小块儿奶酪菌——螨虫们的辛勤劳作与不时发生的争斗使我们哑然失笑，这就好比在一个极为狭窄的空间中煞有介事地开展严肃而隆重的活动，在极为短暂的时间内做出同样的举动，也会产生相等的喜剧效果。

意志与痛苦

我们要通过人的生存本身，来考量意志内在的、本质的命运，以此来证实：生命本质上即是痛苦。

不论在哪个级别的认识上，意志都是以个体的形式出现的。作为个体的人，在无限的时空中只自觉是有限的，同无限的时间与无际的空间相比，自身近乎是一个消逝的数量，投身于时空的无限。既然时间与空间无际限，那么个体的人只可能有一个相对的某时某地，个体所处的地点与时间也只是无穷无尽中的极为有限的部分。真正个体的生存，只是现时当下。现在会无可避免地逃入过去，即不断过渡至死亡，慢性的死。个体以往的生命，排除对现时存在的某些后果，除开铭刻的过去与这一个体意志相关的证据不论，既已是完结、死去、化为乌有的了，如此，个体在合理的情况下就必会将过去渐渐淡忘，无论那内容是快乐亦或痛苦。

我们已经于无知无识的自然界中发现其内在本质就是不断地、无目的无休止地追求挣扎，特别在我们观察动物与人时，这一点就更为明显地显露在我们眼前。人的全部本质即是欲望与挣扎，可同无法抑制的口渴相比拟。然而，需要是一切欲求的基础，缺陷就意味着痛苦，因而人原本就是痛苦的，人的本质就脱不出痛苦的手心。倘若不是这样，人会因为容易获得满足，而随即消除了他的欲望，欲求的对象也就没有了。如此一来，可怕的空虚与无聊就会趁虚而入，即会令人感到自身的存在与生存本身就是不可承受的负担。所以，人生的过程如同钟摆一般，在痛苦与无聊间来回地摆动；事实上，两者即是人生的最后两种成分。

构成意志现象本质的，即是那不断地追求与挣扎，在客体化的较高级别上，它之所以仍能占据首要的和最为普遍的基地，是因为在这些级别上，意志显身为一个生命体，且遵循着供养这一生命体的原则，而使这一原则发生作用的，正在于这一生命体即是客体化了的生命意志本身。根据这一点，作为意志最完善的客体化——人也就成为了生物中需求最多的生物了。人——完完全全是具体的欲求与需要，是各种需求的凝聚体。带着这些需求活在这个世上，人完全只能靠自己，一切都未有定数，唯独自己的需要才是最真实的。在这样直接而沉重的需求下，整个人生通常都在为维护那生存而忧虑着。这个世界于他，毫无安全感可言。有诗为证：

> 人生如此黑暗，
> 危险如此之多；
> 只要一息尚存，
> 就这样、这样度过！

大部分人的一生都在为生存不断奋斗着，尽管明知这场斗争的结果是失败。而令他们能够经得起这场艰苦卓绝的战斗的原因虽是贪生，却更是怕死。然而死毕竟总是站在后台，且无可避免，随时可能走到前台来。生命本身即是到处布满暗礁与漩涡的海洋。人千方百计想要避开这些暗礁与漩涡，即便知道自己就算使出"全身解数"成功绕过这些陷阱，也会一步步接近那最终的、无可避免的、不可抢救的海底葬身，而且是直对着这种结果，勇往无前地驶向死亡。

然而现时值得注意的是：首先，人生的痛苦与烦恼很容易激增，以至于死亡竟变成人所企盼的东西，人们自愿奔向它；其次，人稍于困乏和痛苦中获得喘息，空虚无聊即趁虚而入，以至于人又必然寻求消遣。一切有生命的事物忙忙碌碌地运转，本来是迫于生存，然而要是他们的生存已经不成问题，他们却又不知道该如何是好。所以，推动他们的第二种动力即是摆脱这负担（即生存）的挣扎，使生存不被感知，即消磨时光、排遣空虚无聊的挣扎。如此我们就看到，差不多所有无忧无虑的人在丢了一切其他的包袱之后，却以自身为包袱了。现时的情况是，消磨了的每一小时，即曾经为此拼尽全力以使之延长的生命中扣除一分，这反倒要算作收获了。然而空虚无聊却也不是能够轻视的祸害，最终它会在人的脸庞上描画出最生动的绝望，它将使如人这般并不怎么互助互爱的生物突然间急切地相互追求，由此它成为人们爱社交的动因了。就像人们对付其他的灾害那样，为避免空虚无聊的侵袭，仅仅出于政治上的考虑，到处都有公共的设备。因为这一灾害同饥饿一样，会驱使人们走向最大限度的肆无忌惮，群众需要的是"面包与马戏"。费城的忏悔院以寂寞和无所事事使得空虚无聊成为一项惩罚的措施，而这种可怕的惩罚已导致囚犯的自杀。困乏是平民们日常的灾难，与此对应的，空虚无聊即是上流社会的日常灾难。在平民生活中，星期日即表示着空虚无聊，六个工作日即表示着困乏。

由此，人生是在欲求与达到欲求间被消磨掉的，愿望的本性即痛苦。愿望达成很快趋于饱和状态。目标形同虚设：每当占有一物，便意味着使一物失去刺激，于是欲求又以新的姿态卷土重来，否则，寂寞空虚便会趁虚而入，然而同这些东西作斗争，并不比和困乏作斗争轻松多少——只有在欲求和满足相交替的时间间隔恰到好处，两者所产生的痛苦又减少至最低时，才会构成幸福的生活过程。这是因为，人们通常认为的生活中最美妙、最纯粹的愉快的部分（这种愉快能令我们从现实生存中超脱出来，使我们成为对这生存毫不心动的旁观者），即是毫无目的和欲求的单纯的认识，像对美的领略，从艺术上获得的怡悦，等等。只有少数人能够享受到（这对天赋有很高的要求），而即便是这少数的人，其享受的过程也是短暂的，并且因自身拥有较高的智力，使得他们所能感受的痛苦较之那些迟钝的人要多得多。不仅如此，也令他们明显孤立于同他们有别的人群，那一点对美的享受也由此被抵消了。至于绝大多数普通的人们，他们无法享受这种纯智力的好处，那种从艺术上获得的怡悦，他们也无福消受，而是完全处于欲求的支配下。所以，要是想引起他们的兴趣，博得他们的青睐，就必须以某种方式刺激他们的意志，哪怕只是稍稍地在可能性中触动一下意志，但绝不能排除意志的参与。这是因为，与其说他们在认识中生存，不如说他们在欲求中生存更合适：作用与反作用即是其唯一的生活要素。这一本性总是不经意地流露，从日常现象与生活细节上很容易搜集到这类材料，比如，每到一处游览胜地,他们常留下"××到此一游"的笔迹。因为既然这些地方对他们不起什么反应和作用，他们便以此来表达他们对此地的反应和作用。又比如，他们也不满足于仅仅只是观看一只本地所没有的罕见动物，而是要去刺激它，同它玩耍，抚弄它，这些行为也只是出于作用与反作用的缘故。人类刺激意志奋起的需要，在扑克牌的发明与流传上表现得淋漓尽致，而这也暴露出人类可悲的一面。

然而大多数情况下，我们都封锁着自己，以免使自身接触到这一苦药般的认识：生命本质上即是痛苦。痛苦并非是从外部涌向我们的，痛苦不竭的源泉正是我们每个人的内心。而我们却总是为这从不离身的痛苦找其他原因当借口，如同自由人为自己找偶像，以便有个主人似的。我们乐此不疲地从这一个愿望奔向另一个愿望，虽然获得的满足每次都会给我们许下很多好处，但实际情况并非如此，多半没过多久就会转变成令人难堪的错误——即便如此，我们仍旧在用姐奈伊德穿底的水桶汲水，并且急匆匆地奔向新的希望：

> 只要我们所追求的，一天未到手，
>
> 对我们而言，其价值便超过一切；
>
> 然而一旦拿到手，便即刻另有所求。
>
> 总有一渴望紧紧牵引着我们，
>
> 我们这些渴求生命的人。

所有的满足、人们所谓的幸福，不管是从其原有意义还是本质上看，都是消极的，没有半点是积极的。这种幸福并非是因为它自身原本要降福于我们，而必然永远是个愿望的满足。因为愿望（即是缺陷）原是享受的前提条件，一旦达到满足，愿望即完结，因而享受也就结束了。所以，除了从痛苦和窘困中获得解放外，满足和获得幸福更不能是别的什么了。要想获得这种解放，首先不仅各种现实的痛苦要显著，而且安宁的愿望要不断受到各种纠缠、扰乱，甚至还需有令我们感到不堪生存重负的致命的空虚和无聊，想要有所行动却又如此艰难——所有打算都会面临无穷的困难和艰辛，每前进一步，便会遇到新的阻碍。然而，即使最终克服了所有阻碍达到了目的，人们所能获得的，除了从某种痛苦或愿望中获得解放外，也就是重又回到这痛苦或愿望未起之前的状态外，便不会得到别的什么了——在段首对幸福所下的结论也正是基于此，因而所有的满足或者幸福又不能是持久的满足与福泽，而只是暂时从痛苦或缺陷中获得解放，随后必然又进入新的痛苦或沉闷，诸如空洞的想望、无聊的状态。所有这些都可从世界的生活本质中，从艺术中，特别是从诗中获得例证。如此就会发现，无论是哪一部史诗或戏剧作品，都只是在表达一种为幸福而做的苦苦挣扎、努力和斗争，但绝非是在表达一种永恒的完满的幸福。戏剧的主人公，受着写作的掌控，历经千百种磨难与危险而艰难达到目的，一旦目的达成，便迅速放下舞台的幕布（全剧终）。显而易见，在达成目的之后，除了指出那一耀眼的目标——主人公曾千方百计要找到幸福的目标，不过是跟主人公开了个玩笑，除了指出其在达成目标后并不比此前的状态好多少外，就再没什么值得演出的了。真正永恒的幸福是不可能的，因而这幸福也不能成为艺术的题材。田园诗的目的固然是为了描述此种幸福，但显然它也不能够担此重任。在诗人手中，田园诗总是不自觉地成了叙事诗——一种毫无意味的史诗：琐碎的痛苦，琐碎的欢乐，琐碎的奋斗——最普遍的情形就是这样。

为何无法达到永久的满足，幸福为何是消极的——考察想要弄明白的这些问题，都已在前面解释过了：意志即是一种毫无目标、永无止境的挣扎，而人的生命以及任何的现象都是意志的客体化，意志总在现象的各个部分都打上了这一永无止境的烙印，从这些部分现象一贯的形式起，从时间与空间的无限起，直至所有现象中最为完善的一类——人的生命与挣扎止，无不都是这样虚度了。那是一种如同在梦中徘徊着的朦胧的追慕与苦难，是于一连串琐碎思虑的陪伴下历经四个年龄阶段而到达死亡。这些人就如同是钟表样的机器，只要上好了发条就走，却不知道为什么要走。每当有人诞生，就意味着一个"人生的钟"上好了发条，为的是一段接一段，一拍连一拍地重奏那已响起过无数次、连听都不愿再听的街头风琴的调子，即便其中存在着变奏也不足为奇——如此，任何一个个体，任何一张人脸及其一辈子的经历都不过是短暂的梦——无止境的自然精神的梦，永恒的生命意志的梦；不过是一幅飘忽不定的画像，任由意志在它那无尽的画幅上信笔图画，画在空间与时间上，令画像有个短暂的停留——同无限的时间相比接近于零的片刻，随即抹掉以便为新的画像腾出空间来。然而无论是哪一个这样飘忽的画像，哪一个这样肤浅的念头，不管它如何激烈，如何承受深刻的痛苦，最终都必由整个的生命意志，用害怕已久而终将面临的死，苦涩的死，来偿还。人生很难想通的一方面即在这里，目睹一具人的尸体会令我们突然变得严肃起来，也是出于这个道理。

单个个体的生活，倘若从整体去看，且只关注大体的轮廓，所见只能是悲剧，然而细察个别的情况，又会见到喜剧的因素。这是因为，一日间的蝇营狗苟与辛苦劳作，一刻间的别扭淘气，一周间的愿望与忧惧，每一时辰的差错，在常准备戏弄人的偶然性与巧合性的润色下，都成了喜剧性的镜头。然而，那些未曾实现的愿望，徒劳的挣扎，被命运狠心践踏了的希望，一生中所犯的那些错误，以及日渐增强的痛苦与最终的死亡，即组成了悲剧的演出。这样一来，命运就好似在我们一生经受痛苦后又额外加入了嘲笑的成分。我们的生命不可避免地注定会含有所有悲剧的创痛，但同时我们还不能以悲剧人物的尊严来自许，而是被迫于生活的各项细节中成为某些委琐的喜剧形象。

尽管每个人的一生都充满着诸多烦恼，使人生总处于不安动荡的状态中，但却仍无法弥补生活对填充精神的无力感，消除人生的空虚与肤浅；也无法拒绝无聊——它一心等待去填补忧虑空出的每一段间隙。由此又会出现另一

44

种情况：人的精神除了应付真实世界带来的忧虑、烦恼以及无谓的忙碌外，还有闲工夫在多种迷信的形态下创造出别个幻想世界。人会根据自身的形象来制造诸如妖魔、神灵和圣者等东西，随后常常会对这些东西定期或不定期地献牲、祈祷、修缮寺庙、许愿还愿、朝拜、迎神、装饰偶像，诸如此类。这些行为常常同现实有着千丝万缕的联系，甚至还会使现实蒙上阴影。现实所发生的每件事都会被认为是那些鬼神在主导。光是和鬼神打交道就占去了人生中大部分的时间，且不断维系着新的希望，在幻觉的作用下似乎要比同真人交往有趣的多。这即是人们双重需要的特征和表现：对救援与帮助的需要；对有事可做与消磨时光的需要。

我们已经非常概括地考察了人生最基本的轮廓。在这一范畴内，先验论使我们深信，从根本上说，人生已不可能有真正的幸福。在本质上，人生就是一个形态多样的痛苦、贯常不幸的状况。而倘若我们现在多用事后证明的方式来研究具体的情况，想象一些光景并在事例中描述那不可名状的烦恼、经验以及历史所指出的烦恼，而不去考虑人们是往哪一个方面看，出于哪一种念头进行研究，如此，我们就可以在心目中更清晰地唤起这一信念了。

我们有关不可避免的、源于生命本质的痛苦所做出的论证，根本是冷静的、哲学的。每一个从青年时的幻想里清醒过来的人，倘若他注意过自己与别人的经验——不管是在生活中，在当代和过去的历史中，还是在伟大诗人的作品中——从多种方面做过观察，并且没有受到什么深刻成见的影响以致麻痹他的判断力，那么他很有可能会认识到如下的结论：人世间是一座偶然和错误的王国，在这一国度中，事事都由它们支配，无论大事还是小事。

除了它们之外，还有愚昧与恶毒在旁挥舞着皮鞭，任何较美好的事物只有突围这一条路可走，但何其困难！高贵与明智的事物很难发挥作用或得到人们的关注，然而，思想王国中的谬论与悖理，艺术王国中的庸俗与乏味，行为王国中的恶毒与奸诈，实际上除了仅被短暂的间歇打乱外，一直都掌握着统治权。与之形成鲜明对照的是，任何一种卓越的事物通常只是个例外，且是百万分之一的概率。

而对于个人的生活，可以说任何一部生活史都是一部痛苦史。从规律上讲，人的一生就是一系列不断发生的大小事故，即便人们极力隐瞒也无法掩盖这一事实。人们之所以隐瞒，是因为他们明白，旁人想到这些正是自己现在得以幸免的灾难的时候，必然很难产生关切与同情，而几乎要说是感到满足了。但或许绝不可能有这样一种人，倘若他是清醒和坦率的，会于他生命之火燃尽之时还愿意重复此生的经历；若如此，他宁可选择从没在这世上存在过。

天才的哲学

天才论

　　"天才"的真正所指是对我曾经讨论过的那一类认识（认识力能够摆脱意志而把握事物）具备明显突出的能力；一切纯正的艺术、诗歌，乃至哲学作品都源于这类认识。正因为事物的柏拉图式的理念是这一认识的对象，并且我们只能于直观中而非抽象中认识它们，所以直观认识的完美和力度才是天才的真正本质所在。据此，人们把那些出自于和诉诸直观认识的作品，即造型艺术和图画艺术的作品，明确地称为天才的作品；其次就是诗歌作品，是把直观认识传达给人们的作品形式。在此，天才与只是人才、能人的区别就变得非常清楚了。后者的优势在于其能更灵活、更准确地推论知识，而不是通过直觉获取直观知识。具备这种能力的人，做出的思考比常人来得更加快捷和准确。相比之下，天才所看到的是一个其他人所看不到的世界，虽然这只是因为天才对这一世界比其他人看得更深而已。而这又是因为世界在天才的头脑里得到更为客观，同时也更为纯净和清晰的反映。

　　智力只是被用来作为发现动因的工具，这本该就是智力的天然使命。所以，人们利用它看事物，因而看到的不是别的，而是这些事物与意志之间直接或间接的，或者只是有可能存在的关系。

　　对动物而言，它们的智力几乎只停留于事物同自身意志的直接关系上，因而智力的这种用途就更为突出。对它们来说，与自身意志无关的东西是不存在的。由此，我们不时会惊讶地发现，甚至连那些最为聪明的动物也可能注意不到一些自身异乎寻常的事物，比如，它们不会惊讶于在我们身上或周围环境所发生的明显变化。对于常人来说，他们自身智力认识的范围虽然扩大到了事物与他们的意志间接的、甚至具有某种可能性的关系——这些认识的总和加起来就构成了人们的整体对他们有用的知识——但这些认识也还仅仅局限于关系方面。所以，在一般人看来，世界上并不存在完全纯净的和客观的事物图像，因为属于常人的直观认识能力一旦没有意志的刺激就会变得疲倦、懈怠，这是因为存在于他们智力中的能量并不足够使他们可以自发地、在缺少目的的情况下达到纯粹客观地认识这一世界的目的。而如果智力具有了这样的能量，大脑形成表象的能力足够充裕，那么在没有任何实际目的的情况下，头脑也能纯粹、清晰、客观地反映出外部世界——这种能力对意志的目标其实并无裨益，这种情形愈演愈烈时，意志活动会受到这种情况干扰甚至被破坏——可以称之为"天才"的某种特殊气质在此间流露出来。天才标志着某种对意志，亦即对我来说是具有距离感的东西，好像某种外来的精灵，对人类充满吸引力却又保持高高在上的姿态。这样说吧，天才是我们的认知功能发展到了一定阶段的产物——这一发展超出了意志需要的范围，但认知功能本来就是只为意志而存在的。所以，严格来说，根据生理学的理论，这种多余的脑力活动以及这大脑本身几乎都可以归入"因过度发育而变畸形"的一类，而这正如我们所知道的常识，这种活动又可以与"因欠缺发育而变畸形"和"因错位而变畸形"相提并论。所以，天才也就是具有超常的、过度的智力的人，也只有在把握生存的普遍方面才能看到它的影子，这时候它才真正地发挥了作用。它以这种方式致力于为整个人类服务，正如一般程度的智力只为个人服务一样。为了将这种情形表达得更清楚，我们或许这样说更为恰当：如果正常人具有三分之二的意志和三分之一的智力，那么，可以称之为天才的人则具有三分之二的智力和三分之一的意志。这种情形可以用一个化学的比喻来说明。一种中性盐呈碱性或酸性是根据两者中的原子团跟氧原子的比例来划分的。在原子团与氧原子的比例中，前者占优势，盐呈碱性；盐呈酸性则是在这比例中后者占了大部分。同样的道理，天才之所以能区别于常人全在于意志和智力两者之间的比例。这种不同的比例也就导致了根本性差别的产生——这可以从天才和常人的整个本性、行为、活动中得到清晰的辨认，在他们各自的成就中，这种差别变得毫无疑问。在这点之外还有一点可以作为补充——关于这两种人间的差别：两种相对立的化学物质之间，会有最强烈的亲和力和吸引力产生，但这种情况不会出现于人类，我们通常能看到的是恰好相反的情形。

具备最原初和根本的知识是充足有余的认识力的首要表现，这种知识亦即直观知识，通常以一幅图画、一个形象的方式加以复制。画家和雕塑家由此产生。因此，对于他们来说，从天才的认识到艺术作品的产生，这两者之间的距离是最短的。用来表现他们的天才及其活动的形式是最朴素和最简单的，采用的描述方式也是最直白的。尽管如此，我们在这里可以看到所有艺术，甚至诗歌还有哲学的一切真正作品生发的源头，虽然这些作品产生的过程并不像常人想象得那么简单。

让我们回顾一下在《意志和表象的世界》第 1 章里所得出的结论：所有的直观认识都与智力相关，而并不只是与感官有关。如果现在把我在此做出的分析附加上去，同时，公平地考虑到上世纪的哲学家把直观认识功能称为"灵魂的低级能力"，那么，当人们看到阿德隆不得不将他那个时代的语言沿用下去，把天才列为"超强的灵魂的低级能力"时，我们就不会对这种表面上荒唐之极的提法感到惊讶，并值得遭受约翰·保罗苛刻的嘲讽——他在其作品《美学的基础》引用了阿德隆的这一说法。尽管人们公认这个了不起的人所写的著作有着许多非凡之处，但我认为还是有必要在这里指出：如果我们是以进行理论探讨和传授知识为目标的，那么总是通过说些机智、俏皮的话和用比喻逃避问题是不怎么妥当的。

事物的真正本质首先有条件地展现给直接观照。一切概念和一切经过思维的东西，事实上表现出来就是抽象的形式。源自直观的部分表象，实际是我们的思维删除了某些东西以后的产物。一切深刻的认识，甚至可以从严格意义上称之为智慧的东西，都是根植于对事物的直观认识的。有关这一点第 1 章的补充里已有详尽的考察。直观认识是一个孕育的过程，每一件真正的艺术作品、每一个不朽的思想，都是首先在这一程序中获得其生命的火花，进而发展壮大的。形象的方式是一切原初和独创的思维得以进行的条件。相比之下，从概念出发，只能产生才华平平的作品、纯粹理智的想法、对别人的模仿和一切以现时需要和同时代的事件为服务对象的东西。

但是，如果我们的直观认识总是囿于现实存在之物这一狭小的范围之中，那么，获取直观知识的途径就会完全受制于偶然，而偶然的出现通常是不合时宜的，常常在不合适的时间带来不合适的事物，它对这些事物的统筹安排极少能符合我们的需要，它们呈现在我们的眼前的时候通常都是残缺不全的样子。因此，对事物的深刻认识和传达这一认识的作品通常是我们所需要的，据此，我们需要借助想象力来捕捉、固定、补充、安排、描绘和随心所欲地重现实际生活中所有对我们有意义的画面。想象力是天才之所以为天才的一个必不可少的条件，其巨大价值正在于此。天才只有凭借想象力，才能根据盘旋于头脑中的连贯的画面、诗歌或者思想的需要，让每一件事物都呈现出活灵活现的样子，并从所有知识的源泉——直观认识中不断吸取养分。具备了这种天赋就好比可以在恰当的时间召请神灵向他透露真理，而赤裸裸的现实只在极少的情形下，并且通常是在不恰当的时间里，才能模糊地表现出这一真理。因此，与这样的天才相比，欠缺想象力的普通人就像依附着岩石空等机会的贝壳。前一种人是能够自由活动甚至可以飞翔的动物，后一种人除了对现实的直观外，就再没有其他的直观认识了，在获取直观认识之前，他们只能啃咬着概念和抽象——但这些却只是认识的空壳，而非内核。这样的人做不出伟大的成就——除了在算术和数学方面。造型艺术、诗歌，还有人们在戏剧表演中表现出来的出色技巧，都可视为那些欠缺想象力的人弥补其缺陷的手段；对于本身已具备想象力的人，这些可以在更大程度上满足他们对想象力的发挥和运用的需要。

因此，虽然直观认识是天才固有的和根本的认识方式，但它从来不把个别事物作为真正审视对象。它的真正审视对象是在个别事物中表现出来的柏拉图式的理念。从个别看到普遍——这正是天才的基本特征。正常人却只在个别事物中仅仅看到这一个别事物本身，因为只有这样的个别事物才属于现实世界，而常人也唯独对这样的现实世界才有兴趣，也就是说，与他的意志有了关联。人们在个别事物中只看到个别事物，或者在不同程度上发现这个别事物所包含的这类事物的普遍特质，直至看出这类事物最普遍的特征——这其中的不同程度就是衡量一个普通人与天才的距离的尺度。据此，天才真正的认识对象只是事物的本质、普遍性和总体。对事物个别现象的研究是一般才能的人的本职工作。其探究的对象始终是自然科学范围内的事物相互之间的关系。

我们知道，直观认识事物的理念是以下面这一点为前提条件的：认识者是认识活动纯粹的主体，也就是说，意志完全从意识中抽离。歌德的许多生动描写风景的歌谣，或者约翰·保罗描绘大自然的作品能给予我们愉悦，是因为阅读这些作品的过程，是我们进入他们客观的思想境界的过程，亦即分享了从意志世界截然分离出来的纯粹表象世界的过程。天才的认知则在本质上脱离了所有意志活动以及一切与意志活动有关的事情。由此可以得出这样一个结论：天才创作的作品并不是由某一目的或者人的主观随意生发的，他们在创作时其实受着一种本能必然性的指引。人们所说的才思泉涌、灵光突显、迷醉狂喜的瞬间等等，其含意不是别的，正是智力暂时获得了自由，不用服务于意志，但又并没有松弛下来和陷于无所事事的状态的时候，它在短时间内自发地活跃起来。这时的智力变得极为纯净，成为反映这一世界的一面清晰的镜子。产生这种情况是由于在全然脱离了它的根源——意志以后，它现在就把表象的世界集中反映在意识里面。此时此刻，不朽作品的灵魂仿佛开始孕育了。而在从事所有带有目的性的思考时，智力不是自由的，因为意志在指挥、操纵着智力，为它规定了工作的方向。

大多数人从一出生就沦为平庸中的一员，他们脸上有着俗不可耐的表情，从他们脸上可以明显地看出：他们的认识活动严格地唯他们的意志活动是瞻，两者被牢固地捆绑在一起，以致他们除了与意志及其目的有关的事物以外，无法感知其他别的事情。天才的表情——这是所有禀赋极高的人都相似的地方，它来自家族遗传——相形之下就比较突出，他们的智力从为意志的服务中解放出来，认知活动压倒了意志活动。因为一切痛苦都产生于意志活动，而认知本身却是没有丝毫痛苦或愉快的倾向的，所以，这使得天才人物饱满的额头和清澈、直观的眼神——因为它们没有屈尊于意志及其需要——带上了一种浩大的、似乎脱离了尘世的喜悦气质。有时候，当这种喜悦充分被表现出来时，脸上的其他器官，特别是嘴巴，流露出来的忧郁恰好与之相配合——这种结合可由乔尔丹诺·布鲁诺在一部喜剧中的妙句恰到好处地表达出来："悲哀夹杂着愉快，愉快夹杂着悲哀。"

作为智力根源的意志反对智力从事任何与意志无关的其他事情。所以，只有当智力脱离意志的时候——哪怕只有一时——它才有可能对外部世界进行纯粹客观和深刻的认识。只要智力仍然受意志的束缚，它是无法凭一己之力活动的。只要意志不把智力唤醒并使它行动起来，智力就会处于沉睡的状态中。一旦它被意志唤醒，就会根据意志的利益对事物之间的关系做出非常精确的了解和判断。精明人就是这样的情况，但他们的头脑智力必须始终保持被意志唤醒的状态，必须受到意志活动强烈的刺激和鼓动。不过，他们也正因此没有机会认识事物的客观本质。因为意志活动和目的打算使他们的眼光变得狭隘，他们只看到事物中与意志和目的相关的一部分，对其余的部分视而不见，其中一部分则被歪曲后在人的意识中出现。比如，一个行色匆匆的旅行者，只会把莱茵河及其河岸看成是地图上粗重的一撇而已，河上的桥梁则是断开这一大撇的一条细线。而在一个脑子里充满目的和打算的人看来，这世界就是作战计划图中的一处美丽风景。当然，这些是帮助清晰理解的比较极端的例子，但是，意志轻微的兴奋和激动都会带来认识上的些许且与前面例子相类似的歪曲和变形。只有当智力脱离意志活动的控制，自由面对客体，并且在没有意志驱动的情况下仍然保持异常活跃的状态时，世界才表现出真正的色彩和形状，全部和正确的含意。当然，出现这种情形和智力的本质与使命相悖，所以，这种情形在某种程度上来说是非正常的，也是相当稀有的。不过，天才的真实本质也正是在于此，也只有在天才身上，上述状态才会以较高的频率出现。但对于其他人，只有在与此近似的情况下，才会偶然、例外地发生。约翰·保罗在《美学的基础》中把天才的本质定义为静思默想，我把这定义理解为我上面所说的意思。也就是说，平常人沉溺于纷乱、骚动的生活里，由于他们的意志，他们被这种生活所奴役，他们的头脑被生活中的事物和事件充满，但他们却对这些事物视而不见，甚至连生活的客观含义都无法领会。这就像是在阿姆斯特丹交易所里面的一个商人，旁边的人说话他都能听到，但整个交易所发出的酷似大海的轰鸣、持续不断的嗡嗡声他却充耳不闻，而这种声音却让远观者感到十分惊讶。相形之下，天才的智力与自己的意志，也就是与自己的个人是处于分离状态的；各种相关的事情并没有掩盖这世界和事物本身的真实面目。相反，天才对这些事物有着十分清晰的意识，并且，能在这些事物的客观表象中发现和认识这些事物本来的样子。从这种意义上来说，天才是静思默想的人。

正是由于这种静思默想，画家才能把他所见到的大自然在画布之上忠实地再现出来。文学家则运用抽象的概念，精确地重新召唤出直观所见，把一般人只能感觉到的一切用语言表达出来，从而引入听众或者读者的意识里面。动物是没有任何与人类相似的静思默想行为的。它们具有意识，也就是说，它们能认出自身及其能感受到的苦与乐，以及引起自身苦与乐的东西。但是，动物的认识从来都是主观的，永远也不会客观，在它们的认知中所发生的一切都是理所当然的，因此它们所了解的东西永远都不会成为用于描绘、表现的题材，也不会成为通过思考需要解绝非的难题。动物的意识完全是形而下的。虽然常人与动物的意识并不属于同一类，但从本质上来说却有着几分近似，因为在常人对事物和世界的认识里主观是最主要的，形而下的成分取得了优势地位。常人只是对这一世界的事物有所察觉，而不是这一世界本身；他们只是意识到自己在做各种事情的过程中承受的痛苦，而不是自身。随着他们的意识越来越清晰，静思默想也就表现得越来越明显了。那么，这样的情况就会慢慢出现：有时——虽然只是极少数情况，并且，这种清晰认识的程度也有相当大的差别——这样的问题就像闪电一样在人的头脑中乍现："这一切到底是什么？"或者："这一切究竟是怎样的？"如果对第一个问题的认识达到了相当的清晰度，并且持续不断出现在脑海里面，一个哲学家就这样造就出来了；同样，第二个问题造就出了艺术家或者文学家。所以，这两种崇高的使命都来源于静思默想，而人们对这一世界和自身的清晰认识是这种静思默想气质的首要来源，他们因而能够对这些事情进行静思和回顾。但是，整个过程得以发生都是因为智力具备了相当的优势，它能够暂时摆脱原来为之服务的意志的控制。

对天才的种种考察是与讨论"意志与智力不断加大的分离"的文章（《意志和表象的世界》第 22 章）互相关联的，并且是作为那篇文章的补充而出现的。在整个生物世界中，我们可以清晰地看到意志与智力的逐级分离。到了天才这一级别，意志与智力的分离程度达到最高：智力与作为它根源的意志甚至会达到完全分离的程度，智力会因此变得完全自由，而表象的世界同时也能完美地客体化。

关于天才的个性我需要再补充一点。据西塞罗所说，亚里士多德已经说过"所有天才的人物都是忧郁的"。歌德也说过：

> 当我处境很好的时候，
> 我的诗歌之火相当微弱。
> 但在逃离迫在眉睫的灾害时，
> 它却熊熊燃烧。
> 优美的诗歌就像彩虹，
> 只能描画在暗淡的背景。
> 诗人的才情喜欢咀嚼
> 忧郁的心情。

由于意志不断地控制智力，这样，当个人境遇不佳时，智力才能比较容易挣脱意志的摆布，因为智力只有脱离逆境，才能得到某种放松。所以，智力会尽其所能地投向陌生的外在世界，因而容易变得客观。个人处境如果很优越则会产生恰恰相反的效果。总的来说，与天才紧密结合在一起的忧郁是基于这样一种事实：生存的意志越是得到了智力的观照，它就越清晰地看到自己的悲惨状况。在天才身上经常可见的忧郁状态可以以阿尔卑斯山最高峰白朗山峰作为象征。白朗山峰常年被云雾笼罩着，但有时候，尤其在早晨，红色太阳光把云霭撕裂了，沐浴在阳光下的高山，从天上俯瞰着莎蒙尼斯高地，这时壮美的景象深深地打动了观者的心。同样，那些经常郁郁寡欢的天才有时候会表现出我描述的那种为他们所专有的喜悦——它源自于完美的客观心态。这种喜悦好像他饱满的额头上面的一道灿烂的阳光："悲哀夹杂着愉快，愉快夹杂着悲哀。"

所有文学、艺术和哲学都有可能出现粗制滥造者，因为他们的智力仍然与意志联系得过于紧密，只有意志的刺激才能使智力活跃起来，所以，他们的智力受制于意志，他们无法从事个人目标以外的工作。应该能想象到的结果就是：他们会涂鸦出蹩脚的油画，胡编一些呆板和了无生趣的诗歌，提出一些肤浅、荒谬，通常并非出自他们真心的哲学论题，他们必须通过虔诚的不诚实把自己推荐给更高的权威。因此，这些人的一切想法和行为都以他们的个人利益为目的。他们充其量不过是把别人作品中外在的、偶然的和随意的东西照搬过来，冠以自己的名字。他们只是得到了皮毛，而不是精髓，但他们却以为自己已经掌握了其中的奥妙，甚至认为自己的水平已经在那些真正的创作之上了。

不少人都希望通过自己的良好意志获得成功，不过，这不可能真的如愿，因为这一意志只是引向个人的一个目的，而一旦打上个人目的的印记，艺术、诗歌或哲学就永远不会受到真正严肃认真的对待。因此，用"自己挡住自己的光线"这个习语来形容这种人再恰当不过了。他们没有意识到只有当智力脱离了意志及其所有控制，可以自由活动时，我们才能真正从事创作，因为此时，我们才会有真正的关切。这对那些粗制滥造者来说是一件好事，不然他们可就得自杀了。在道德范畴里，良好、善良的意志就是一切，但在艺术里，它却一无是处。正如"艺术"（kunst，指艺术、技艺、能力）这词已经显示的，能力才是唯一重要的东西。问题归根结底在于一个人真正关切的是什么。几乎对所有人来说，他们真正关心的只是自身以及整个家庭的安逸。所以，他们能做的一切无非就是努力实现这一目的。因为绝非心、人为和具有目的性的努力都无法赋予、补足，或者更精确地说，借给他们一种真正意义上的、诚挚的关切。这是因为我们的关切之处一直是由大自然做出安排，并保持不变。一旦这种关切面临缺少的境地，人们干任何事情都只能是敷衍了事。同理，天才通常都很少对自身的安逸多加注意。正如一个铅造的摇摆物总会因为重心所限停留在它该停留的位置，同样，一个人的智力总会在他个人真心关切的地方停留驻守。

因此，只有那些真正关心的不是个人和实际的事务，而是客观的和理论性的东西的人——他们是为数极少的非一般人物，才有能力认识到事物和这一世界的本质性的东西，也就是说，至高的真理，并且以他们特有的方式把这一认识重现出来。像这样对处于自身之外的客体抱有热切关注，对人的本性而言是陌生的、非自然的和真正超自然的。不过也正因如此，这种人才能配得上伟大的名号。人们认为控制和引导天才们的"精灵"是他们创造出来的东西的主要成因。对天才们来说，他们创作的图画、诗歌或者思想作品就是目的，但对粗制滥造者而言，这些只不过是手段而已。后者通过这些手段寻找自己的利益，一般来说他们也知道如何谋取自己的利益，因为他们紧紧跟随着同时代的大众，随时准备着为同时代人反复无常、变幻不定的需要效劳。所以，这些人的生活境况一般都不错，但天才却常常遭遇悲惨的境况——这是因为天才以牺牲自己个人的安乐为代价来实现客观的目标。天才这样做也是身不由己，因为客观目标才是他的关切真正所在。对粗制滥造者而言，这样的做法在他们身上永远不可能发生，所以，他们是渺小的，但天才则是伟大的。天才的作品是留给各个时代的一笔财富，但这些作品通常只在后世才开始获得承认。前一种人则与他们的时代同生共死。总之，只有那些通过自己的劳动——不管是实际性的工作还是理论性的作品——追求纯粹客观目的而不是谋取个人利益的人，才是伟大的。哪怕在现实生活中人们误解了这一目的，哪怕这一目的因此变成一种过错或者罪行，他仍然是伟大的。他并没有谋取自身的利益——单凭这一点，无论在何种情况下都可以用伟大来形容他。相比之下，所有指向个人利益的行为和努力都是渺小的，因为受这种目的驱使而活动的人只在微小的和匆匆即逝的自身发现自己。而能在每一样事物，即在全体事物中都认出自身的人就是伟大的，他们不同于其他只活在微观宇宙里面的人，而是活在宏观宇宙里。

为此，事物的整体与他密切相关，而他也在认识事物的过程中试图领会和理解这一整体，以便把它表现出来，或者对这一整体做出一些解释，又或者在实际中对这一整体施加影响。这是因为他对这一整体并不陌生，他能感觉到自己与这一整体息息相关。因为他在自身之外扩大了认识的范围，我们才把他称为伟大。这一崇高的称号应当属于那些真正的英雄和天才，无论在何种意义上，他们都当之无愧。他们不同于一般人具有的人类本性，并没有追求自己个人的利益；他们不是为了自己，而是为了所有人而活。不过，虽然绝大多数人永远都是渺小不堪，无法成为伟大，但反过来的说法却并不成立，亦即一个人的伟大是彻底的伟大，每时每刻都是那样伟大：

> 因为人是用泥土做成，
> 习惯是他的乳娘。
>
> ——席勒《华伦斯坦之死》

也就是说，在相当长的一段时间里，每个伟大的人物看起来只是一个平凡的人，他们只看到自己，而这就意味着渺小。"无人在自己的贴身仆人面前是一个英雄"正是基于这一道理，它并不是说这个仆人不懂得欣赏这个英雄。歌德在《亲和力》中把这道理作为奥蒂莉突如其来的思想表达了出来。

天才就是天才自身的秉赋，因为每一个人都希望做到和成为自己的最好。"谁要是能够为自己与生俱来的才能而活，那他就由此找到了最美好的人生。"

（歌德《威廉·迈斯特的求学时代》）当我们回顾过去的一位伟人时，我们不会这样想："这个人多么幸运啊，他至今还受到人们的钦佩！"而是会想："这个人能够直接享受到像他那样的精神思想，该是多么幸运的一件事啊！在他之后绵长的时间里，人们仍以琢磨他所留下的思想为乐。"价值并不通过名声得到体现，而通过获取名声之物；创造出那些不朽的孩子是一种快乐。所以，如果有人认为身后之名日盛的人并没有亲身享受到这一名声，所以，身后之名就是空洞无用的，那么，他就是自作聪明的人，就像看到有人不断向隔壁院子的一堆牡蛎壳投以羡慕的眼光，他就卖弄小聪明地对这个羡慕者说：牡蛎壳其实毫无用处。

如果智力摆脱了为意志服务这一天职，自发地活动起来，它就是和自然相悖而行。因此，天才就是智力不忠于自己的天然职责的产物，与天才相关的种种缺点、不足就是由此而来。为对这些缺点和不足进行一番考察做好准备，我们先把天才与那些智力并不那么突出的人比较一下吧。

平常人的智力只是忙于接收和处理动因，因为他们的智力受到为意志服务这一目标的束缚。这种智力可以视为剧院的复杂线网，它们牵扯着世界舞台上的这些木偶，大多数人脸上干巴、严肃的表情就是因这些线网的操纵才产生的。也只有动物的表情能在这方面超过这些人——动物可是从来不会笑的。相比之下，拥有不羁的智力的天才却好比在闻名的米兰木偶剧场中与那些巨大木偶一起表演的活人，在这些提线木偶当中，唯有这个活人能够看清一切。因此，他会很高兴地暂离舞台，以便在观众包厢中和观众一起欣赏这些木偶的表演。这就是天才的静思默想。不过，哪怕最明智、理性的人——我们几乎可以称他们为有智慧的人——跟天才还是有很大的区别。这是因为这种人的智力保留着以现实为指向的特点，关注着众多的目标和手段，以便从中挑选出最佳者。所以，他们的智力始终离不开意志的控制，但这种智力的发挥真正符合大自然的目的。对生活采取认真、现实的态度——罗马人把它形容为"严肃态度"，它是以这一条件为前提的：智力为意志服务，不能追随与意志无关的事情。所以，传统认为智力与意志的分离是不被允许的，但这却是天才之为天才的条件。那些在实际事务中有一番大作为的出众人物之所以是这样的人，正是由于事物强烈地刺激着他们的意志，并驱使他们的智力不知疲倦地探询、了解这些事物的关联。因此，这些人的智力与他们的意志紧密结合在一起了。相比之下，天才在客观认识事物的时候，世界现象是以某种陌生的、供观照的形式在我们的眼前和脑海里浮现——这种情况下，意志被逐出了意识之外。做出行动业绩与创作思想作品这两种能力的差别就在这里。后者要求对事物有客观和深刻的认识，产生这种认识的前提是智力与意志完全分离；而前者则需要人们应用知识、保持镇静的头脑、行事果断坚绝非——当然要求智力必须始终如一地为意志服务。当智力挣脱了意志的枷锁以后，它就会背离自己的天然使命，忽略对意志的服务，甚至在身陷困境之时，智力仍然处于不羁的状态；在危机四伏中，智力仍然不由自主地品赏这一环境——这由景色引人入胜的程度而定。而理性、明智之人的智力则总是坚定不移地为智力服务，监视着当时的情势及其需要。因此，这样的人在任何时候都会依据现实情况做出适当的绝非定并把这些绝非定付诸实践。他们当然不会有常人眼里荒唐、古怪的想法和行为，甚至做出愚蠢的事情——而天才却极易犯下这样的错误，因为他们的智力并不是意志忠心耿耿的向导和守护者，纯粹客观的事物或多或少地占用了他们的智力。歌德通过对塔索和安东尼奥的相互对照，把我抽象描述的这两种完全不同、互相对立的能力，通过形象直观的方式显现了出来。人们通常观察到的天才与疯癫之间具有相似之处，其主要原因就在于智力与意志的分离——这是天才的本质，但它却又是违反自然的。不过，我们不能以天才没有强烈的意志来解释这种分离。相反，天才的一个很明显的特征是具有激烈、狂热的性格。智力与意志的分离只能这样解释：实干家们是那种应付实际事务游刃有余，具备了足够的智力配给，以应付强力意志的需要的人，而大多数普通人却不具备这样的智力配给，但天才拥有的完全是非同寻常的超额智力，他们多余的智力又不是以为意志服务为目的。因此，创做出真正有价值的作品的天才要比做出实事的活动家们稀有得多。也正因为这种超出常规的智力，它才有足够的能力摆脱意志的束缚。同时，它也无视自己的最初使命，凭借自身的力量和弹性自由地活动起来。天才的创造力就这样产生了。

而且，天才意味着智力从为意志的服务中挣脱出来，自由地展开活动，其结果就是天才的创造并不服务于任何有用的目的。天才的作品可以是音乐、绘画、诗歌、哲学——它们并没有实用价值，这正是天才作品的特征。所有其他普通人的工作都是为了维持我们人类的生存和减轻这一生存的负担。但我们现在讨论的这些作品却不是以此为目的的：它只为自身而存在，在这一意义上，天才的作品可被视为生存开出的花朵，或者说，从生存中获得的收成。在享受这些作品时，我们会心情愉悦，因为在这个过程中，我们超然于沉重的、全是索取和匮乏的尘世之上了。另外，与此相类似地，美与实用结合在一起的情况是很少见的。高大、挺拔的树木是不结果的；水果树都是矮小且难看的；重瓣的花园玫瑰并不结果，但矮小、野生、几乎没有香味的玫瑰却有果可摘；最美丽的建筑物并不实用：一座庙宇并不适合人住。如果一个人——他具有相当稀有的才华被迫做一件只有实际用处的工作——而这工作连最普通的人都可以胜任，那就等于把一个装饰着最美丽的图案、价值连城的花瓶用作厨房用具，有用的人与天才相比就跟砖头与钻石相比一样。

所以，纯粹实际的人把自己的智力全部用在大自然为它指定了的用途上，他们把握了事物之间的相互关系，或者事物与认识者自身的意志关系。而天才则在违反智力自身使命的情况下把智力作为认识事物的客观本质用。因此，天才的头脑已经不属于自己，而属于这个世界——他的头脑在某种意义上为照亮这一世界做出了自己的贡献。因此，受到上天眷顾而成为天才的人通常也就有多种多样的缺陷和不足。如果一件工具并不适用于某种用途，通常都会出现问题；同样，天才的智力也出现了类似的问题。首先，这种智力就好比是一仆侍奉二主，它在服务意志的同时，抓住每个机会摆脱这种服务，转而追求自己的目标。这样，它就会经常不合时宜地置处于危难之中的意志于不顾。所以，人们经常可以看到那些天赋异秉的人在现实生活中无所适从。事实上，这种人的行为有时候使人容易联想起疯癫。异于常人的认识力使他们更多地在事物中看到普遍性的东西，而不仅仅是单一的事物。如果要为意志服务，我们首先需要从认识个别事物开始。另外，天才们这种极高的认识力，在尽其全力投向意志的事务和痛苦时，不费吹灰之力就能鲜明、生动地了解这些事情；所有的一切都蒙上了强烈、刺眼的色彩，一切事物都处于明亮的光线之中，事情都成了庞然大物。这时候的天才也因此陷入了极端之中。下面将更为仔细地对这种情形加以解释。一切理论性的成就——不管探讨的是什么问题，都是由实干家把全部的精神力投向一个点上产生的。在他的世界里，除了把精神力全部、有力和牢固地集中在这一点上面，没有任何东西，目标对他来说就是全部的现实世界。不过，天才们具备有力和高度集中的精神力，这种精神力是如此旺盛和敏感，有时候甚至把现实生活中的事件也纳入了它的审视范围之中。这样，一旦事物处于这种审视的焦点之下，被审视之物就可能会被放大至可怕的比例，犹如把跳蚤置于高倍显微镜下——它看起来简直如大象一样令人骇然。这种情形带来的结果就是：天才有时候容易陷入鸡毛蒜皮的小事带来的各种不同的强烈情绪之中。对其他人来说，产生这些情绪是不可思议的，因为他们都会漠然视之，而天才们却陷入悲哀、高兴、忧心、愤怒等状态中不能自拔。所以，天才缺少平淡、冷静的性格特点，因为平淡、冷静意味着我们只看到属于这些事物特点的东西，尤其是在涉及可能的目标方面。也正因如此，一个平淡、冷静的人不可能成为天才。与上述种种缺陷、不足共存的还有天才的极度敏感，这是神经和脑髓活力得到异乎寻常的加强所致。更确切地说，这是与激烈、强劲的意志活动紧密相关的，而这样的意志活动同样是构成天才的条件；它在生理上的表现是心脏的剧烈跳动。所有这些加在一起也就容易产生偏激的心境，激烈的感情，反复无常的心情，还有如厚重的迷雾般笼罩着的、挥之不去的忧郁——所有这些心理活动在歌德《塔索》一剧里有比较形象的表现。与天才那时而如梦幻般的沉思、时而又如烈火般的亢奋相比——正是在这些内在的痛苦和磨难孕育了永恒不朽的作品——那些有着正常配备的普通人表现出了镇定自若、讲究理性、中规中矩和十足的确信、运筹帷幄的能力。此外，天才自古都是寂寞的。他们太过稀有了，甚至很难碰到自己的同类，而卓尔不群又使他们无法和大众沟通和相互了解。对大众来说，意志活动是他们认识事物的主导，但对天才而言，认知活动才是最主要的。所以，大众的高兴和快乐不属于他，而独属于他的兴奋和喜悦，大众也无法理解。大众只是作为道德方面的个人存在于这个世界上的，他们也只有个人方面的关系，而天才又是纯粹的认识力，他是属于全人类的。脱离了意志——它的生长土壤——并且只是周期性返回为意志服务的天才智力，很快就与正常智力大相径庭了，因为后者紧紧依附着自己的根基。为此，并且由于不一致的步调，天才们那与意志分离的认识力难以与正常人保持同步，亦即与他人谈话。别人在他以及他那压倒一切的优势里感到不悦，他从别人那里也同样感觉不到知音难遇的喜悦。一般来说，常人和与自己水平相等的人在一起会更加自在，而天才也更喜欢和同等的人交流，虽然这种交流一般来说只能通过这些同等的人的作品才能成为可能。所以，尚福尔的话相当正确："没有哪一样罪恶能像过于伟大的品质那样成功地成为一个人拥有朋友的阻碍。"天才能够得到的最好的待遇就是免于实际行动，能够拥有闲暇从事创作，因为在实际行动中，免不了和常人打交道，他就不可能做到如鱼得水。从以上这些事实中我们可以得出这样的结论：虽然让普通人羡慕不已的天赋能让获得这一禀赋的人在某些情况下受惠不少——他沉浸其中，无拘无束地尽情享受这种天才——但是，这种天才的认识力却无助于他们拥有幸福生活，事实上，它反而妨碍了这一目的。这一点可以从各种天才人物传记所记录的他们的人生经历得到证实。除此之外，天才与外在环境也格格不入，这是因为天才所从事的活动和做出的成就经常超然于他所处的时代。但略具才华的人物却总会在恰当的时候出现、应运而生。既然后者是由自己时代的精神所刺激，并由这一时代的需要所催生的，那么，这些人的能力也就仅限于为他的时代服务。于是，这些人与同时代的文化或者科学手挽手、肩并肩，步调一致地向前行进，他们由此获得了报酬和喝彩声。但对下一代人而言，他们无法从这些作品中获得愉悦，又有层出不穷的别的作品取而代之。相比之下，天才出现在他的时代有如彗星闯入了行星的轨道——

彗星古怪的轨迹对行星那井然有序的轨道而言是陌生的，天才很难和他同时代的文化步伐保持一致。他把自己的作品远远地抛在前路上（就像一个只身赴死的将军：他把手中的长矛投向了敌人）。而时间只在随后才赶上他。天才与同时代的能人的比较可以用《圣经·新约》中《约翰福音》的一句话表达："我的时代还没来临，你们的时代常是畅通无阻的。"能人可以取得其他人无法企及的成就，但他们毕竟是常人，他们的成就不会超出普通人的理解范围。这样，这些能人马上就能找到赏识者。相比之下，天才的才能不仅远远超出其他人，而且还超乎他们的理解。其他人对这种成就也不敏感。能人就像一个击中了无人能及的目标的弓箭手，天才也击中了他的目标，但这目标距离是如此遥远以致其他人根本无法看见。人们只是在以后才间接地知道有关天才的种种事情，甚至对这些事情也是抱着尽管相信的心态。歌德在一封教育信札里写道："效仿别人是我们与生俱来的特性，但我们要找到效仿的对象并不容易。优秀的东西极少被发现，得到别人的赏识则更是少有的事情。"尚福尔说："人的价值就好比钻石的价值：钻石达到一定的体积、纯度和完美度以后会有一个确定的价格，超出这一范围以后，它就是没有价格的了，也找不到买家。"培根的观点也与之类似："下德得到民众的赞许，中德获得他们的钦佩，上德则不被理解。"人们可能会反驳说：当然了，这些俗类！不过，马基雅维里的话印证了培根的观点："在这世上，除了庸俗别无他物。"由于对天才作品的认识总是滞后于时代发展，所以，这些作品很少能获得同时代人的赏识，很少在仍然保留着时代的新鲜色彩的时候被人理解，相反，像无花果和枣子那样，它们更多的是在已成干果，新鲜不再的时候，供人们享用。

最后，如果从身体构造的角度分析天才，就会发现天才具备几样解剖学和生理学上的素质特点——单独这样的素质特点就很少能达到完美，如果多样特点同时臻于完美，这种情况就更少见了。而天才却具备所有这些完美素质，这也可以解释为何天才的出现是一个完全绝无仅有的例外情形。成为天才的根本条件就是感觉能力（包括对印象的感受能力、对刺激的反应能力以及内在的神经活动能力）占据绝对优势——这是相对于生理意义上的肌肉的活动及兴奋能力和机体的新陈代谢能力而言的，同样，大脑系统必须与神经节系统完全分离才可以达到完全对立的状态。只有这样，脑髓才可以依附机体而过上明确、独立、活泼的寄生生活，这种生活影响了机体的其余部分的正常活动，同时也提升了脑髓生活，其无休止的活动会使机体的活力提早消耗掉——除非机体也同样活力充沛，结构良好。后者同样是构成天才的必备条件之一。实际上，甚至一个健康的胃也是条件之一，因为胃部与脑髓处于特别的和紧密的协调一致的状态中。不过，要产生这样的情况，脑髓必须有超常的发育和超出一般的体积，宽度和高度都异于常规。但在深度方面，脑髓要稍逊一筹，大脑与小脑的比例要超出常规。毫无疑问，脑髓无论作为整体还是部分，其形状都是至为关键的，但凭我们已有的知识不能准确地判定这一问题。虽然根据一个人的头骨形状，我们轻易就可看出它的主人是否具有高贵、非凡的头脑智力。这就要求脑体的组织、质地必须达到精细和完美的程度，脑体必须由最纯粹、纤细、敏感和精选的神经物质构成。至于白物质与灰物质的比例肯定也起着至关重要的作用——但这个现在暂时无法说明。对拜伦尸体的解剖报告指出：拜伦大脑里面的白物质相对灰物质的比例明显高出常人，他的脑髓也重达六磅。居维尔的脑重为五磅，而正常人的脑重只有三磅。与脑髓所占的优势相比，脊髓和神经必须异常纤细。呈拱顶状的头盖骨必须高耸、宽阔，以保护脑髓，防止外来物体以任何方式挤压它。这些属于脑髓和神经系统的特性遗传自母亲，我们在下篇再谈论这一问题。不过，仅仅依靠这些仍然不足以产生出天才，除非再加上一种强烈、狂热的性格气质，这种气质一般来自父亲的遗传，它在生理上的表现是异乎寻常的心脏能量，也就是血液循环，尤其是通往头部的血流量。首先，这种方式使得脑髓固有的细胞组织膨胀加大了，这样，脑髓挤压着受到损伤的脑壁，并从里面涌了出来。其次，心脏具有的力量使脑髓获得了一种内在的运动——它有别于伴随呼吸而一起一伏的持续运动；这种内在运动意味着随着四条大脑动脉的每一次跳动，整个脑髓组织都经受了一次震动，而在这一震动中所产生的能量是与增加了的脑髓量相对应的（总体而言，这种运动是脑髓活动的一个必需的条件）。为此，矮小的身材，特别是短小的脖子也是有利于这种大脑活动的，因为路径短了，血液就能给脑髓带来更多的能量。但传送血液的较短路径并不是不可或缺的，比如歌德就比常人高大。但如果缺少了这一遗传自父亲的、涉及血液循环的前提条件，那么，从母亲那获得的良好素质最多造就了优于常人的才具和良好的理解力，但与之相配的却是麻木、冷漠的脾性，这样的人成为天才也是不太可能的事情。这种来自父亲的、构成天才的条件恰好可以解释此前我已谈论的要成为天才必须具备的许多性格、气质上的缺陷。如果只是具备了父亲的性格，但又缺乏了母亲的智力，亦即只有性情活跃有余、但智力却捉襟见肘。这样的人烦躁易怒，行事莽撞、欠缺考虑。在两兄弟中，如果只有一个具有天才，那么通常是哥哥，例如，康德就是这样。这首先可以用这一事实来解释：他母亲怀上他的时候，正是他的父亲充满活力和激情的时候，即使另一个、源自母亲方面的条件可能会无法实现。

在这里，我想特别就天才的孩子般的性格，亦即天才与儿童时期具有某种相似性的问题，提出我的看法。在儿童时期，和天才类似，大脑和神经系统占有绝非定性优势，这是因为大脑和神经系统的发育比机体的其余部分来得要早。甚至到了七岁，脑髓就已经达到了最大的体积和全部的质量。所以，毕夏说："在儿童期，神经系统相对于肌肉系统的比例，远远超过其后的各个时期。但在以后的时间里，大部分其他系统都要优于神经系统。人们都知道，如果要详细研究人的神经，都会以儿童作为最佳的研究对象。"（《生命与死亡》）相比之下，生殖系统的发育进行得最晚。只有到了成年后，肌肉的活动及兴奋能力、身体的新陈代谢机能，以及生殖功能才得以全面发挥。到这个时候，一般来说，这些功能就取代了脑髓功能的优势地位。由此可以解释为何孩子们普遍都具有敏感、理性、好学、易教的特点，大体而言，他们甚至比成年人更有兴趣和更适合作理论性的探究。也就是说，由于大脑和神经系统发育有先后，他们拥有的智力超过意志，意志的表现形式就是爱慕、欲望和情欲。智力与大脑是同一的，同样，生殖系统与最激烈的欲望也是息息相关的。故而我把生殖系统称为意志的焦点。这是因为在儿童期，生殖系统的骇人活动还处于沉睡状态，而大脑的活动已经相当活跃，所以，儿童期是无邪、单纯和幸福的时期，是生命的天堂和逝去的伊甸园。在之后的人生中，我们对过去的岁月带着眷恋，念念不忘。我们在儿童期感觉到了幸福，是因为我们的整个存在更多的处于认知的状态，而不是意志的状态。外在新奇的事物也加固了这种状态。在生命的曙光中，我们眼前的这个世界闪耀着新鲜、魔幻的光芒，是多么诱人。在儿童期，我们也有过渺小的欲望、犹豫的意志和无足轻重的烦恼，但这只是对占优势的认知活动的一个小小的平衡。儿童那清澈、无邪的眼神让我们的精神为之抖擞，甚至个别儿童的这种眼神达到了一种庄严、静观的表情——拉斐尔笔下的天使就有这种令人赞叹的表情，所有这些情况都可以得到解释。所以，人的精神能力的发育总是超前于对它的需求。大自然完全是根据法则在行事。在智力占据优势的时候，人们为应付将来的需要，收集和准备了充足的知识，虽然此时将来的需要对他们来说仍然是未知的。因此，儿童的头脑智力在一刻也不停歇地活动。孩子们满怀热情地琢磨和把握所有的现象，然后小心地把获得的认知储藏起来，以备将来之用，就像蜜蜂会额外采自己需要之外的蜜一样，它们也是为将来的需要而考虑。确实，一个人到了青春期，从整体上来说，对事情的看法和掌握的知识要超过以后所学到的东西，即使他以后会变得博学多闻。这是因为他早年获得的直观知识是他一切知识的基础。孩子的可塑性（成形性）到青春期止同样占据着优势。当可塑性完成了它的分内之事以后，它的力量就通过转移投入到生殖系统之中。这样，性欲就伴随着青春期而来，意志也就逐步取得了上风。在主要是求知好学、理论探索的儿童期过去以后，充满着骚动不安的青年期到来了，人们时而冲动、暴躁，时而又悲伤、忧郁。随后就进入了充满激烈和严肃的感情的成人期。正因为小孩没有那种包含着不幸和灾祸的欲望，所以，他们的意志活动是非常有节制的，并从属于认知活动，由此也就产生了无邪、聪明、理性等特质——这些是儿童期所特有的。几乎已经不需要我多说，儿童与天才相似的原因就是：充足的认识力超过了意志的需要，导致纯粹认知活动占据了优势。事实上，每个小孩都在一定程度上是一个天才，而每个天才都在一定程度上是一个孩子。这两者的相似之处是首先表现出比较显著的天真和质朴——这是真正天才的一个基本特点；这种相似的特征还有另外的表现方式。某种孩子气也就自然包含在了天才的性格之中。根据里默的著作《歌德的言谈、事迹》，赫尔德和其他几人与歌德的观点稍微有些不合之处，说他总是童心未泯，像一个大小孩。他们说得一点没错，但他们拿这个说事儿却是没有道理的。人们也说莫扎特的一生都像一个小孩(尼森所写的莫扎特传记)。舒利希格罗尔在莫扎特的悼词中这样写道："在艺术上他成熟得很早，老早就是个大人了，但在其他所有方面他却始终是一个长不大的孩子。"由于如此，每一个天才都是大小孩，因为他审视这一世界的眼光永远那么奇特，仿佛眼前总是陌生的东西，总是充满悬念的戏剧；他永远怀着一种纯然的公平公正的兴趣。所以，他就像小孩一样，不像世俗的平常人干巴、乏味的严肃且一本正经，而这些平常人兴趣的出发点只是出于个人的利益，他们在对待事物的过程中，往往对什么东西能引发他们的注意更感兴趣。谁要是终其一生，不是在某种程度上永远像一个大小孩一样纯粹，而是被成人的特性，诸如严肃认真、成熟冷静、老练事故、现实理性等完全统领的话，那么，这个人可能是世上的一个能工巧匠，是一个颇具实干精神的人，但他却永远不可能是一个天才。实际上，天才之所以成为天才，就是因为他把小孩所特有并擅长的感觉系统和认知活动，以某种不可思议的方式有效地保持终生。对于很多平常人来说，小孩的这种特性确实能够维持至青年时期，例如，在很多学生的身上，一种纯粹精神智力层面的努力和某些反映出天才特性的古怪悟性仍然表现得非常明显。不过，大自然自有它的发展轨迹：人们经历了如幼虫成蛹般的蜕变过程，到了成人期就变得异常顽固执拗了。我们在若干年以后重新又见到他们时是多么的震惊！歌德就这个原理发表过一些精妙的言论，他说："小孩绝非不信守自己的诺言；青年人极少信守自己的诺言，如果他们真的信守诺言了，那这世界也不再对他们信守自己的诺言。"(《亲和力》)换句话说,这个世界把王冠高高地展现在世人面前,宣扬要把它奖励给那些为世界做出贡献的人,但是,王冠最终却被授予了那些被当作工具使唤的人——为实现某种低下、卑微的目的而沦为工具,或者说,授给了那些懂得欺骗这个世界的人。据我们的观点,正如几乎每一个人都曾经有过青春韶华的美妙一样,每一个人也都曾经有过青春的灵巧和聪慧;每个人在年少时都在领悟、认识和学习方面表现出某些显著的智力特性;一些人到了青年期仍然具有这种智力特性,但在这以后,这种特性就随着青春美消逝不见了。只有极少数天资迥异的人,才可以将这种少年时的思想特性和青春美保留一生。甚至到了耄耋之年,还可以看出这种思想特质或者年轻时的美貌风韵所刻下的痕迹。这才是真正的天才,或者真正貌美的人。

　　我们正在探讨的这一事实:在儿童期,大脑神经系统和智力占主导作用;到了成熟期,它们产生的作用逐渐减弱——这个事实可以通过考察类人猿而得到验证,因为类人猿是与我们人类最为接近的灵长动物,在类人猿的身上,也出现了同样的情况。人们逐渐才确切知道:年幼的猩猩是最聪明的猩猩。当小猩猩长大以后,那种与人极其相似的面貌、表情,和幼时让人惊讶的智力统统消失不见了。因为猩猩脸部的下面部分、动物性的部分增大了,相比较之下,前额就往后退了;为发展肌肉所需的脸部凸显的棱角转而形成了更具动物性的头盖骨;相应地神经系统的活动减少了,而肌肉力量却异常发达。练就发达的肌肉力量足够保存动物自己,因此,充裕、高级的智力也就没有必要了。弗里德里克·居维尔对此展开的论述和弗洛伦斯对居维尔的《自然历史》的论述非常重要。这可以在 1839 年 9 月份的《科学日报》上查询。另外,这些论述在补充了其他若干内容以后,用《居维尔对动物的本能和智力的论述及其分析总结》这一标题发表问世(1841)。此书中写道:"猩猩的智力在很年幼的时候就高度发育起来了,不幸的是,智力随着猩猩年龄的增加而开始衰减。猩猩在年幼时显现出来的观察力和聪明机灵使我们大为惊讶,但猩猩长大以后,就变成了粗鲁、残忍和倔强易怒的动物。其他的类人猿也和猩猩一样。从这些动物身上看出,智力的发展与体力的增加成反方向的变化,总是此消彼长。智力最高的动物也只是在年幼时拥有其最优质的智慧……各个种属的类人猿都向我们凸显了年龄与智力的反比关系。例如，瘤猿（在婆罗门教里获得特殊荣誉的一种猴子）在其年幼时有着宽阔的前额，相对小巧的嘴巴和又高又圆的头盖骨。但随着年龄的增加，前额逐渐消失、退后了，嘴巴却越来越明显地凸显出来；内在精神气质的变化之大丝毫不少于体质上的变化。冷漠、暴烈和对孤独的需要将理解力、信任和温暖的脾性取而代之。据居维尔的观点，这些变化是如此之大，如果按照我们的惯有做法，以我们自己的行为评价动物的行为，那我们就会把幼年的动物视为处于具备它们所有的种属的道德素质的年龄，而成年的动物则只是拥有了机体的力量。这些动物无法摆脱大自然已经为它们定下的狭窄范围，在这一范围之内它们仅仅能够维持生存。为达到这一目的，当缺乏机体力量时，智力的作用就至关重要了，但一旦身体强健的时候，其他的各样功能就会退化甚至消失……物种得以保存的前提条件是：动物的智力素质，或者机体素质必须得到一定程度的保存。"这最后的一句话印证了我提出的原则：智力，如同爪子和牙齿一样，它存在的价值就在于它是为意志服务的一个工具。

哲学与智力

我们所有知识和科学都是建立在不可解释之物上的。所以，每一种的解释无论经过多少中间环节，最终都会回到那不可解释之物，好比用铅锤测量大海的深度，无论投放在大海什么地方，无论深浅，最终都必然抵达海底。这个不可解释之物属于形而上学研究的内容。

几乎所有人都把自己定义成这种或者那种类型的人，由此可以推论出人具有这样或者那样的素质，大家却很少想到自己根本就是普遍意义上的人，有着普遍人性。能否认识到这一点是至关重要的。坚持第二种多于第一种主张的那些少数人是哲学家。另一些人则倾向于第一种看法，原因是他们总体上在事物当中没看到事物的普遍原理，看到的只是个别、零星的个体。只有具有更高智力天赋的人，依据其思想的卓越程度能在相应的单个事物中或多或少地看出事物的普遍性。这样一个重要的差别完全进入人的认知功能，我们甚至对最平凡、最普通的事物的直观也因此而呈现出差别。所以，智慧超群的人和智力平庸之辈对普通事物的直观图像也一定是大不一样。我所说的不带有意志的纯粹认识主体就是像这样从每一个单独呈现的事物中去把握其普遍性的认知能力；并且，我将它定义为事物柏拉图式理念的主体对应物。这是因为若认知投向事物的普遍性，那么认知就能处于不带意志的状态；相比较来说，意志活动的对象物就是单一、个别的事物。因此，动物的认知严格局限在这些单个事物上，因而动物的智力完全是为动物的意志服务。相比之下，要在哲学、诗歌或者总括为艺术、科学方面真正有所建树，那我们将思想智力投向事物的普遍原理是必不可少的前提条件。

对于应用于实际用途的思想智力也就是为意志服务而言，这一世界只有单一、个别的事物，但追求艺术或科学，也就是自为活动起来的思想智力却只看到事物的普遍性，事物的种属、理念和整个类别，因为就连造型艺术家也只是在个体之中将这一个体的理念表现出来，亦即种类。这是因为意志的目标只是个体事物——这些才是意志的真正对象，对于意志来说真正的现实也只有这些个别事物才能构成。类别、概念、种属则只能以非常间接的形式成为意志的目标。因此，粗人感觉不到普遍的真理，而思想的天才却忽略或无视单一、个别的事物。假如被迫纠缠于这类个体事物之中——这些构成实际生活的素材——对于天才来说，却是令人难受的苦役。

探索哲学要具备的两个重要条件是：(1) 具备勇气敢于承认自己心中的疑问；(2) 将一切显而易见的事情引入到清晰的意识当中，把这些事情作为疑问加以探索了解。最后，要想用真心探究哲学，我们的精神和思想必须处于一种悠闲、自得的状态之中。我们的精神和思想不能追随着任何实际的目的，也就是说不能受到意志的指挥。我们要全神贯注地接收直观所见的世界和我们的意识所给予我们的教诲。比较而言，哲学教授却在心里惦记着自己的个人利益和好处，以及那些能带来这种利益和好处的东西——这才是他们兴趣所在。因此，他们才看不到那么多本来是很清楚的东西，甚至连哲学问题也从来没有进入过他们的意识。

文学家把人的性格和人的处境以及生活这一系列的画面都展现给了我们的想象力；他们让这些图像活动起来，然后让读者充分发挥自己的思想能力，去思考、琢磨这些画面。因此，文学家就可以同时满足思想能力不同的人，不论是傻瓜还是智者。但哲学家却不用这种方式来展现生活，他们是对生活抽丝剥茧，进而概括出成熟、完善的思想。在完成这一工作以后，哲学家就会要求他的读者以与他相同的方式、同等的程度去思考事情。也正是由于这个缘故，哲学家的读者群很小。据此，我们可以将文学家比喻成带给人们鲜花的人，而哲学家则是带给人们鲜花里精华的人。文学作品相对于哲学著作而言拥有一个巨大的优势：众多文学作品可以同时存在却又相安无事。实际上，就算这些作品彼此之间有很大的差异，它们亦可同时为同一思想的读者所欣赏和珍视。相比之下，某一哲学思想体系刚一露面，就已经开始睥睨它的兄弟姐妹，处心积虑要把它们毁灭。这就像是一山不容二虎，同理，可以君临天下的哲学只有一种。也就是说，哲学体系从其本质上说就是孤独的、不喜交际的，就像那些孤独地守在丝网中央的蜘蛛：它们静候着苍蝇来自投罗网。而如果另一只蜘蛛向它靠近，那一定是要开始一场你死我活的搏斗。因此，文学作品之间和平共处，就像平和、安静吃草的绵羊，而哲学著作天生就是猛兽，那种破坏和毁灭一切的欲望甚至使它们成为那些吞噬自己同类的蜘蛛、蝎子、昆虫幼体。它们一来到这个世界，就像是从杰森的龙牙种子里冒出来的全副披挂的武士，此前同样经历了一番自相残杀。这场已经持续了两千多年的争斗会有最终的赢家吗？从此天下可以归于太平吗？

由于哲学体系具有争辩好斗这一本性，所以，哲学家想要获得认可和名气，其难度不知要比文学家大多少倍。文学作品只需要读者进入为其提供娱乐消遣或是鼓舞升华的系列文字之中，并为此花上几个小时的时间，而哲学家的著作却试图让读者的整个思想模式发生一个翻天覆地的变化。它们试图要求读者宣布自己此前在哲学这一学科里所学过的、相信过的东西都是错误的，所用的时间、精力全都是浪费，现在必须从头开始学习。他们至多只能保留某一前任哲学家的某些思想，以便在此之上进行基础重建。另外，那些现存哲学体系的教授者也是与新的哲学体系相较的强力对手——这也因为他们要保住其饭碗。事实上，有时候甚至国家政府也会将其所偏爱的哲学体系纳入其保护伞下，并且，用其强有力的物质手段来防范和阻挠其他学说的流行和传播。再者，如果我们考虑到愿意聆听教诲的人与寻求消遣、娱乐的人数与哲学著作的读者群和欣赏文学作品的人数成正比，那么，一个哲学家的出场到底能够得到多少帮助？关于这个问题，我们自己就可以下判断了。当然，哲学家所能得到的酬劳是有思想的人的击节赞赏和那些经过很长时间才能出现的、不分国籍、为数不多、但却出类拔萃的人的点头称是。而大众则是随时间的推移、借助权威的力量，才慢慢学会敬重这位哲学家的名字。由此，同时也因为哲学的进展对整个人类的影响虽然缓慢，但却深远，哲学家的历史同帝王的历史一道，自千百年来就并肩排列，但归入前者的名字，却比归入后者的数目要少百倍之多。正是这个原因，一个哲学家能在哲学家的青史中留下名字，是一件相当了不起的事。

如果哲学文章的作者是向导，那么他的读者就是游客。如果他们想要一齐抵达目的地，首先就必须一起出发；换句话说，作者必须将读者置于一个对于双方来说都是同一立足点和审视角度，也就是我们每一个人普遍所共有的体验事物的意识。由此出发，作者紧紧牵着读者的手一步步地引领着他，沿着崎岖的山间小路，尽力攀登云外的高处。康德就是这样做的；他引领着我们从对自身和事物完全普遍的意识出发。相比之下，那些试图把下面种种作为出发点却是多么颠倒、多么荒谬：据称那是对超自然、超物理的关系或事件，甚至于超感觉的知觉理性，不然就是对于某一绝对的、独立思考的理性所表现的思想直观！因为这就相当于把无法直接言说的认识当作出发点，这样，从一开始读者就不知道自己是同作者站在一起，还是离他有千里之遥。

我们自己安静思考事情与同别人交谈这些事情——这两者之间的关系就好像是一个活的机体与一台机器相比较。这是因为只有在第一种情况下，那些零散的东西才仿佛能自成一体，或者发出同一个音调，因此这里面有完整的清晰度和真正意义上的连贯与统一。但在第二种情形里，不同出处且差异悬殊的部件被拼凑在一起，以强行产生某种协调统一的运动，但往往故障出其不意地出现，使这一运动停了下来。所以，我们只能清楚认识我们自己，而对其他的事物往往只能是一知半解，因为我们不能把这些概念的基础——直观了解——统一起来，顶多只能把概念集合起来。因此，想要通过对话这一共同思考的方式来发掘出深刻的哲学真理是永远不能实现的。但是，这种谈话却有助于我们事先演习一番，寻找和澄清需要解绝非的问题以及之后对问题答案的检验、核实和评判。柏拉图就是在此意义上撰写出他的对话录的。

由于以上所述的原因，柏拉图学派分出第二学院派和第三学院派两个派别，后来者所持的怀疑态度也是越发有增无减。对话文字这种传达哲学观点的形式只有在被讨论的话题有两个或两个以上不同、甚至是相反的意见时，才是合适的。对于这些不同的讨论意见将要如何判断应交由读者自己完成；或许，这些不同的观点综合起来能对读者补充和完整理解所讨论话题起到帮助的作用，目的在于让读者自己在对话形式里得出那些对反对意见的反驳；不同观点必须表达得清晰、透彻，从而达到真正的戏剧化——确实是两种声音在进行对话。如果没有上述的目的，那这种对话就仅仅是要贫嘴闲聊而已——通常都是这样的情形。

讨论和比较别人曾说过的东西对我们获得对事物的洞察不会有特别的帮助，对丰富我们的知识也不会有怎样的影响，因为这样做不过是把水从一个容器注入到另一个容器罢了。只有通过自身对事物的思考才能真正意义上充实我们对事物的认识和洞察，因为只有事物本身才是近在眼前、能够随时为我们提供认知的活源泉。所以，看到那些一心一意想要做哲学家的人总是那样一意孤行地走在第一条路上，总是纠缠于某人曾说过的这样或那样的话，某人的意思究竟是这样还是那样，而对于第二条途径却好像一无所知——这的确让人百思不得其解。这种人也就好比把旧瓶子一次次重复地倒转过来，生怕遗漏最后的一滴水，而对于脚下潺潺而过的活水却无动于衷、视而不见。这就很清楚地暴露出这种人的无能，这也是在告诉我们，他们那貌似独创、深刻和煞有其事到底是怎么一回事。

那些想通过熟读哲学史而成为哲学家的人，其实应该从其阅读过的哲学史中认识到：哲学家就如同文学家一样，只能是天生的，而且，前者比后者更为稀有。

有关哲学的奇怪和糟糕的定义是：哲学是一门由纯粹的概念构成的学问。甚至连康德也做出这一定义。其实，我们所拥有的概念正是我们收藏从直观认识那里借来、乞求得到的东西的器具，而不是什么其他的；直观认识也是我们一切深刻认识的真正永不枯竭的源泉。所以，真正哲学的形成不可能依靠编织抽象、纯粹的概念，而要以我们对外在及内在世界的观察和经验作基础。想在哲学里做出真正的成就不可能像人们经常做的那样仅仅是对概念的组合。我们当代的诡辩主义者，像费希特、谢林之流，尤其习惯于玩弄这一手法，而黑格尔在玩弄这一手法上则达到了登峰造极的地步。在道德理论上熟练运用这一手法的佼佼者当属施莱尔马赫。哲学也同艺术和文学很像，其源泉在于我们对这个世界的直观把握。再者，人们就算抬起头始终不看地上，但他们都是有心有脑的，因而不可能在世事发展中一直保持冷血，而不投入行动、感受不到完全、彻底的震撼。哲学本身不是一道算术题，相反，就像伏维纳古曾正确无误地说过的：“伟大的思想源自我们的心。”

狡黠和机警或许能使人具备成为一个怀疑论者的能力，但却无法造就一个哲学家。不过，哲学里的怀疑论就好像是国会中的反对派，两者同样是有益并且是必需的。怀疑论的产生在于哲学没有办法像诸如数学那样能让人对一切都清楚明了，这种情形就和人无法像动物那样仅仅依据本能直觉做事一样。而动物的本能直觉就好像数学，都是先验确实的东西。因此，针对每一个哲学体系，怀疑论者始终是站在天平的另一边，但怀疑论的分量与它的对应物相比，到底是微不足道的。它也不会真的有多么大的杀伤力，就像硬要把一个圆圈弄成方形，那两者的面积毕竟还是差不多的。

如果我们知道一些事情的同时，又承认自己所不知道的事情，那么我们的所知就有了双倍的分量和价值。这样一来，我们知道的东西便不会招致别人的怀疑。但如果我们硬要称我们不知道的东西为知道，就像谢林哲学的拥戴者做的那样，这种情形就无法避免了。

发自于对事物的客观以及直观认识，并以符合逻辑推论的方式所表达出来的世界观不会是完全错误的。这样的世界观至多不过是失于片面而已，例如，绝对的唯心主义、彻底的唯物主义等。这些世界观都是正确的——其中各有各的正确。所以，在每一种这样的世界观里包含的真理都是相对的。亦即，对世界的那些各自不一的把握只是在基于某一特定的立场、特定的角度的时候才是正确的、真实的，就和同一幅画所展现出的风景只是出于某一审视角度是一样的。若我们站在高于此类体系立场的角度来审视事情，那么我们很快就会发现这些体系揭示的真理也只是相对的，也就是说，是片面的。只有将最高的、把一切一览无遗的因素一并考虑进去的审视角度才可以给我们带来绝对的真理。据此，如果我们把自己视为大自然的产物，这一产物不过暂时存在并终将归于完全的毁灭，就像圣经《传道书》中所说的那样，那么，这一说法就是真实的，但那种认为过去存在和将来存在都集于我身，除我之外一切皆是空的观点同样也是正确的。同理，如果我的想法像阿那克里安那样:最大的幸福在于享受现时此刻，那我也是正确的，但倘若我从虚无和痛苦中看到其有益的特性，或从一切的快感享乐中认清其危险和空虚的本质，并把死亡视为我存在的目标，那我的这些观点在此时也是正确的。

　　所有这些观点之所以真实、正确，其原因就在于每一个符合逻辑的推理、前后相一致的观点都只是通过我们对大自然的直观把握和客观了解，用概念的形式承载和固定下来。而大自然，也就是我们的直观之物，是从来不会说谎的，也不存在自相矛盾。因为大自然的本质就是排除这些东西的。因此，一旦在我们的思想中出现有违真实与现实情形互相矛盾的地方，就说明了我们的思想并不是出自对大自然的客观把握。

　　乐观主义就是违背现实的一个非常具体的例子。与此相比，我们对大自然某一客观的把握很有可能是片面和不完整的，但它只需要补足，而不需要辨正和推翻。

　　对于自然科学取得的长足进步，人们总是在责备形而上学的进展过于缓慢。甚至伏尔泰也慨叹:"我们在形而上学方面的进展和古代克尔特人的巫师时期差不多。"(《形而上学杂论》)但试问又有哪一个学科像形而上学那样面对的总是拥有职权的对手，总是遭受强劲的阻力? 这些是国家特殊派谴的检察官和全副武装的国王卫士——后者时刻准备向手无寸铁、毫无还手之力的形而上学扑去。只要形而上学仍受到威胁，就依然要被迫委曲逢迎那为照顾大众低智商理解力而设定的教条，形而上学就永远无法显示其真正的能力，

就永远无法迈出大的步伐。我们是先被别人捆住了手脚，之后就因为无法施展拳脚而遭受别人的奚落

宗教把人们探求形而上学的能力夺走了，一是通过早年向人们强行灌输教条来扼杀这种能力；二是对人们自由和不带任何偏见地表达形而上学的观点进行禁止，或是对此加以种种避讳。就这样，那些对至关重要、最有乐趣和有关自己存在的事情的自由探索就被直接禁止或被间接阻挠了；另外，人们的能力也因受到严重的损害而从此再也无力去探寻这一门学问——人们最卓越的能力就用这种方式被禁锢起来了。

要让自己容忍那些与己相反的观点并耐心对待别人对自己看法所提出的异议，最行之有效的方法也许就是牢记这一点：我们自己又何尝不是经常对同一审视对象连续变换截然相反的看法？我们不也是会在短时间之内抛弃某一看法，而后又重拾这一看法，最后却又接受了与此看法相反的观点吗？这个对象在不同光线的映照下会显现出不同的样子，我们由此而相应改变自己的观点。同理，在我们发表与别人看法相反的意见时，这一说法是最能争取别人好感的，"我以前持有的想法与你一样，但现在……"等等。

某一谬误的学说，不管是因其观点有误，还是出于人为的别有用心，其实都是只为某一特定形势所用。因此，这一学说只会流行于某一段时间。只有真理才是永远不过时的，哪怕这一真理曾在某一时间内遭到误解或扼杀。原因非常简单，只要从人的内心生发出一点点光明，从外在吹进一点点自由的空气，那就会有人站出来宣扬或保卫这一真理。也就是说，真理的目的并不是为某一党派服务的，因此，具有头脑和思想的人就随时会站出来宣扬和维护真理。真理就像是磁石，无论在任何时候任何地点都始终指向某一确切的、绝对的方向，而谬误的理论学说就好像是指路牌子——它的任务是指示另一块指路牌的方向，一旦缺失了后者，那么这一块指路牌也就会失去它的一切意义。

通常来说，对我们发现真理有妨碍的不是事物引诱人犯错的虚假外表，也不是我们悟性不足直接所致，而是由于我们那些先入为主的观念和偏

见——那些虚假的先验之物——与真理相对抗。它们就像是逆风把船只吹向与陆地相反的方向——对此，船橹和风帆都是无能为力的。

歌德的《浮士德》中有两行诗句：

我们必须流下汗水
才能真正拥有父亲留下的遗产。

下面是我对这两行诗所做的评释。我们自身经过努力且独立发现的某一真理——尽管这一真理前贤早已发现，但我们事前对此并不了解——对于我们来说有着十分巨大的价值和作用。这是因为我们更明白自己的想法，而不只是从书本或别人那里学到的东西。当我们这么做之后又在那些前贤的著作中发现了相同的说法时，由于与已被大众承认的权威说法不谋而合，自己的正确观点就在无意中获得了证实。由此我们就会增强对这一真理的信心，并且能够更加坚定地捍卫这一真理。

相比之下，如果我们最初是在书本里看到某种说法，再经过自己的思考得到了相同的结论，那我们永远也肯定不了这道理到底是经过自己的思考、判断而得的，还是只是重复地说出、跟随着别人的感觉。事实到底怎样是有很大区别的，如果是后一种情形，我们就可能会受到影响，到头来也许只是与前人一道得出了错误的见解，就像流水会很容易顺着此前流出来的水道前行。如果是两个人独立进行运算却得出同样的结果，那这个结果就是可靠的，但如果一个人只是负责检查另一个人的计算过程而已，那情形就不一样了。

当我们向外部审视时，展现在我们的眼前的是无法预测的世界和数不胜数的造物，而我们个体的存在好像就缩小为无物了。在着迷于事物庞大数量和宏大规模的同时，我们会推而论之，认为只有着眼于外在的，也就是客观的哲学才是对的。对此古老的希腊哲学家甚至不曾存有一丝怀疑。

比较而言，当我们审视内在时，我们首先就会发现每个个体其实都只是对自身感兴趣；每一个体更多时候太把自己放在心上，而不是除了这些之外的其他东西。这是因为每一个人都是直接地认识自己，而对于其他一切，他却只能是间接了解而已。此外，假如我们承认：具有意识和认知之物只能是个体，不具有意识的东西则只能间接地存在，那么，所有真正和真实的存在只能属于个体。最后，当考虑到主体是客体的条件时，我们可以这样推论：这广阔无垠的外在世界只因认知之物的意识而存在；这一外在世界由此是与个体的存在——这个世界的支撑物——绝对地关联在一起。在这一意义上说，这个世界的存在就可以被看成只是个体意识里面的布景，是印在个体意识里面的内容。如果上述这几点我们已经考虑到了，那我们就会得出这样一个结论：能够审视内在、由直接给予的主体这一点出发的哲学，也就是自笛卡尔以后的哲学，才是走对了方向的哲学；古人却常常忽视主要的东西。但要完全确信这一点，还需要深入自己的内在，把对本源的感觉——这种感觉存在于每一认知物——引入我们的意识。每个人——哪怕这个人多么微不足道——都能在自己质朴的自我意识之中发现作为最实在之物的自身，而且，在这自身中，他必然认出这个世界真正的中心点；他的自身确实就是一切现实性的本源。这种原初意识会说谎吗？最能表达这一真理的就是《奥义书》中的一句话："我就是万物，除我之外，没有其他；一切都是因我而起。"当然，此类看法会过渡到光明主义，甚至会到神秘主义。这是观察内在得出的结果，而将目标投向外在的审视则要告诉我们：我们存在的结局不过就是一堆白骨。

　　了解哲学的分类对哲学的表述十分重要。以下所述是从自我的角度出发对哲学分类的看法。

　　虽然我们的经验是哲学探究的对象，但哲学和其他学科不同，不会探究特定某一类经验。哲学所要探讨的对象是总体的、普遍的经验自身；我们在处理这些泛泛的经验时，凭借的是这些经验的范围和可能性、它的主要内容、内在以及外在的构成要素，还有它们的实质和形式。据此可知，哲学当然是以经验为基础，而不是出自于引申和玩弄纯粹、抽象的概念。关于这一点，我在著作中已经做了详尽的说明。既然哲学要面对和处理的是经验的素材，总体和普遍经验来显现自身的媒介以及其形式和特质，就成了哲学首先必须考察的对象，这都是顺理成章的事情。经验赖以显现自身的媒介就是表象功能、认识力，也就是智力。由此可知，任何种类的哲学都必须首要考察其认知功能及其形式和法则，以及这一认知功能在哪些方面适用和在哪些方面存在局限。这种考察因而成为了哲学的头等问题。这样，我们的考察就可以分为：（1）对原初和基本表象，亦即对直观表象的考察——人们把这一类的考察命名为认识论；（2）对派生的表象，亦即对抽象表象的考察——包括这些抽象表象的形成和应用所应遵循的法则，也就是逻辑，或称之为理智学说。这泛泛的一大类考察总括了，或者可以更精确地说，取代了前人所说的本体论。本体论学说出现的目的是为宣讲总体事物的普遍性和基本特性。此前，人们因为已经具备了表象功能，所以就把同自己表象功能的形式、本质相符合并已经为自己所把握的事物的存在，看成自在之物的本质。这情形就好像透过一块玻璃看东西，然后就把属于这块玻璃的颜色归于被看到的东西。

　　沿着上述考察继续深入研究的哲学就是狭义上的形而上学，因为这种意义上的形而上学不仅仅只是让我们认识眼前看到的存在物，也就是大自然，并且把这一存在物的各部分依照其次序联系起来，从总体上来考察，而且更进一步，将这一存在物看成某一既定的、有条件的现象——在这现象的背后却隐藏着有别于现象的某些东西，也就是自在之物。这类形而上学所要寻求的就是了解自在之物，为达到这个目的所采用的手段有：（1）把外在和内在的经验相结合；（2）发掘各现象的含意和这些现象相互之间的关联，由此认识整体的现象。这就好像为解读我们不认识的文字文章而去琢磨、研究里面的神秘字词。遵循这种探究方向的哲学从现象出发，至发现隐匿在这一现象背后、产生这些现象的本质为止，也就是在探索自然、物理之形以外的东西。因而这种形而上学又分为三类：大自然的形而上学；美的形而上学；道德伦理的形而上学。

　　不过，我之所以如此划分这一类哲学，是由于我已经有了这种形而上学来作前提：它表明现象的内在和最终的本质以及自在之物都存在于我们的意志。因此，通过考察意志在外在世界的显现，我们就能探究出意志在内在直接的、完全不同的显现，由此这种探究也为我们带来了道德伦理上的形而上学。在道德伦理上的形而上学发展出来之前，人们就已经考察了如何去完美、纯粹地把握意志的外在或称为客观现象，而由此生发了美的形而上学。

理性生理学或灵魂学说是不存在的，因为康德已经对此做出了证明，灵魂是超验的，对于作为超验之物的灵魂进行假设，是无法证明、亦是欠缺根据的。因此，"灵魂和大自然"这个矛盾的说法就留给菲利斯丁人和黑格尔之类的人好了。想要了解人的自在本质就只能结合所有事物——即这个世界——自在本质。因此，在柏拉图的《菲德洛斯篇》中，柏拉图使苏格拉底将这一问题以否定的形式提了出来："你觉得在不清楚整个宇宙的基本本质前，有可能恰当地了解灵魂的基本本质吗？"这也就是说，宏观宇宙和微观宇宙间互相诠释，并且以此来证实两者在本质上属于同一物。这种考察方法将人的内在本质密切联系起来且贯穿于形而上学的各部分和整体。因此，形而上学不会被当成心理学而单独分离出来。比较而言，作为经验科学的人类学（或人种学、人体构造学）却可以成立，不过，这一学科一部分是生理学和解剖学，一部分是单纯依靠经验素材的心理学——想要获得这方面的认识，就得通过观察人的道德、智力表现、人种的特性以及在这些方面人们所表现出来的个体差别。但是从这些现象中筛选出那些最重要的东西来作为经验的素材和对它们加以处理则是上述三种类型的形而上学必然的任务。余下来的素材就要求处理这些素材的人细心地进行观察并做出具有一定思想深度的阐释，而且确实是从更高级的角度对这些素材加以考察、审视——我的意思是说，处理剩余的形而上学素材只有高智力的人才能够胜任。正因为这样的缘故，只有在思想卓越的人写出的文章中，才能欣赏得到他们对于那些剩余下来的素材的观察和阐释。像这样的作者有柏拉色斯、蒙田、拉布耶尔、拉罗什福科、爱尔维修、尚福尔、艾迪逊、萨伏斯伯里、利希腾贝格、申斯通等等。但我们在哲学教授所编撰的教材里面却找不到见解和阐释，因为这些人不具有思想并因而憎恨思想。

智力对于内在的意识世界就好像是光对于外在的物质世界。这是由于智力与意志的关系，也就是智力与生物机体的关系（这里生物机体不过是意志的客观显现）跟光同可燃物和氧气的关系大体上是相同的（光是由可燃物和氧气相结合的产物）。而且，正像是光越能够与燃烧物所发出的烟相分离，那么产生的光就会越纯净，同样，智力越能与生发智力的意志相分离，那智力就会越纯粹。我们甚至可以进行更为大胆的比喻：正如我们所知道的，生命，就是一个燃烧的过程，在燃烧的过程中产生的光就是智力。

每一个声称不用任何预先假设的哲学方法都是空谈、大话。这是因为我们总是在把某物当成是既定之物接受且承认下来之后，才能从这一既定之物出发。因此，有这样一个说法："给我一个支点，我就能撬起这个地球。"说的就是这个道理。这是人们做任何事情都不能缺少的前提条件，对于从事哲学探究也是一样，因为就如同我们的肉体不可能在虚空、以太之中自由飘浮一样，同样我们的精神思想也难以做到这一点。但是，从进行哲学探究的始发角度，也就是暂时以某一既定之物为立足点，在以后必须要获得合理证实和补足。也就是说，这个始发角度既可以是主体（主观），即从自我意识、头脑中的表象以及意志出发，也可以是客体（客观），亦即在其他的头脑意识中也会出现的东西，也就是说，外在的客体、现实的世界、大自然、物质、原子，甚至是上帝或纯粹随意想象、设计出来的概念，如"实体"、"绝对"或其他种种。无论我们要采用何种审视角度，为了平衡、补足这一审视角度的偏颇之处及合理证实我们预先已认定的假设，我们必须在作一番探讨之后变换审视的角度、立场；然后，从变换了的相反立场及角度出发，引申和推论出从一开始我们就视为既定的假设。这另一番的议论是对原先既定的观点的补足。这就是卢克里修所说的"事物互相之间的阐释"。

例如，我们就像贝克莱、洛克所做的那样——从主体出发审视事物，而康德，在这一审视方法的运用上则达到了登峰造极的地步——因其直接的本质而使这种考察方式具备了一大优势。但由此而获得的哲学却有其一定的片面性、且不是完全得到证实的——除非我们用这一方式把哲学这一片面性补充完备，也就是说，将与这一哲学引申出来的观点相对立的立场、角度变为我们重新审视的出发点，由客体引申、推论而得出主体，就像此前我们由主体引申、推论出客体一样。我为康德的哲学做出的补充完备的工作大致上是这样的——这见于《意志和表象的世界》中的第 2 卷第 22 章和《论自然界的意志》中的《植物的生理学》。关于这些论述，我是从大自然的外在出发，对智力做出了推论。

如果现在反过来，将客体作为审视的出发点，把我们周遭的众多事物，诸如物质以及在物质层面上显现自身的各种力作为既定之物，那么整个大自然就进入到了我们的审视范围之内，这样一种审视方法给我们带来了纯粹的自然主义，对此我认为更加确切的名称应是绝对的自然物理学。这是因为在这种审视方法中被看成是既定之物，也就是绝对的现实之物，依据我们普遍的理解，其内容是大自然的各种法则和自然力以及自然力的载体（物质）。但若对这一既定之物专门进行一番考察，我们就能清楚，这一既定之物就是浮游着难以胜数的恒星以及围绕其运转的行星的无限空间。我们得出的结论就在这空间中，不过就是要么发光、要么反光的星球；在反光星球的表面，由于腐败程序作用的原因，生命得以产生和发生演变，而这就带来了呈现梯级差别的有机生物体；这些生物体以个体的形式出现，遵循着那些控制生命力的大自然规律，经由繁殖和死亡在时间上有它的起点与终点；而那些规律和法则就构成了现有的、生生不息的各种秩序，没有始点和终点，也没有一个解释的理由。在呈阶梯状的有机生物系列中，最高一级的占据者是人类，人类的存在与其他生物一样都有其开始的时间。在一个人的一生之中，有着许多的、很大的痛苦，但得到的欢乐却很少；然后，也像所有其他人一样，生命就到了终结的时候。在这些都完结之后，一切又归于原位，就如同这个人从来都不曾存在过。指导我们以这种方式探索并且扮演哲学角色的绝对自然物理学向我们这样解释：因为那些绝对存在并且有效的大自然法则的作用，总是一个现象产生或取代另一个现象；在此过程中，所有事物都是自然而然地发生，因此所有事物也是完全清晰、可以理解的。这样，我们就可以套用费希特的口头禅来形容被如此解释的世界——费希特站在哲学教授的讲台上，面对他的学生们表现得一脸严肃，语气中带着强调的意味在尽情发挥他的戏剧表演才华："因为是这样，所以是这样；之所以是这样，就是因为它是这样。"所以，从这一审视角度看来，那些对这个世界这样清楚的解释仍感到不满足、并试图在完全想象出来的形而上学中寻求其他解释的人，根本就是头脑中荒诞的想法在作怪；这些人还妄想从杜撰的形而上学中重新找到伦理道德赖以成立的基础！而那些伦理道德因为不能经由物理学奠定起来，就乞求于形而上学的天方夜谭！物理学家们正是由于这一原因而用明显鄙夷的神情，站在高处打量着形而上学。但是，这种完全从客体角度出发的哲学探索无论怎么志得意满，它审视角度的片面性和角度变换的必要性迟早都会通过各种各样的机会，以各种形式表现出来。也就是说，认识的主体以及认知功能或迟或早都要成为被考察的对象，因为世界首先是通过认知功能而存在。例如，基督教神秘主义者称人的智力为"自然之光"，并且认为人的智力在验证更高一级的事情时，毕竟是力不从心的。这种看法形成的基础是这样的：一切自然物理的知识，其有效性只是相对的、有条件的，而不是像当今那些理性主义者所认为的是不带条件的。就因为理性主义者认为人的知识不带有任何先绝非条件，所以，他们对基督教的深刻、神秘之谜表示藐视，情形就如同物理学家藐视形而上学。例如，理性主义者认为原罪的教义只不过是一种迷信，他们那世俗男人的见识、智力让他们很高兴地发现：没有人需要为别人在六千年前犯下的过错去负担什么责任。这是因为理性主义者放心大胆地遵循自己的自然之光，并且一本正经地认为：他们那戴着睡帽的爸爸在四十或五十年前使自己成孕、他们的妈妈把自己平安生下来之前，他们是绝对和纯粹的无；然后，从那一刻起，他们开始无中生有。正因为这样，他们可以不为任何事负责。什么罪人、什么原罪，全都是胡说八道！

这样，就像我已经说过的，沿着客观知识的道路推论和思辨的人迟早会在各式不一的前路上察觉到事有蹊跷。这时人们就会发现：一切从客体方面获取的知识，都是在信赖人的智力的前提下进行的，不过人的智力有其自己的形式、功能以及呈现事物的方式，因此，所有这些知识完全是受智力特质条件的制约。既然如此，我们就有变换审视角度的必要了，放弃对客体的专注，而转向对主体的考察。也就是说，在这之前，智力以其十足的自信构建了整套教条，放心大胆地对世间万物以及一切的可能性做出先验的判断；现在，这一智力本身却成了我们要检查的对象，现在它的权威性必须接受检查。考察方法的改变首先带来的是洛克的哲学，随后是康德的《纯粹理性批判》；最后，人们有了这样的认识：自然之光只能是从内在投向外在；如果需要把这种光返过来照明自然的内在时，它就变得无能为力了。智力的光芒并不能直接驱赶笼罩内在的黑暗。只能经由上述哲学家采用的迂回、折射的手段，并且要花费九牛二虎之力，才能在智力光线折射的帮助下，获得和智力本质、智力运作原理有关的间接资料。在此之后，我们的智力才清楚地了解到：智力的最初任务只是在于把握事物之间的关联——对于为意志服务的目的来说，这些已经足够了。所以，智力在本质上就是投向外在的，并且，整个过程中，智力也不过是作用在表面的力，像电力一样。换句话说，智力把握的只是事物的表面，却不能深入事物的内在。因此，智力没有办法从根本上理解和看透显现出来的现实客体事物，哪怕是这些事物中最微小、简单的一样东西。不管是单个事物还是整体的事物，其所包含的根本道理对于智力来说仍旧是一个不解之谜。通过这种方式的考察，我们的认识会更深一层，这就是人们所说的唯心主义。这也就是说，唯心主义的观点认为：这个客体（客观）世界及其秩序，依据我们的智力及其对运作的理解，它的存在并不是不带条件的，因此属于自在的存在；这一客体世界是通过我们头脑功能的作用而呈现，因此，它首先存于我们的头脑之中。所以，通过这种智力的形式而呈现出来的客观存在就只是有条件的和相对的；它不过是现象、外表而已。在未获得这一见解之前，人们探求自己存在的依据，并将自己的认知、思考和经验遵循的法则假设成纯粹客观之物，是绝对的、自在、自为的一种存在；而单单只是这些客观法则和规律的缘故，人自身及一切其他事物才得以存在。现在，反过来人们认识到：自己的智力和自己存在的原因，其实就是所有那些规律、法则以及从这些规律、法则中引出的事物的先绝非条件。由此人们也最终明白了：时间、空间、因果律这些他们已经很清楚的观念性的东西，现在必须让位给另一种事物秩序，它与大自然的秩序完全不同，大自然的秩序不过是那另一种存在秩序的结果或是象形文字而已。

就如我在《意志和表象的世界》中说过的，那些显而易见的事物和道理是经由我们的直观，而且，任何确切、真实的领悟都是这样。所有语言都有的无数比喻方式——它们都在致力于将抽象的事情还原为可以被直观的事物——都证明我的说法是正确的。这是因为仅仅依靠对事物纯粹抽象的概念并不能使人们获得真正的领悟，虽然我们可以用抽象概念来谈论这些事，就好像有很多人都以这种方式大肆谈论许多事一样。事实上，有一些人在谈论事情的时候甚至连概念都不需要，他们只需搬弄字词，例如用一些学来的专业或技术用语，就足够应付了。相比较而言，想要真正明白某样东西，我们就必须先从直观上把握它，然后在头脑中获得一幅清晰的图像。如果可能的话，这里的图像要直接取自现实本身；如果这很难做到，那这项工作就需要交由想象力去完成了。甚至那些过于宏大或者过于复杂、我们很难彻底看清的事情，也必须在我们的脑中留下某些可被直观的部分或者某一具有代表性的典型案例——如果我们真的想要明白这些事情的话。假如连这一点都做不到，那我们至少要尝试着通过直观图像或者明喻来达到目的，因为直观的确就是我们认知的基础。这个道理也同样反映在我们处理庞大数目和只能运用这些数目来表达巨大间距的时候，例如，研究天文学的时候——此时我们确实正进行着抽象的思维。这些数目的含义并不会被我们真正和直接地理解；它们对我们来说只是一个比例上的概念。

但是，哲学家与其他人相比更应该从直观知识——一切知识的源头——去汲取素材；哲学家的眼睛应该永远关注着事物本身，让大自然、世事以及人生成为他的思想素材，而不是书本。并且，他必须将所有流传下来的、现成的概念放在自然生活中去检验、核实。因此，他不可以把书本看成是知识的源头，书本不过是他的辅助工具而已。这是因为那些从书本获取的知识不过是经过他人之手的二手货，并且，这些知识某种程度存在着失真、歪曲的现象。它们只是事物原型——这一世界的反射或是影像；并且，反射事物的镜子通常来说很少是完全干净、无尘的。相比较，大自然现实却是从来不会说谎的；对于大自然而言，真理就是真理。所以，哲学家须以大自然为研究的对象，亦即，大自然清晰、显著的特征和它主要、根本的特性生发出哲学家需要琢磨的问题。这样，哲学家所要考察的课题就是大自然中普遍和重要的现象，也就是那些随时、随处可见的事物。他应该把专门的、特定的、稀有的、细微的抑或转瞬即逝的事物现象都留给动物学家、自然科学家、历史学家。哲学家关注的是更为重要的事情；这个世界的整体、本质和根本真理是哲学家所要追随的更高目标。所以，哲学家不可以同时纠缠于那些微小的事情和琐碎的细节，就如从山巅审视全景的人不能同时考察、断定谷底生长的植物一样——这些工作应该留给在那里研究植物的人。一个人如果将全身心都投入到某一专门的学科分支里去，虽然是出于对这一工作的热爱，但对所有其他的事情也就肯定是漠不关心了。这是因为将全副力量奉献给某一个专门领域的前提条件就是对其他事情一无所知，这就像如果要和一个女人结婚就必须放弃所有其他的女人。据此，具备出色头脑的人是不会完全献身于某一专门的知识分支的，因为他们所关心的是对于整体事物的认识。这些人不是士兵长，而是统帅；不是乐器演奏者，而是乐队指挥。一个伟大的思想家不会置整体事物于不顾，而局限于去精确了解这个整体事物中的某一分支、领域，及其与其他事物之间的关联，并以此得到满足。具有伟大思想的人会把目光瞄准在事物的整体上，将他的全副精力都投入其中——在世界的普遍方面，没有任何一件事对于他来说是陌生的。因此，他不能把自己的一生都只消磨在某一个学科分支的微小细节上。

在长时间凝视某一物体之后，眼睛就会变得迟钝且看不清这一物品。同样，对一件事情花太长时间去苦思冥想会使智力迟钝，也会无力琢磨以及把握其思考的对象。在这两种情形之中被凝视和思考的事物都会变得模糊、混乱。此时，我们就要将事情暂时放下，待到重新凝视和思考时，我们就会发现清晰的轮廓又重新展现出来。所以，柏拉图在《会饮篇》中的说法——即苏格拉底有一次在思考突然想起的问题时，如同雕塑一般呆立二十四小时不动——不但"不是真的"，而且，我们还可以补上这样一句："这种杜撰实在不怎么高明。"从智力需要得到休息的这一事实，我们便可以解释为何在间隔一长段时间以后，当我们以全新、陌生的眼光，不带偏见地去重新审视日常世事进程时，其中内在的关联和含义就会异常清晰、纯净地呈现在我们的眼前。事物由此而变得简单、明了；此时我们就会无法理解为什么这样清楚、明白的事情却不为时刻浮浸其中的人所注意。像这样的清晰时刻因此可以比喻为"灵光闪现的瞬间"。

从更高的意义上说，就是在灵感突发的时候，连同其带来的短暂的才思和光明，都只属于天才的"闪亮瞬间"，由此，我们可以说天才与疯癫其实只是一层之隔。但理性之人的理智其实也只在"闪亮瞬间"才会真正发挥作用，因为理性之人也并非时刻都是那么理智。同样精明的人也不是在所有时间都能保持精明；满腹经纶的人也并不是在每时每刻都能够引经据典，因为他有时候也没有办法想起那些本来很熟悉的东西，并将这些东西有条理地联系在一起。一句话，"没有人能够总是理智的"。所有这些仿佛告诉我们：我们的脑液有其特定的潮汐时间，或者说，脑纤维也有其张、弛之时。

但是，正当脑液涨潮之时，如果一些新奇、深刻的见解不期而至，由此而提高了我们想法、念头的活跃度，那么对事物的直观就是引发这些的诱因。直观见解是伟大思想的根源和基础。因为对于不少人来说，字和词可以唤起思想以及看法，但对于我们而言，字和词只会引发直观图像而已。

我们一旦有了具有价值的、属于自己的思想，那一定要尽快将它们记录下来。其中的道理很简单：我们经历过的事情还会不时地被我们忘记，那我们所想过的东西会被我们遗忘就更是家常便饭了。思想是不会随着我们的意志呼之即来的。而是要选择在它们愿意的那一刻降临。我们最好不要记录下那些从外在现成就可以得到的、我们只是学来的或是只要翻书就能重新找到的东西。亦即，不要仅仅是做文学、科学著作的摘录，将这些东西完全抄写下来其实就等于是将它们付诸遗忘。我们对待记忆力，应该严厉、苛刻一点，这样，记忆力才不至于忘记服从我们。例如，在我们想不起来某一事实、某一诗句或某一字词的时候，不要去翻书找它们，而应该将回忆的任务交由记忆力来完成；在接下来的一周时间里，监督它、定期催促它，直到它完成任务为止。我们为回忆起这些东西花费的时间越长，那些回忆起来的东西在将来就越会牢牢地黏附于我们的记忆中。我们花费了如此多的精力才将那些东西从记忆深处找回，在以后需要的时候就会更容易听我们的吩咐，而借助于某一技巧方法死记东西的记忆之术，其产生的根本原因在于人们认为自己的聪明更甚于记忆力，因此，我们就把本来是后者履行的职责交由前者来完成。也就是说，我们必须把那些难记住的东西换成容易回忆起来的东西；这样的话，在将来的某个时间，我们就可以再度将后者变换成前者。但是，记忆术和自然的记忆力就好像假肢与真肢，并且，和其他事物一样，诠释了拿破仑的这句话："非天然的东西往往是有欠完美的。"在一开始的时候，借助于记忆术记住那些新学来的字词或是事实，直至它们融入我们天然、直接的记忆里去，这是不错的办法。这就好像我们有时不得不暂时借助于拐棍一样，我们的记忆是怎么从琳琅满目、五花八门的储存库里找到我们每次需要的东西；这个时而漫长、盲目的搜索在这之后究竟是怎样自动展开；为什么需要回忆起来的东西在一开始时常常是遍寻不获——在很多时候，即使我们已经发现了某一相关的细小线索——但却在几个小时或几天以后自动、没由来地在某一瞬间出现，就像是有人悄悄地告诉了我们——这些对于我们当事人来说就是一个神秘的谜。不过，这一点在我看来似乎是不用怀疑的：要记住和处理数量如此之大、种类如此之多的记忆素材，记忆力那神秘的、精致的、细微的运作过程是永远不能被有意识的、人为的运用类比技巧所取代。借助这些人为记忆技巧的时候，天然的记忆力必须一直是记忆过程的原动力，因此，我们的记忆力就必须要记下两样东西，即记号和记号所代表的东西，而不仅仅是一样东西。不管怎么样，记忆术这种人为的记忆只可以帮助记下相对很小的一部分东西。总的来说，事物是以两种方式存在于我们的记忆中：（1）

我们刻意的死记硬背；如果要记住的仅是一些字词或是数字，那我们就不妨暂时运用记忆术的技巧；（2）因事物对我们造成了印象，我们不用做任何努力就能自然而然地记住它们，这些事情确实可以称为"难忘"。正如创伤不是当下，而是在稍后才让我们感觉到痛楚，同样，很多事情或许多读过、听过的思想都会给我们留下很深刻的印象，但这种深刻程度我们在当时不一定能马上意识到。但之后，这些东西一次又一次地重现脑海。结果就是我们已经对这些事情或思想达到了无法忘怀的地步；它们已经渐渐地融入到我们的思想体系之中，并能够适时地出现。很显然是由于这些东西的某一方面引起了我们的兴趣。但我们的心灵对于客观的东西必须要有强烈的兴趣，对见解和知识抱有深深的渴望，才会出现这样的情形。许多学究有时会对自己本行的学问显示出令人诧异的无知，其原因就在于他们对这些学问和事物缺乏客观兴趣；这样，同这些学问、事物有关的发现、洞察和解释当然就不会带给他们生动、强烈的印象；他们也就没有办法记住这些东西。原因大概可以这样说，这些人不曾对其学习的东西怀有挚爱，他们只是被迫性地从事这些工作。如果一个人客观感兴趣的事情越多，那么自发地留在记忆中的事情也就会越多。因此，在年轻的时候，事物的新奇感就提升了人们对这些事物的兴趣，年轻人能够记住的事情也是最多的。记忆的第二种方式较之第一种方式更为扎实可靠，并且，它会自动为我们选择重要的事情，即使这些重要的东西对于一个顽固不化的人来讲，只是局限于个人的俗务。

我们思想的特质（思想诉诸形式的价值）发自于内在，然而思想的方向，亦即其处理的素材，却是外在的。这样，我们在某一时刻所思考的内容其实就是两种本质上完全不同的产物。所以，客体事物和精神智力的关系就好像是琴弦拨子和弦琴的关系。正是这样的原因，相同的景象在不同头脑中却能够引发出千差万别的思想。在精神智力处于花季，思想能力达到其顶峰的时候，恰逢脑髓最高度集中于其活力的一刻，那目光所及之物都会向我们透露其内在的深意，一系列值得记录下来的思想也就由此产生了。但随着年月的递增，尤其是随着活力的衰减，上述那些类似时刻就会越来越少，因为客体事物虽然是琴弦拨子，但内在精神实质却是弦琴。这一代表精神智力的弦琴能否调校至发出最和谐、响亮的声音从根本上绝非定了人的头脑中反映的世界的差异。正好像是这一精神的弦琴受制于个人的生理以及解剖学的条件，同样，琴弦的拨子也操纵在巧合的手中，因为这些偶然和机会给我们带来了我们头脑所要研究和思考的事物。但是，这些外在的事物主要还是由我们来选择的，因为我们可以——或者说可以至少部分地——绝非定去研究哪些外在事物和选择置身于何种环境。所以，在这方面我们要多花一点心思，有目的、有方法地行事。洛克的精美小书《论对悟性的引导》中向我们提供了类似的建议。但是，对于有价值之物的严肃、认真、完美的思想却不是在任何时候都可以呼之即来的。我们能够做的只是铺平道路以此迎接这些思想的到来，也就是将没有价值的、愚蠢的以及庸俗的念头拒于思想的门外，避免信口胡诌和昏话连篇。这样，我们就可以说：慎思、明辨事物最简单的方法就是不去思考那些无聊、乏味的东西。我们只需要为美好的思想敞开欢迎的大门，它们自然就会造访。因此，我们在空闲、没有事情做的时候，不要随手就拿起一本书，应该先让我们的头脑和思想安静下来。然后，一些好的想法、念头就会到来。里默在他写的一本关于歌德的书中曾说过一句很中肯的话：思想的到来通常是在散步或站立的时候，很少会是在坐着的时候。那么生动、深刻、具有价值的思想是否会降临总的来说更主要的不是取绝非于人的外在条件，而是内在条件。这样就可以解释为什么涉及多个且其事物对象完全不同的同一类思想经常会快速、接二连三地交替出现，有时甚至可以说是同时涌现。在后一种情形中，这些思想就像是一个晶洞的水晶相互纠缠在一起。事实上，这种情形就与狩猎者同时看见并且追逐两只兔子相类似。

一般正常人的智力都是相当贫乏且有限的，意识的清晰度也很低——这能够通过事实看出来：尽管投进无尽的时间长河中的人生如白驹过隙一般；尽管我们的生存状况是如此糟糕甚至窘迫，举目所见都是无以胜数的不解之谜；尽管许多现象另有一番深意，而在生命有限的时间里又完全不足以去探究这些意蕴——尽管这样，亦不是每个人都可以持之以恒地探究哲学；只有少数人是这样做的——不，确切地说只有零星的、个别的人才会对事物进行哲学的思考，这些人也就是例外。生活在人生的大梦里的绝大多数人其实与动物并没有多大的区别，如果有不同，也就只在于这些人和动物相比多了对未来几年的预见以及筹谋而已。那种表现出来的对形而上学的需求从刚一开始上头就以宗教的手段打发了事，这些宗教无论是何种货色，对于这种需求都足以应付。或许还有比表面看上去要多很多的人在私下里探究哲学——事情的结果也对此做出了证明。我们人类的处境的确是困难并且尴尬的！在短暂的生活时间里，不乏操劳和困顿、恐惧和苦痛，然而我们却一点不知道究竟是何来、何往、何为；同时，各式牧师神父又反复大谈启悟，并且还威胁、恐吓不相信他们那一套的人。此外，人与人的相见、相交就好像是面具与面具的周旋；我们不知道自己是谁，就如面具甚至都不了解其自身。动物就是如此看视我们的，而我们亦是如此看视动物。

我们差不多可以认为我们一半的思维都是在无意识中进行的。在多数情况下，我们在没有明晰前提下就得出了某一结论。从下面的情形中就能推出这一事实。有时，某一事情发展的结果我们是没有办法预料的，精确地判断出这一事情对于我们的事务所产生的影响就更是我们的能力达不到的。即使是这样，这一事情仍旧使我们的心境受到了影响：我们的心情由此变得开朗或是忧郁。无意识的默想就是其产生的效果。无意识的思维在下面叙述的例子中有更加明显的表现：我对和某一理论性或是实际性事情有关的事实素材有了一些了解之后，就算我没有再想起此事，但经过几天以后，感觉意识里就会清晰地出现关于这件事情的结论，也就是这件事情的实际情况到底是怎样的，或者，这一事件的应对办法，等等。我究竟用怎样的方式得出这一结果我是不得而知的，就如同计算机运算的具体过程我是没有办法看见一样。实际上我们是在无意识的情况下进行的思考。同样，在不久之前，我曾就某一题目写过一些东西，此后我就没有再考虑过这一问题。但有的时候，脑子里会突然冒出一些对这一课题的补充议论——而此前我可是一点都没想过这件事。与此相类似的事就是我连续几天努力去回忆某一忘记的名字，却偏偏在我完全没在想这件事情的时候，突然回忆起这个名字，就好像是有人在我耳边悄悄告诉了我一样。事实上，我们那些最富内涵、最有价值、最深刻的思想会突然出现在意识中，就好像灵光在那一刻闪现；并且，这些思想经常会立刻就以连珠的妙句表达出来。很明显，这些全都是长时间的无意识思考的结果，以及经常在过去无数次直观领悟的结果——而它们作为单个、具体的领悟却早已被我们遗忘了。关于这个问题读者可以阅读《意志和表象的世界》中我对这个问题的论述。我们似乎可以大胆地提出这个生理学方面的假设：有意识的思维是在脑髓的表层进行的，无意识的思维则发生在脑髓的内层。

生活过于单调就会产生乏味、无聊，这样，如果我们总体的认识和思想不能稳步加深，对事情及其相互之间关系的理解不能越来越清晰和透彻，那么要不了几年，无聊和乏味就会达到令人难以忍受的地步。这是人的成熟和经验得出的结果，同时，也是我们在不同的人生阶段自身遭遇变化所致——因为经过这种变化，我们在某种程度上总是处在一个全新的审视角度；从这个新的角度观察，事物那不为我们所知的一面就会呈现在我们的面前，我们就像看到了不一样的事物现象。所以，就算是我们精神的力量在强度上有所衰减，但我们仍然持续地"每天都能得到新的教诲"，同一事物不停地展现出其新奇的、不一样的一面。生活也就充满了一种不断更新、不断扩展的魅力。因此，梭伦的话就成了所有有思想的老人的箴言："年纪越大，知识越多。"

此外，我们情绪、心境的许多变化也时刻发挥着同样的作用。因为这些情绪变化的原因，我们所看到的事物每天都会处于不同的光线中。这种情形同样也会缓解意识、思想的单调状态，其作用方式就如同持续变换的日光照射在美丽的乡村：在那些层出不穷、变幻莫测的光线效应的帮助下，这风景让人百看不厌。所以，心境不同，平时我们熟悉的东西就会显现出其新奇的一面，由此引发出我们新的看法和见解。

一旦我们对某一事情有了坚定的看法以后，对于同样事情的新看法和意见都会被我们拒绝和否定——这是很自然的。因为这些不同的意见有碍于我们已形成的整套自成一体的信念，扰乱了我们从自己的看法中获取的宁静；新的观点还要求我们重新进行思考，并且宣布自己在此前所做的思考和努力其实不过是竹篮打水。由此可知，纠正我们错误的真理就好像是苦口良药，并且，像苦药那样，不会在服用的当下就显现其疗效，只能是过了一定的时间以后才能发挥出效果。

所以，我们看到个人固执地坚持自己的错误，大众就更是如此：对他们既定的看法，纵使穷千百年的经验和教诲也不会发挥多大的作用。因此，某些受到人们普遍喜爱并被深信不疑的错误看法就这样每天通过数以百万计的嘴巴一再地重复。我收集一些诸如此类的谬见，我希望读者能作更多的补充：

① 自杀是胆小懦弱的行为；

② 不信任别人的人证明其自身就是不诚实的；

③ 有着卓越功勋的人和那些思想的天才，其自谦是来自于内心的；

④ 疯癫之人是最不幸的；

⑤ 哲学是无法学习的，但却可以学会研究哲学——而事实真相却恰恰与此相反。

⑥ 创作优秀的喜剧要比创作优秀的悲剧难；

⑦ 懂得一点点哲学会让人不相信上帝，懂得很多哲学却会使人信奉上帝（这个人云亦云的说法是培根首先提出来的）——是吗？真的是这样吗？

⑧ 英文"Knowledge is power"（"知识就是力量"）——完全是混账的鬼话！一个人可以很有知识，但却不会因此就能拥有丁点力量（或权力），另一个人很有力量（或权力），但却不会因此就一定能有知识。所以，希里多德正确地表达了和这相反的说法："最痛苦的事莫过于懂得很多，但对事情却无能为力。"有时候，一个人的所知会让他拥有对付别人的力量，例如，他知道别人的隐私或别人不知他的底细，如此种种。但这仍不能够充分证实"知识就是力量"这一说法是正确的。

很多人还没有对这些说法作一番深思就相互间鹦鹉学舌，因为这些说法乍一听起来好像很有见地。

当我们旅行时就能察觉到大众的思维方式是多么生硬、多么僵化，和他们打交道是多么困难。这是因为如果谁要是有幸与书为伴的时间比与人为伴的时间更长，那他就会以为知识、思想的交流很轻松、很容易，彼此心灵间的传达、回应很迅速。这样，他很容易就会忘记其实在现实的世俗人群当中的情形完全是另一种样子。最后，这个人甚至会认为他获得的每个深刻见解立刻就会成为全人类共同的财产。其实我们只需要坐火车旅行一天就会发现：不管我们身在何处，人们固守的某些谬见、歪论，他们的生活方式、风俗习惯以及衣着款式能够历经数个世纪，这个地方和我们在此前一天到过的地方有很大的差别。人们所操的地方方言同样也是这种情形。从这些，我们就能得出这样的判断：书本同大众之间存在巨大的鸿沟，被认可的真理迈向大众的步伐是缓慢的——虽然这些步伐都是确实和肯定的。所以，以其传递的速度来说，除了智力之光，没有什么更难与自然之光相比的了。

所有这些因素让我们得出这样一个结论：大众很少思考事情，在这方面的时间和练习都是很少的。不过，尽管大众可能会长时间抱住错误不放，相比较，大众却和学术界不同，学术界就像是每天改变言论风向的风信鸡。这已经算是一件很幸运的事了。否则，只要想想那人多势众的巨大群体将快速变换运动就够吓人的了，特别是当我们考虑到：大众一旦转换其行进的路线，一切就会被推翻、一切都将被卷走。

对知识的渴求，如果目标瞄准的是事物普遍的原理，那就可以称之为求知欲；如果渴求知道的东西是单个的、零星之物，那就应被称为"好奇"。小男孩大多会表现出求知欲，而小女孩则只表现出对个别的事情的好奇；小女孩在这方面的好奇心能达到让人吃惊的程度，而与此相伴的天真、无邪却常让人感到厌烦。女性的这种不去感知普遍原理、只关注于个别事物的特性在这一例子中已经昭示出来。

一副结构良好并因此具有细腻判断力的头脑拥有两大长处。其一就是在其所有看到过的、阅读过和经历过的事物当中，只有最有意味、最重要的东西才能吸引这种头脑，并自然而然留在记忆之中。将来某一时间需要的话，这些东西就能招之即来，而其他一些无关重要的则不要留下。这种人的记忆就如细密的筛子：剩下来的都是大块的东西；而另外一些人的记忆就像是粗眼的筛子：除了那些偶然的零星之物以外，一切都被漏掉了。有这种头脑的人的另一个长处同上述长处有着一定的关联，也就是：凡是与某一事物或问题性质相同、相类似的，或有着某种相关联的东西——无论这些东西的距离多么遥远——都会适时地在这脑海中出现。这是因为这种人抓住了事物的本质。

这样，尽管各种事物彼此之间的差别很大，甚至会截然不同，他们仍然一眼就能认出这些事物的同一原理和事物间的关联。

智力是以其强度（或深度）见称的，而不是以其广度。正因为这样，在这一方面，一个人可以大胆地和一万个人去较量一番；就算一千个傻瓜凑在一起也变不成一个聪明、理智的人。

挤满这个世界的那些庸常、可怜的人真正缺乏的就是两种彼此关系密切的能力，即判断力和拥有自己的思想。庸人在这两方面的缺乏程度甚至是那些不属于这类的人所难以想象的，也正因为这样，后一种人很难明确地意识到前一种人的生存是怎样贫乏和可怜，以及"愚蠢的人所饱尝的苦闷和厌倦"。而这两种思想能力的欠缺正是对那些在各国泛滥、被同一时代人称作"文学"的文字作品，它们的质量却非常低劣，而真正的作品在面世时却总是遭受到厄运的非常合理的解释。所有真正的文学和思想作品都试图在某种程度上让渺小的头脑同伟大的思想间形成共鸣，这就难怪这种努力不会马上取得成功了。作者是否能给予读者满足，关键就在于作者和读者间在思维方式上是否形成共鸣。这种共鸣越完美，读者感受到的满足就会越大。因此，具有伟大思想的作者也只能被拥有非一般思想的读者所完全欣赏。这也就是平庸、拙劣的作者让有思想的人觉得反感、厌恶的原因。甚至与大多数人的交谈也会出现这样的情况。真的就是无处不在的能力不足和不相协调。

既然谈起了这个话题，我想一并提醒大家：我们不应该只因为某一新奇和也许是真实的话或思想出于某本劣书或是某一傻瓜的嘴巴就贬低它的价值。这只是因为那本劣书窃取了这一思想，而傻瓜只会人云亦云——当然，这个事实会被隐藏起来。另外，有句西班牙谚语也这样说："傻瓜了解自己的家甚于聪明人了解别人的屋子。"同理，每个人对自己熟悉的领域都比别人更加了解。最后，就像大家知道的，就算一只瞎眼的母鸡也会找到一小粒玉米。甚至连这一句话"没有思想精神之人其内在是一个谜"也是对的。所以，"就是园丁也常做出惊人之语。"

这样的事情也是有的：我们在很久以前曾听到过一个很普通、没受过教育的人说的一句话，或是描述的某一经历，对此我们很长时间都无法忘记。但是，我们会因这些东西出自于没有受过教育人之口就低估它们的价值，或将它们视为早就被人知晓的。那样，我们此刻就应该问一问自己：在相隔如此长的时间里我们是否再一次听过或是读过这些东西？若答案是否定的话，那我们就应该敬重它们。我们总不能因为钻石可能是在粪堆里找到的就不珍视它吧。

天才与常人的区别如果就程度方面而言，当然只是数量上的，但当我们考虑的是：常人的头脑尽管有个人的差别，而他们的思维却是有着某种共同的方向，那我们就会认为天才与常人的区别在于质量。常人具有这种共同的思维方向，因此，当相同的动因出现时，常人的思想马上就会选取相同的路径，并且走出相同的轨迹。因此，常人那不依据真理的判断经常能协调一致，甚至会发展成为一些根深蒂固的基本观点；无论什么时候这些东西都被他们抓住不放，被人一再地重复和一次一次地以全新面目出现。

想要获得独创的、不平凡的、甚至是不朽的思想，我们只需从世事中完全脱离片刻的时间；这样，那些最平常、普通的事物就会显现出其全新的、不被我们所知的一面，这些事物就以这种方式向我们透露出它真正的本质。在此，必不可少的条件并不仅仅是困难那么简单，这个条件根本就是我们力所不能及的。正因此，这才是思想天才的本职工作。

谁要想获得同时代人的感激，就要与同时代人的步伐保持一致。但是这样的话，任何伟大的东西都不会产生。因此，谁要想成就一番伟业，就一定要把目光投向后世，坚定为后代子孙完成自己的作品的信念。当然，他在同时代人中可能会默默无闻；他就像是被迫在孤岛上度此一生的人：他勤劳地在这个孤岛上建起一座丰碑，以便把自己仍然存在的信息传达给将来某一天到来的航海者。如果说这样的命运对他来说太过残酷，那他就必须用这个想法来安慰自己：那些平常、普通、实际的人也常常遭受相同的命运——他们同样没有办法期待得到自己的劳动补偿。亦即，那些平常、实际的人，若在条件允许的情况下，会忙于物质积聚的工作。他们努力赚钱，购买，建造房屋、耕种土地、投入资本、创立公司、经营布置，这样日复一日、年复一年，一直充满热忱。他们以为这样的努力工作只是为了自己，而最后的结果，后人却在那儿坐享其成——这些后人甚至通常不是他们自己的后人。由此，这种人也同样可以说出"前人栽树，后人乘凉"的话；他们的工作就是他人获取的报酬。因此，同这些人相比，思想的天才也不会好到哪里去。当然，思想的天才也希望能够获得劳动的报酬，起码能得到荣耀，但到最后，他们不过是为后代付出了自己的努力。不可否认，这两种人实际上也从前人那里承继和收获了很多。

但是，天才能获得的补偿却是它自己——在获得补偿方面，思想的天才占有很大的优势——而不是别人怎样看他。确实，又有哪种人生活得比这种人更真实、更实在呢？这种人在其生活过的某些瞬间就已经留下了延绵千百年的回响，那声音在一片混乱噪音之中依然清晰可辨，经久不息。不管怎样，对于天才这种人来说，最明智的做法也许就是：为不受打扰地成为自己，那么，只要他还活着，他就要让自己对于自己的思想和创作活动所带来的乐趣感到满足，这个世界不过是他所指定的承继他丰富一生的受惠者罢了；至于他存在的印记，就像化石一样，只有在他本人死后才能传到世人的手里。

此外，天才和其他人相比较的优势并不只局限在他发挥其至高能力方面。这种情形就好像一个有着和常人不同的良好骨架且动作敏捷利索的人：这人不仅能够格外轻松、灵活地完成身体的动作，且在此过程中感到愉快、惬意，因为他从发挥自己的天赋优势中得到了直接的快乐。因此，他常常是漫无目的地发挥着这些本领。更有甚者，这样一个身体灵活的人不但在跳绳或是跳舞的时候能够做出一些一般人做不出的跳跃动作，就算只是完成其他人也会的比较简单的舞步，甚至是他走路时的姿势动作，也会显露出常人少有的柔软和弹性。同样，真正具有卓越头脑的人不仅能产生和创做出一般人力不能及的思想和作品，并且他们的优越之处还在于他们能够随时以认知和思考为乐，因为他们觉得，认知和思考这项活动本身就是一件轻松和自然的事情。所以，比较简单的、在其他人的能力范围之内的事，他们也能更加轻松、迅速、准确地把握。难怪他们可以从获得点滴新的知识、解答每道难题中得到直接和强烈的快乐，为每个有着丰富含意的见解，为每个隽永、如珠的妙语去击节赞赏——无论这些出于自己抑或出于他人。这样，他们的头脑思想就会保持活泼、灵动却又不带有其他别的目的，并由此成为了他们快乐的源泉；而无聊——这一时刻都在折磨人的恶魔——将永远无法向他们靠近。另外，过去或同时代的伟大的思想者所写的巨作对于他们来讲才算是真正存在了。具有平常的头脑，也就是只有糟糕智力的人，他们对于推荐给自己的这些伟大的思想作品却总是有心无力，就像是风湿性关节炎患者到了舞场。前者去阅读那些思想的巨作是因为不甘人后，后者到场则纯粹出于习俗和礼貌。拉布耶尔的说法是正确的："对于那些没有精神思想的人来说精神思想就相当于零。"再说，就算聪明头脑或思想天才的想法和平庸之人的想法在根本上没什么两样，但两者之间的比较就好像是色彩鲜艳、生动的油画与轮廓草图或颜色淡弱的水彩画相比。所以，这些所有的报酬和补偿都属于那孤独存在于和他们不相称、甚至格格不入的世界里的思想天才。既然一切的伟大都是相对来说的，那把该乌斯称为伟大，或是变换一种说法，形容该乌斯生活在渺小、可怜的人群之中，这两种说法所表示的是同一个意思，因为小人国与大人国的区别完全在于审视角度的不同。所以，不管一个创作了不朽巨著的人在后世人的眼中是怎样的伟大、令人惊叹，抑或是意趣无穷，但在作者活着的时候，世人在他的眼里也必然是渺小、可怜和乏味的。我要说的这句话就表达出了这层意思：如果从塔基到塔顶有三百英尺的话，那么从塔顶到塔基当然也正好是三百英尺。

由此，若我们发现思想的天才不喜与人交际，有时态度严厉、让人很难接近，那也是不奇怪的。这里的原因并不在于这类人物是否喜欢沟通和交往。其实，他们生活在这世上就和在晨曦初开的美丽时分出门散步的人差不了太多：他兴致盎然地欣赏着明亮、新鲜的大自然，但他也只能将此作为乐趣，因为他没有可以与他交谈的伙伴——除了那一两个在田地辛勤劳作的农人。因此，伟大的思想者常常更加愿意自我独白，而不是与世俗的人对话、交流。当他偶尔让自己和别人对话时，空洞的谈话又将使他重回到自我独白中去。因为他忘了他是在与什么人进行交谈，或者，他起码并不是很在乎对方是否明白自己的意思，哪怕对方就像是玩具娃娃那样无法回应小孩的说话，他也觉得是无所谓的。

但是，我们应该随时随地地注意避免有失公正。我的爱犬就经常会以它的聪明、或是它的愚蠢让我很吃惊，而人类给我的感觉和这没什么两样。那些智力缺乏、完全欠缺判断能力、充满兽性的人类让我无数次感到厌恶，由此我也同意了古人的哀叹："愚蠢真的是人类的母亲、保姆。"但在个别的时候，这样的事实却又使我很惊讶：形式多样的优美艺术以及有用的科学，尽管总是出自于例外的个人，然而却能在这样的人类中扎根、成长且完美起来；我也很惊奇于人类竟然能在长达二三千年的时间里，始终以忠实的态度、持久的毅力将伟大的思想家——柏拉图、荷马、贺拉斯等人的作品抄录下来、小心保管，使它们在经历了人类历史的祸害、暴行后却免遭毁灭。人类以此显示出自己认识到了这些作品的价值。我同样惊讶于某些人做出的专门及个别的成就，以及那些在其他方面与大众并无差异的人不时所展现出来的思想或判断力的闪亮素质——就如灵光闪现一般。就连大众群体也会不时地让我感到惊奇——当他们发出巨大而完整的合音时，他们就可以得出正确的判断。这就像是从来没有经过训练的声音在一起唱和，若是人多势众的话，就会产生和谐的效果。那些超越了大众、被我们称为天才的人，只是整个人类的"灵光闪现"。因此，这些人能取得别人绝对无法取得的成就；也正因如此，这些人是那样独特，不仅是他们与大众的差别让人一眼就看得出来，就是天才之间的个性差别也同样是突出分明的。两个天才人物很可能在性格和精神思想方面会截然不同。因此，每个天才都通过自己的作品奉献给这个世界一件独一无二的礼物。所以，阿里奥斯图的比喻十分恰当，"大自然塑造了他，然后将模子打碎"。这个比喻能广为人知是理所当然的。

由于人的能力有限，每个伟大的思想者之所以能称得上是这样的人，有一个前提条件就是这个人有他明显薄弱的一面——甚至是在智力方面。我的意思是说，这个人的某种能力有时候可能会逊色于头脑平庸的人。这方面的欠缺有可能会妨碍他发挥其出众的能力，但如果用一个字词来对此加以描述——甚至是对某个确定的个人——却总是困难的。我们只能用间接的方式来表达，例如，柏拉图的弱点恰是亚里士多德的长处，反之亦然。康德的弱项正是歌德的伟大之处，反之亦然。

人们也很愿意崇拜某种东西，只不过很多时候他们选错了崇拜的对象。而这要等到后世才能得到纠正。在这之后，这种最初是由接受过文化思想熏陶的群体所给予天才人物的尊崇慢慢地将会变质，就像那些宗教信众对于圣人的尊崇很容易蜕变为对其遗骨遗物幼稚、可笑的顶礼膜拜。就像成千上万的基督徒会崇拜圣者的遗物，但对于圣者的生平和教导却知之甚少。许许多多的佛教徒对于佛牙、佛骨及盛放佛骨的佛塔，甚至是僧钵、化石足印或佛陀栽种的圣树等都一跪三叩，但却没有打算去透彻地了解和忠实实践佛陀崇高的教诲。很多人张大嘴巴、心生敬畏地凝视着、打量着彼特拉克在阿尔瓜的住处、莎士比亚在斯特拉福特镇的住所以及里面莎士比亚坐过的椅子、据说曾经囚禁塔索的在费拉拉的监狱、康德曾戴过的旧帽子和在德累斯顿军械库里留下的破鞋子、歌德在魏玛的房子以及家具，连同这些名人的手稿。但是这些人却从来没有读过上述名人的著作。除了张大嘴巴呆看之外，他们做不出别的事情。比他们更加聪明一些的人则希望能看一看伟大的思想者曾经看视的东西。一种奇怪的幻觉的作用使这些人误以为从客体就可以将主体引出来，或者，客体一定留下了某些属于主体的东西。还有一些与他们相似的人：他们会不遗余力地考察文学作品中的故事来源，例如，浮士德的故事传说和文学作品；还有就是那些引发作家创作作品的作家本人曾经遭遇过的事件。他们对于这些来龙去脉的探究达到了如数家珍的程度。这些人就好像在看见剧院的一幅美丽画景以后，就匆忙登上舞台，仔细认真地检查支撑着这一画景的木造架子。像这种情形在当今举不胜举，那些专家十分刁钻地去考察浮士德其人及相关传说、格里岑其人是不是真住在魏斯阿德勒小巷、泽森海姆是否真有弗里德里克这个人、绿蒂·维特的家人情况是否是真实的等等。这些例子都证明了这样的真理：人们感兴趣的是这些资料素材本身，而不是作者所赋予的这些资料素材的形式，或者说对它的处理和表现。而那些对了解哲学家的生平历史很感兴趣，但却无意研究其思想的人，就好比是对油画作品本身没什么兴趣，但却非常好奇油画框及其雕工和镀金到底要花费多少钱。

　　如果只是到此为止，那所有这一切也都还不错。但还有另一些人，他们同样把兴趣投向物质和个人，只不过在这一条路上他们走得更远，甚至达到了卑鄙、无耻的地步。也就是说，一个伟大的思想者将自己丰富的内在本质透露给人们，并且，经由这位思想者出色地发挥，创作了一些能够提升和启蒙人们及其后世子孙的作品，也就是因为这样一个人送给了人类一份绝无仅有的厚礼，所以，那些无赖们就理直气壮地坐在判官席上，拉开阵势要审判思想者的道德。他们要看看能否在这个人身上找出某些污点和瑕疵，期望以此来缓解自惭形秽带来的苦痛。因此就有了，例如，从道德的角度出发对歌德的生活所做的各种细致入微的调查——这方面的书籍和杂志可以说是汗牛充栋。其调查与讨论的问题也不过就是歌德青年时代的恋爱以及他应该和爱恋过的这一姑娘或那一女子结婚；或者，歌德不应该老实、正直地为他的君主效力，而应该成为一个为大众服务的人，一个配享受保罗教堂中一席之地的德国爱国者，等等。人们的这些忘恩负义的聒噪以及恶意贬损的企图表明了这些判官不仅在智力上欠缺，并且在道德上同样也是一些无赖和混混——

这里已经包含了很多的意思。

有一定才华的人为名声和金钱而工作；相比之下，想要说出是什么力量推动天才精心创作其作品，却是一件很难的事。天才很少为赚钱而创作。名声亦不是推动他们的力量，名声在起推动作用这方面也只有法国人才会想到。名声是很靠不住的，并且，只需稍微仔细思考一下就能发现：名声其实也没多大的价值，"你应该得到的名声与你的作品永远不会相称"。（贺拉斯，《讽刺诗》）同样，也并不完全是为了让自己觉得轻松愉快，因为这种愉快的感觉与所付出的艰辛劳动并不相称。实际上，这是奇特的本能在发挥其作用。正是受到这种本能的驱使，天才才将自己的所见、所感在他传世之作中表达出来；在表达的过程中，他并未意识到其他的动机。大致上来说，这样的情形与果树结果子是一样的，都是出自同样的必然性；后者只要外在的一块能够赖以成长的土地，并无其他的需求。深入地思考一下，事实好像是这样的：作为人类的种属精灵的生存意志渗入到此类个体之中，智力就达到了更加高级的清晰度——这得益于绝无仅有的机缘巧合——而这个更加清晰的智力也只能持续很短的时间；此时，生存意志就力图至少得到这一个体智力清晰观察以及思考的结果或是产物；生存意志是为了和这一个体有同一本质的整个种属而去这样做的。这样，从这一个体所发出的光亮在以后的时间里就可以穿透一般人黑暗和呆滞的意识，并且使这些人受益。那种能驱使天才行动起来的本能便由此生发。天才也就会不计报酬、不在乎别人的赞许或趣味，勤勉、孤独、刻苦地将全副力量都投入到这些作品中去，而将本人的安乐完全置之度外。他不在乎自己的时代，而是更多地为后世考虑，前者只会将他引入歧途，而延绵的后世占据了人类种属的更大部分；少数具有高判断力的人只有随时间的流逝才会零星、单独地出现。同时，这样的天才常常就如歌德《歌颂艺术家》一诗中哀叹不已的艺术家一样，

　　　　既然没有我能取悦的朋友，

　　　　并且没有珍视我才华的王侯；

没有机会肯眷顾，

来我清修之地的也只是些麻木的施主；

我默默地刻苦、勤勉，

饱尝苦痛，仍没有门徒。

　　天才的目标就是要完成自己的作品，将它们当成是自身生存的真正成果及神圣之物献给全人类；他将这个人类的财富交付给了具有更高判断力的后代子孙。其他的目标都必须为这个目标让路。为了这个目的，他将荆棘冠戴上，而在将来的某一天，荆冠就会抽芽长叶，变成月桂花环。天才专心致志、一意孤行地完成自己的作品，将它们稳妥安置，他们的执拗和小心就像是那些关注其卵子、并为将来的幼虫准备好食物的昆虫——它们的日子已经不多了，他们与后代是永远无缘相见了。这些昆虫会把卵子产在它们确定能方便卵子孵化以及幼虫可以找到食物的地方，然后才会如释重负般、安慰地死去。

独立的思考

即使是藏书最为丰富的图书馆，如果里面的书籍胡乱摆放，那么它的实际用处还不如一个收藏不多、但却整理得井井有条的小图书室。同样道理，如果大量的知识没有经过自己细心地思考加工，那么它的价值也远远逊色于数量较少、但却经过大脑反复斟酌的知识。这是因为，只有将每一个真实的知识进行比较，并把我们所知的东西从各个角度和方面去融会贯通以后，才算是我们真正地掌握了这些知识，它们也才能真正地为我们所用。我们需要深思自己所知的东西——这样才会真正学到一些道理；也就是说，只有经过深思熟虑的东西才是我们的真知。

但是，即使我们可以随意安排自己的阅读和学习，我们却不能随意安排自己的思考。就像火的燃烧需要在通风的条件下才能进行一样。同样道理，我们的思考活动必须能使我们对思考对象产生兴趣、激发情感。当然这种兴趣可以是纯客观的，也可以是出于主体的利益。只有当涉及到个人事务时，人们才会感受到这种由于主体因素而产生的兴趣；而对事物产生客观的兴趣则仅仅是本质上喜欢思考的人的事情——大自然赋予他们喜欢思考的头脑，对于他们来说，思考仿佛像呼吸一样自然。只可惜这样的人十分稀少。因此，大多数人很少对事物产生客观的兴趣。

独立、自为的思考和阅读书籍对我们在精神思想上产生的效果是不同的。有时，其差别之大是无法预料和难以置信的。所以，这种不同的效果将那些在精神能力方面本来就有差别的人差距拉得更大了。因为根据不同的思想能力，人们基本上倾向于独立思考或阅读别人的思想。换句话说，阅读给我们强行带来了一种与我们之前的精神情绪和思想倾向完全不同、陌生的思想，两者的不同仿佛图章和火漆——图章要强行在火漆上留下印痕。这样一来，我们的头脑精神就会在一种来自外在的压力下去思考，然后又要琢磨这一道理——而我们在进行这样或那样的思考活动时，是完全没有欲望和情绪的。与之相比，当我们自发思考时，我们只是依照自己的兴致，而这种瞬间的兴致却是由外在的环境或我们头脑中的某一份记忆来限定的。也就是说，我们所见的外在环境并非像阅读时那样，将某一确定的见解强行加入我们的头脑，它仅仅为我们提供与当时我们的思考能力相称的素材和机会。所以，阅读得太多会使我们的精神丧失弹性，就像将一个重物长时间地压在一条弹簧上，那么这条弹簧就会失去弹性；而确保没有自己思想的最保险的办法，就是在空闲的每一分钟，随时拿起一本书阅读。这种习惯可以解释为什么死记硬背的书呆子最终反而变得头脑简单和愚蠢，而他们的文字写作也没有得到更进一步的发展。就像蒲柏所说的那样，这些人只是一味地阅读别人，却不会被别人阅读。

书呆子就是阅读书本的人，可是思想家、天才，以及照亮整个世界并推动人类进步的人所阅读的却是世事、人生这一本大书。

总而言之，自己的根本思想产生是真理和生命力的基础：因为我们真正、完全了解的是我们自己的思想。我们阅读的其他人的思想只是他们留下的残羹剩饭，是陌生人脱下来的衣服。

通过阅读所获得的思想始终是属于别人的，同自己的思想相比，就像史前时代的植物化石与在春天怒放的植物一般。

阅读只是我们思考的替代品。阅读时，我们的思想常常是被别人牵引着的。除此之外，大部分书本的用途只在为我们指明错误的道路竟有如此之多，一旦我们让自己的思想听之任之，就会拐入无法预想的迷途。而听从自己守护神的指引，懂得自发、独立、正确思考的人，却牢牢地掌握着能够找到正确方向的罗盘。因此，我们最好在自己的思想源泉出现干枯时再进行阅读——而这种思想干枯，对于那些头脑思想优秀的人来说，也是稀松平常的。

而将自己的、最原始的思想赶走和消除的目的，只是为了阅读随手翻开的一本书——这样做就好比为了察看植物标本，或者欣赏铜刻的大自然而回避真实的、一望无际的大自然。

虽然有时我们可以在一本书中轻而易举地找到自己原本需要艰辛、缓慢的思考才能发现的某一见解或真理，可是，经过自己思考后所获得的见解或真理却更有价值。这是因为只有自己思考后的每一种见解或真理才会真正地融入我们的思想系统中，成为整体中的一个重要部分和某一活的肢节，从而牢固地同我们总体的思想完美联系在一起；我们才能了解其根据和结果，而这种见解或真理也就带上了我们自己思维模式的色彩、色调；当我们需要它时，这一认识就会呼之即来，为我们所用。所以，这种见解或真理是有扎实的基础的，并且不会消失。由此，我之前提到的歌德那两行诗句在这里能够完全适用，并得到合理的阐释：

> 我们只有流下热汗，
> 才能够重新拥有先父们留下的遗产。

换句话说，那些独立、自行思考的人只有在之后才能了解并赞同自己看法的权威，而那些权威的看法也只是确认了他的见解，并使他增强了自信心。与之相比，那些书本哲学家往往是从权威的看法出发，将阅读后获得的别人的意见、看法综合成一个整体。这种经过东凑西拼而形成的思想体系就像由一些陌生、奇特、怪异的零部件组合而成的机器人，但是独立、自行的思想整体却似一个活生生的人。出现这种情况的原因是，独立、自行的思想就是以活人诞生的相似方式产生的：思考的头脑接受了外在世界的播种，思想的果实也就随之生成了。

我们从阅读中学到的真理就像粘附在我们身体上的假肢、假牙、蜡制鼻子一样，它们仅仅是手术植皮技术的产物。但经过自己思考而获得的真理却是自己与生俱来的四肢——这些东西才是真正属于我们的。这也是思想家和书呆子之间最本质的区别。所以，那些通过自己独立思考在智力上所获得的收获就像一幅生动、美丽的图画，而且还是那种光、影准确无误，色彩和谐、色调适中的图画。但那些顽固不化的学究却将自己的大脑弄得像一五彩缤纷、斑驳不一的调色板：即使那些颜料放置得井井有条，但这块调色板仍然欠缺和谐、连贯和深层的含意。

阅读就是用别人的而非自己的头脑来思考事情。几乎没有什么比将别人的观点大量地流入自己的思维活动中更可怕的了，而长期的阅读正是将大量陌生的、外来的观点引入我们自己的头脑。但只有经过自己的一番思考，才能形成整套连贯、统一的思想，从而使其发展下去，即使这个整体的思想在严格意义上来说还没有完备。这是因为那些陌生、外来的观点都出自于多个不同的头脑，并且分属不同的思想体系，色彩上也是驳杂不纯的。而涌入我们大脑的这些杂乱的思想并不会自动地将思想、观点和信念联系在一起，形成一个统一体。相反的，它们还会十分容易地在大脑中造成巴比伦式的语言混乱，而当这些杂乱的聒噪充塞整个头脑时，头脑便会丧失一切清晰的见解，甚至达到解体、失序的状态。这种情况多体现在书呆子学究的身上，其最终往往会使人们缺乏健康的理解力、正确的判断力、智慧以及实际生活中的种种技巧。即使与那些没有多少文化的人相比，这些学究也有很大差距。其原因是，那些文化贫瘠的人总是将从外在事物、实际经验，以及同其他人交谈和极少的阅读中所获得的点滴知识屈从、合并为自己的思想。而科学的思想者则是在更大程度上这样做。换句话说，虽然科学的思想者需要丰富的知识，并因此进行大量的阅读，但是他们的头脑思想足以强劲地将一切知识纳入自己的控制之下，他们会吸收、同化这些知识，并将其归入自己的整体思想中；而这些知识也就很自然地屈从于他们那有机、连贯的思想总体系中——伟大、出色的见解不断地丰富着总体思想。他们的思维仿佛是管风琴上的基本低音，统领着一切，不被任何音声所盖过——可是这正是那些书呆子学究常常会遇到的情形：在他们的大脑中，各种不同调子的音乐交错、零乱地相互干扰，已经找不到那些基本音调了。

将自己的一生都花在阅读，并从中汲取了智慧的人，就像熟悉各种游记的人了解任何一个地方一样，熟读某一处地方游记的人能够给我们提供许多关于这个地方的情况，但是归根结底，这样的人对这个地方的实质情况并没有任何连贯、清晰、透彻的了解。相比之下，将时间花费在思考上的人却像是亲身到过这个地方的游客：只有他们才真正明白自己所说的话；而且只有他们才对那个地方的事情有连贯、清楚的了解，在谈论起这些事情时，他们才能真正做到如数家珍。

平庸的书本哲学家同独立、自主思考的思想家之间的对比，就像历史调查者与目击证人之间的对比一样，后者述说的是自己对事情的一种亲身、直接的了解。所以，总而言之，一切独立、自主思考的思想者之间是一种协调、一致的关系，他们之间若存在不同的看法，也只是由于他们各自的立场不同。如果他们站在同一个立场角度，那么他们所说出的必然是同一样东西，因为他们所讲述的只是自己的客观所见。我曾不止一次，并十分犹豫地将一些命题公之于众，因为这些命题与通常的见解相违背。可是，当我将其示众之后，我非常惊讶又高兴地发现，在古老的伟大的思想家的著作中，竟然有与我相同的见解。而那些书本哲学家所作的却仅仅是复述这个人的看法或那个人的意见，以及其他人对这些的异议。书本哲学家们将这些东西经过一番比较、斟酌最终做出一定的评判——他们想通过这种方式来找到隐藏在事物背后的真相。对此，书本哲学家仿佛变身为考据式的历史编纂学者。举例来说，他们会着手调查莱布尼茨是否曾经信奉过斯宾诺莎的哲学等这类问题。证实我在这里所讲的最清晰的例子就是哈尔巴特创作的《对自然权利及道德的分析与说明》和《谈论自由的通信》。这种人的不厌其烦的努力或许能够引起我们的诧异，因为我们认为，只要将目光集中在事情本身，再通过自己的独立思考，他们会很快达到目的。但是，这里面还有一点小小问题，因为能否独立、自主地思考并非受我们的意志控制。我们可以随时随地坐下来阅读，却不能随时随地思考。换句话说，思想就像一个客人：我们不能随心所欲地传唤他们，只能静静地等候他们的光临。当外在的机会与内在的情绪以及精神的集中程度巧妙、准确、和谐地统一在一起时，对某一事情的思考才会自动展开，但是这种情况却是那些书本哲学家永远都不会碰上的。甚至在思考与个人利益密切相关的事情上，也可以解释我所提到的说法。假如我们必须为诸如此类的个人事务做出一个绝非定的话，那么我们并不能随时坐下来，细心考虑各种根据和理由，再做出绝非定。这是因为常常在这个时候，我们无法全神贯注于所要考虑的事情，我们的思绪总是飘忽不定，会想到很多别的事情；而我们对所要思考的事情的被动和厌恶，也要对事情的负效应负一定的责任。所以，我们无需强迫自己，而要静静地等待适合思考的情绪的主动到来。但这种情绪往往会不期而至或者重复出现。我们在不同时段下的不同情绪都会将不同的光线投向所审视的对象，这种缓慢的过程即我们通常所说的深思熟虑。我们必须将思考的任务划分为几个阶段完成。这样一来，我们就会注意到那些曾经被我们忽略了的东西，甚至我们被动、厌恶的心态也会慢慢消失在这一过程中，因为我们不愿意思考的这些事情一旦被我们准确地把握以后，就会显得比较容易忍受。同样道理，在思考理论问题时，也一定要等待恰当时机的到来，即使那些具有伟大思想能力的人也并不是每时每刻都能够自发、自主地思考。所以，除去自主思考的时间，我们可以利用剩余的时间进行阅读，而阅读——就像我前面说到的——不仅是我们思考的替代品，而且还为我们的精神头脑提供素材，因为在我们阅读时，别人正在为我们思考事情——即使这并非属于我们自己的思考方式。正是由于这个原因，我们不要做太多的阅读；只有这样，我们才能保证自己的头脑不被其他人的头脑所代替，不荒废我们对事物的认识能力。换句话说，只有这样，我们才不会重蹈覆辙、蹈袭前人，才不会因为跟随别人的思路而疏远、偏离原本属于自己的思维方式。另外，我们绝对不能单纯为了阅读而彻底逃离现实世界，因为当我们观赏现实世界时，我们会发现许多引发自己独立思维的外在机会，并且适宜思考的情绪也会比在阅读时产生得更快更多。其原因是：我们直观所见的现实事物，以及其原初性和力度，就是我们思维的头脑所审视的对象；这些东西可以轻而易举地刺激我们的思想。

就以上所述，如果将独立、自主的思想家同书本哲学家相比，那么仅仅在各自的表述方式上就能显现出高下，对此我们并不会感到奇怪。前者的表述都具有认真、直接、原初的印记，他们的思想观点以及表述用语也都出自于他们对事物的亲身体验；而那些书本哲学家所谓的理论则统统是二手货，包括传承下去的概念都是东凑西拼的糟粕，呆板、晦暗、无力，就像被再次印刷的复制品。他们运用陈词、套语、最新最流行的时髦词汇所构建的文风就像只能流通外国货币的小国家一样——因为这个小国没有属于自己的钱币。

纯粹的经验同阅读一样，不能取代思考。纯粹的经验与思考之间的关系就像进食与消化吸收。当经验吹嘘只能通过自己的发现才可以促使人类知识的发展时，那么无异于嘴巴吹牛说："整个身体的生存都是嘴巴的功劳。"

真正意义上的思想作品同其他泛泛的作品之间的差别在于，前者具备断然、确切的特质，并连带由此得到的清晰、明了。这是因为有思想的人一定会清楚、明确地知道自己想要表述什么——当然表述的方式可以是散文、诗歌、乐音。但思想平庸的人所缺少的正是这种干脆、果断、清楚和明晰。仅从这方面，我们就可以轻松地将这两种不同思想的人区别开。

真正的思想家具有一种特殊的标记，那就是他们在做出判断时所表现出的直截了当、绝不含糊。所有他们要表达的东西都是经过自己思考的，甚至连他们表达自己见解的方式也可以显示出这一点。所以，这些思想家在思想的王国里具有一种王者般直截了当的特点；而其他人则是迂回拐弯、顾左右而言他——这一点我们可以从他们那种缺少自我特色的表达风格上看出来。

由此我们可以说，真正独立、自主思考的思想家与王国中的王侯毫无差别：他在表达上单刀直入，从不躲闪、畏惧；他在判断上如同君王签发的命令，不仅是发自自身充足的力量，而且同样是直截了当地。这是因为，这样的思想家从来都不会乖乖地采纳那些所谓权威的看法，就像君王从不接受命令一样；相反的，他仅仅承认经过自己证实了的东西。而那些思维庸常的人，由于他们的头脑受制于各种流行观念、权威说法以及世俗偏见；他们同那些只会默默服从法律、遵守秩序的普罗大众相差无几。

那些急切、慌忙拿出某些权威说法来绝非定有争议问题的人，在搬来外人的理论、思想见解作为自己的救兵的时候，显得非常得意，因为他们根本没有办法依靠自己的行动观察和理解，这些也正是他们所缺乏的东西。这一种人在社会上的数目也很惊人。就像塞尼加说的那样，"每个人宁愿相信更甚于判断"。所以，一遇到有争议的问题，权威的说法就成了他们用以击败对方的武器。假如有人卷入这一类辩论之中，那么他一定不要运用实践和理论论证来捍卫自己的观点。因为对待这样的武器，对手可是潜入无法思维和判断洪水里的带角的西格弗里德。所以，只能把这些人认为权威的说法搬出来，作为有效的论证，之后，大喊着："我们胜了！"

现实的生活虽然有时候是那样怡人、甜蜜、惬意，但是我们却总是生活在一种自我排斥的沉郁气氛之下，但在思想生活中，我们却成了一个个没有皮囊的精灵，既没了重担也没了苦难。所以，一个奇妙、丰富的思想头脑在一种神奇的时刻在自身所寻找到的幸福是这世界上任何幸福都无法与之相比的。

大脑中的思想就好像我们的爱人一般：我们都认为自己一辈子也无法忘记这一思想，我们的爱人也一辈子都会爱自己，永不会变心，但是眼不见，心不想。最精湛的思想假如不是我们用笔把它记下来的话，也许有可能从此就彻底遗忘，无法挽回了，而我们的爱人除非跟我们结了婚，否则也可能跟别人跑了。

有时候人们可以酝酿出许多对自己有很大价值的思想跟理论，但是在这里面可能只有极少数思想具有能力经由共鸣或者反射而照常发出效果，意思就是，只有很少的思想跟理论在写下来之后仍然可以引起大家的注意。

但是，纯粹是自发、自为想出来的一些东西才可以有真正的价值。意思就是，思考者可以分为两类：自发、自为思考钻研的人和随时随地为了其他的目的而思考的人。第一类是真正意义上的、具有双重含意的自发、自为的思想者；他们才是真正意义上的哲学家，才能认真而且严肃地对待所有思考的问题；思想是他们得以生存的快乐和幸福。而第二种是诡辩者，他们经常表现出很有学识和思想的模样，并且凭借这副模样从别人那里得到好处——

这些正是这种人寻找的幸福，也只有在这方面他们才会用心。如果我们想看出某些人究竟属于上述哪一类人就可以观察一下他们表达思想的方式和方法。利希腾贝格属于第一类人，赫尔德则是第二类人。

存在于现实中的问题是那么庞大和迫切，这一问题直面而来，让我们无法躲避。这一存在含混不明、充满着疑问和矛盾，经受着苦难和折磨，匆匆易逝，如虚幻的梦境一般。一旦对这一庞大、迫切的不解之谜有所意识，其他的问题和目标就无足轻重了。同时，除了一些很少见的例外情况，我们所见的差不多所有人都好像没有清楚意识到这一问题，似乎不曾对这些问题有半点察觉。这些人总是关注自己认为比存在更重要的问题，他们抱着过一天算一天的态度，也不顾忌和考虑一下自己的将来，因为不是他们明白无误地拒绝考虑这一问题，就是甘心情愿地屈服和接受某一类大众形而上学，并以此津津乐道。假如我们仔细考虑到上述所说的这些，就会有这样的见解：人之所以被称为有思想的物种，是从广泛的意义上说的。那么，当人们显现出头脑简单和不动脑筋的特性时，我们就不会大惊小怪了。反之，我们会发现一般人的智力视野虽超过了动物（因为动物对未来、过去都没有丝毫的意识，所以它的整个生存就好像只是现在）。但是，人类的思想视野并不一定像人们普遍认为的那样，远远超过了动物。与上述相应的事实就是：甚至在谈话的过程中，我们也会发现很多人的思想狭隘、目光短浅，就像干涸的土地一样破碎。游离在这些支离破碎的思想里，我们连稍长一点的主线都无法理出。

假如人是居住在地球上的真正的思想尤物，那么人们就不应该对各种各样、甚至使人心烦意乱和恐惧的噪音不问不管，听其为所欲为。假如自然需要人替她思考的话，她就不会赋予人一双这样的耳朵，起码也得给人配备一副密闭的耳朵，就像蝙蝠的耳朵一样。其实，人跟其他生物一样，究其根源也只是可怜的小动物，人的一些能力配备也只是为刚好能维持自己的生存而设置的。为此，人们不管是白天还是黑夜，都需要随时竖起耳朵，不自觉地通知自己猎物或者追捕者的到来。

论历史

  在《意志和表象的世界》第 1 卷中我已很详细地表达和诠释了为什么对于认识人的本质来说，历史没有文学的贡献大，这是因为我们可以从文学那里得到更多真正的教诲。亚里士多德曾经说过："诗歌、文学艺术比历史更具哲理和价值。"看来他也认识到这一点。不过，在此我向读者说一说我对历史的一些拙见，当然目的是为了避免人们对历史的价值产生误解。

  在任何种类的事物当中，事实无穷无尽，单一、个体之物不计其数，我们无法把握它们之间各种各样的差异。对繁杂的这些只需要瞅一眼，就会让乐于求知的大脑感到阵阵晕眩；这些求知者也就会清晰地意识到：无论自己怎么去调查、探寻都无法从茫然无知的厄运中逃脱。但是此时科学出现了：种类繁多的事物被科学区别开来，把这些事物按照特性和特征分别归入各种门类，依次纳入种、类的概念之中。至此，科学点燃了我们认识普遍事物和特殊事物的明灯。这种认识囊括了很多单个之物，因为它适用于所有的事物，所以我们也不用逐个考察个别的事物。科学用这种方式让喜欢探究钻研的人尝到安慰和满足的甜头。之后，种类繁多的科学结合在一起，现实生活中的各个单一的事物全都被覆盖了，因为这些单一的事物纷纷被各个科学吸收和归纳到自己的系统之内。但是驾驭各门科学的却是哲学，因为哲学是一门关于最普遍、最重要内容（揭示事物最普遍的一面）的科学，它有可能提供给我们对事物的说明和诠释，而其他的学科则只是一个准备工作而已。历史因为没有其他科学所有的优势，所以无法跻身于科学行列：它缺少科学把已知的事物加以总结、分类的基本特性。历史唯一可以做的只是罗列已知的事实而已。所以，历史并没有一个体系，这是它与其他别的科学不一样的地方。因此，历史是一门知识，但不是一门科学。历史只是直接领悟单一、个别的事物，它永远都无法从普遍中认识个别。我们可以把历史比喻成沿着经验的实地匍匐而行，而真正意义上的科学却飞翔在经验之上，因为科学得到了概括事物的概念。凭借这些概念就可以把握个别的事物，并在某一时间内预见到事物在一定范围之内的多种可能，这样一来我们就能对将来要出现的事情做到心中有数。科学属于概念的体系，科学讨论也始终围绕着事物的类别，而历史则是讨论单个的事物。所以，历史只能是关于单个事物的科学，可这样的称谓本来就是彼此矛盾的。从"科学讨论始终围绕着事物的类别"这一句话，我们不难得出这样一个推论：所有科学讨论的始终是永远存在的事物，而历史所探讨的则是只存在过一次、之后不再延续的事物。其次，由于历史所谈及的是全然单一或个别的人与事，而这些单一、个别的人与事据其本质，也无法深究到底，所以，对这些单一事情的认识历史理解得不全面也不透彻，欠彻底。同时，历史还要在崭新的、平凡的每个时间里了解到他自己仍然不知道的东西。如果有人提出疑义，认为历史也把特殊的人或事物涵盖到普遍性之下，因为不同时期，不同的政权更替，以及很多重要的社会变迁……所有在历史脉络上有自己相应位置的东西，都是普遍性的事物，而所有持上述意见的人，他们的错误在于歪曲地理解了普遍性的概念，因为我们所提到的历史的普遍性是主观的普遍性，意思就是说，这样的一种普遍性只是由于缺乏对事物的个别认识和了解所导致的，不是客观的，也就是对事物进行多方面的深入了解和思考之后所得出的概念。在历史中，即使是最具有普遍性的，就其本身来说也只是单一的、个别的事物，换句话，某一长的时间段里或某一大的事件中，特殊、个别的时间段或者事情与这长的时段或者大的事件的关系就好像部分与整体，而不是实例与规律，就好像一切真正的科学一样，因为科学不仅仅是罗列事实，更多的是提供概念。因此，在科学领域中，当我们正确地掌握了普遍性的概念之后，就可以确切地判断出现的个别、特殊的情况。比如说，假如三角形的普遍法已经被我们熟知，我们就可以根据这法则罗列出随便出现在我身边的一个三角形所特有的性质。明白了适用于所有哺乳动物的普遍规律之后，比如，它们都有两个心室、七块颈椎骨，另外还有肺部、隔膜、膀胱、五感官等，如果现在我们手上有一个刚刚捉到的，还没有认识也没进行解剖的蝙蝠，我也能根据哺乳动物的共同特征说出蝙蝠的一些情况来。但是历史并不是这样的：在历史中，普遍性只是我认识事物的主观看法，而不是概念中客观的普遍性。这种普遍性，我们假如称其为普遍性的话，那只能算是比较表面和肤浅的普遍性。因此，我大概知道发生在17世纪的一场宗教战争，也就是"三十年战争"，但对这一概念性质的探究并不能让我更详尽地阐述这场战争的情况。历史普遍性和科学普遍性之间的比较同样反映在这一事实上：在真正意义上的科学里，个别、特定的事物是最确切、最可靠的，因为是透过直接感官和感知对这些东西有所了解认识的，而普遍的真理首先是从直接感官、感知那里抽象得出的。因此，在普遍真理里面的一些事物有的时候可能是一种错误的假设。但是，在历史中却有着相反的情况：最普遍的也是最确切和最可靠的。比如，每个时期、朝代，曾经爆发的革命、战争的年代以及太平的日子。与此相比，个别的事件跟其相互间的联系却不是很确切，越仔细研究个别的状态和情形，对它的了解就越模糊、不确定。因此，虽然历史的叙述越专门就越有意思，但是也变得越不可靠，在很多方面也越接近杜撰。另外，要掂量掂量自我吹嘘的历史实用主义到底有哪些价值，只需要回忆一下：我们生活中的事件，要想知道其相互间的联系，尽管这方面的资料已经很充足，但是有时候也需要二十几年的时间。这是为什么呢？因为在偶然和变故不停干扰、目的意图又被遮掩起来的情形下，想把动因各自发挥的作用结合起来是很困难的。只要历史自始自终只以个别的事物、单一的事实作为自己所关注的对象，并且把这些对象看作独一无二的真实，那么历史跟哲学就正好相反，因为哲学侧重于事物的普遍性，其关注的对象很明确，那就是同样存在于每一个别之物的事物的普遍性。所以，在个别事物中哲学永远只看到属于普遍性的那一面，个别事物所发生的现象变化则被忽视了。"哲学家是普遍性的朋友"。历史告诉我们，不同的东西会出现在不同的时间里，但哲学则侧重于帮我们获得这一个见解：过去、现在、将来，在任何时候都是同一个东西。一般来说，人类生活的实质，就像到处都可以见到的大自然，在某一时间里完整地存在着。所以，要彻底探究人类生活，只需对其作深度的理解。但是历史却希望用长度和宽度来代替深度。就历史而言，某一个现时此刻只是断片，必须用过去作为补充，但是过去却是无尽的，并且在这之后接着又是无尽的将来。哲学头脑与历史头脑形成对立的原因，就是因为前者极力深究，后者则希望把事情一个个细数到底。在历史的每一页都只显示着同一样的事物，虽然外在的形式不尽相同。但是如果有人认不出蕴藏在这样或者那样外在形式下的同一事物的话，那么尽管他把所有的外在形式都看遍，也很难对这同一样的事物有所认识。国家、民族历史的篇章究其根源只是以名字和年号互相区别开来，里面实质的内容永远是相同的。

所以，只要理念是艺术的素材，概念是科学的素材，那么艺术和科学所致力于的就都是永恒存在并且永远以同样方式存在的事物，而不是现在是、以后又不是，现在是这样、以后又是那样的事物。所以，艺术和科学最为关注的是被柏拉图认为是真正学问的唯一对象的事物。相比较之下，历史的素材只是个别、零星的事物，还有包含在其中的种种偶然、变故，是只存在一次、之后永远都不再出现的事物，是扑朔迷离、变幻莫测的人类世界，在这里，小小的变故常常可以改变一切。从这种观点来看，历史的素材好像并不值得我们对其仔细、勤奋地察看和思考。正因为这考察的对象是那样的短暂，我们就应该选择并非短暂的事物作为考察的对象。

最后，经黑格尔那扭曲思想、毒害精神的虚假哲学所引起的风气，即力图把世界历史解释为一个有着预先计划的发展实体，或者用这类人的话说，要"有机地构筑起历史"——其本源其实就是一种不精细、不高雅的唯实主义。这样的唯实主义把现象看作是这一世界的自在实质，误认为现象及其形态和事件才是最重要的部分。此外，上述努力鬼使神差地得到了一些神话基本观点的赞同，这些基本观点在一开始就已经作为前提被确定了下来。如果情况不是如此的话，那么人们就会提出这样的一个问题：这样的一幕剧到底是为了哪一个重要人物而演出的？因为既然只有个人，而不是人类整体，才具有真正意义上直接的统一意识，那么可以推理出，人类生活进程的统一体仅仅是一种虚构。另外，就像大自然只有物种才是真实的一样，物类只是抽象，同样，在人类世界中也只有个人及其生活的整个过程才是最为真实的，民族及其生活则只是抽象的概念而已。在乐观主义的引导下，虚构的历史体系发展到最后就成了这样的国家：人民过着富足的生活、安逸愉快、心情舒畅，国家的体制井然有序、司法和警察非常优秀、工业和技术也很发达，再加上智力的完美改善——因为智力就是事实上唯一可能做到的，而属于道德上的事物在其本质上是没有办法改变的。但是根据我们内心意识的判断，所有都在于我们的道德成分，而这些道德成分只存在于个人之中，具体表现为这个人的意志方向。其实，只是个人的生活进程才会有内在的联系、一致和真正的含义：这样的人生可以被看作是一种教训，道德方面是其真正的含义。只有内在的事物，只要这类事物触及意志，才有真正的现实性，也可以叫作真实的事物，因为可以称为自在之物的只有意志。完整的宏观世界都包含着一个微观世界，而宏观世界所蕴含的不例外也是微观的世界。多样性属于现象，外在事物仅仅是现象世界的一个形式，所以也不曾直接具有现实性和含意，而仅仅是间接的、经由外在事物与个体意志的关系，才具有了现实性和含意。因此，试着直接说明和注解这类外在的事件就好像是要在千变万化的云团中来判断人跟动物一样。历史所阐述的，事实上不过是我们人类悠长、沉闷和混乱的迷梦一样。

黑格尔信徒甚至把历史哲学看作是所有哲学的第一目标，其实他们应该看看柏拉图的说法。柏拉图曾经不知疲倦地不止一次说：那永恒存在，永不变更的事物才是哲学探究的对象，而不是变幻不定的东西，所有这一切构成世事发展变化进程的人，或者按照这些人的强调，构建其"历史"的人，并不曾把握一切哲学都宣讲的这一首要真理，也就是任何时间都是同样的事物，是一切生、灭、变化只是看上去的生、灭、变化；长驻的事物只有理念，时间只是观念罢了。柏拉图曾经这样说过，康德也同样是这样说的。所以我们必须努力让自己知道真实的、存在的事物到底是什么，现在以至永远存在的是什么事物；也就是认识理念（柏拉图意义上的）。比较之下的愚昧的人类却总认为会有其他的新事物产生。所以他们在自己的哲学领域中为历史贡献出了极其珍贵的一方宝地，而且还依据某个首先假定了的可操作的发展计划构建起了历史。一切大事的发展全都依据了这个假设的大事发展计划，从而获得了更好的指导。这一计划大功告成的时候将是皆大欢喜，普天同庆。所以，这一些人便把这一世界看作是完全的真实，并且认为得到微乎其微的世俗幸福就是这个世界的目的。虽然人们悉心经营这种世俗幸福，并且同时也得到了命运的垂青，但是这也不过是某一种虚幻、空壳、凄凉和不堪一击的事物，要想改善这种幸福的本质，靠法律、制度，或者蒸汽机、电报机是不行的。因此，上面提到的历史哲学家和历史颂扬者就是些不会思考的唯实主义者，也是乐观主义者和幸福论者。这些人都是菲利斯丁人的化身，是一些庸俗的人。同时他们也是非常差劲的基督徒，因为基督教的真正核心和精神与婆罗门教、佛教一致，就是看清楚和全面蔑视这种本质虚无的世间幸福，从而寻找一种根本不同，甚至是反向的存在。让我再重申一遍，这就是基督教的思想和目标，即"事情的精髓"，其实它并不是他们所认为的一种神论。

　　所以，真正意义上的历史哲学不应当像上述那些人一样总是研究永远在形成、但永不存在的事物，并且认定哲学就是事物的真实本质，并且要以永远存在、永不会消逝的事物为重点对象。因而，这样的历史哲学并不会把人们暂时的目标认为是永恒和绝对，之后便开始把人类逐步迈向以及实现这些目标的情形用想象力巧妙地加以构筑，而是植根于这样的认识：历史不仅在其论述、编写中与真实不符，其实，论述的本质就已经是带有欺骗性的，因为历史总是把其所讲述的纯粹个人、个别事情当成是某种别样的东西展示给我们。事实上，历史所讲述的，从始至终，翻来覆去，不外乎就是改变了名字和更换了不同外衣之后的同一种东西。真正的历史哲学应该建立于这样的认识基础之上：虽然变化无穷无尽，但是我们眼前所呈现的永远都只是不会

121
天才的哲学

改变的同一样本质，这种本质一如既往、恒久不变。因此，这种历史哲学应该在古今中外所发生的一切事件当中，都认出那同一样的东西；此外，尽管不同地区间的风俗、习惯、人情、道德风尚等各有差别，但是历史哲学所发现的始终都是同一样的人性。这在各种形式变幻中巍然不动的东西就是人的心、脑的基本素质，相当差劲的居多，好的寥寥无几。历史所信奉的格言就是"外形多变，本质则一"。从哲学的角度分析，读完希罗多德的著作就已经相当于学完历史了，因为他的著作已经包含了所有后来的历史所包含的内容：人类的奋斗、痛苦和命运——这三者都是上述的人们的心、脑素质，以及人们在这个世俗世界的产物。

如果凭借到目前为止所做的议论，我们可以认清历史在认识人性本质方面是逊色于文学艺术的；并且了解到历史不属于真正意义上的科学；最终，人们为了将历史构筑成有开始、中间和结束的一个整体——其中各个部分之间蕴含着丰富的关联——所付出的努力注定是徒劳的，并且是建立在对历史的误解之上的——假如我们能够认识到这一点，那么我们似乎是否认了历史的价值，除非我们能够指出历史真正的存在价值。但是历史，除了逊色于艺术以及非科学的不足之处以外，的确有其独特的，区别于艺术、科学的活动领域之处——在此，历史仍可堂堂正正地立足。

历史对于人类就如同理性机能对于个人一样。也就是说，正是得益于人类的理性机能，人类才不会像动物那样仅仅局限于狭窄而又直观所见的现在，而是在这个基础上又认识到了大大扩张了范围的过去——它既与现在相连接，也是形成现在的理由所在。人类也只有经此种方式才可真正明白现在本身，甚至是推论将来。对于动物而言，由于它们欠缺反省和回顾的认识能力，就只能局限于直观所见，即局限于现在。所以，动物与人们在一起就是头脑简单的、浑噩的、无知的、无助的、听天由命的，即便驯服了的动物也是如此。与这种情况相类似的是一个民族不认识自己过去的历史、仅仅局限于目前这一代人所处的现在。这样的民族对于自己本身及现在所处的时代都不能正确地理解，因为他们不能把现在与过去联系在一起，并利用过去来解释现

122

SCHOPENHAUER'S SUPER IDEA

在，于是他们也就更加无法预测将来。一个民族只有通过认识历史才能对自己的民族有一个完整的认识。因此，历史就可以被称作人类的理性自我意识；历史对于人类就相当于以理性机能作为条件的协调统一、回顾反省的意识作用于个人。动物就因为缺乏这统一、反省的意识而囿于现在。所以，历史中存在的每一个空缺就犹如一个人的反省这种自我意识中的空缺。我们在面对古代的纪念物时，例如古庙、金字塔、尤卡坦半岛的旧宫殿等，如果没有了解这些古物所含有的意义，那么就会令我们茫然没有头绪，就像是听人使唤、被人奴役的动物一样，或者，就像对着自己曾经写下的暗号，但现在忘了它代表的是什么。这种现象就如同一个梦游者早上醒来的时候，想到自己梦游时所做出的事情是那么的不可思议一样。从这一意义上来说，历史又可看作人类的理性或反省意识，它代表了全人类所直接共有的一种自我意识，在这种历史的作用下，我们人类和人性才真正联系成了一个整体。这就是历史所存在的真正价值。据此，人类对历史所共有的、压倒性的兴趣主要在于历史是人类对自己的关注。语言对于个人的理性（语言是运用理性不可缺少的条件）而言，就等于文字在此已经指出了整个人类的理性。因为只有文字出现以后，整个人类的理性才得以真正地存在，情形就如同只有在有了语言以后，个人的理性才会存在一样。也就是说，文字把那些被死亡频频中断并因此而变得支离破碎的人类意识恢复成一体。于是，远祖那里所产生的思想就可以交由后代子孙继续思考和完成。人类及其意识的整体被分裂成了不计其数而又匆匆即逝的个体，于是文字对此做出了补救，并对抗着不可遏制地匆匆消逝、常常被人遗忘的时间。石头文物有如书写文字，亦可被视为人们所做出的补救努力，况且不少石头文物比书写的文字还要古老。那些动用了数不胜数的人力、物力，费时良久才建造出来的金字塔、墓穴、巨雕、石塔、庙宇、城楼——面对这些巨大的人类成就，谁又会想到那些发起建筑这些杰作的人，眼里只顾盯着他们自己极其短暂的一生？我们要知道，这些发起人在其有生之年都看不到这些建筑物的竣工。或者，谁又会料到他们这样做真的仅仅是为了排场、炫耀而已？真的相信这被那些粗鲁愚昧的大众硬逼着说出来的借口？显然，这些人的真正意图就是向相隔甚远的后代传话，与这些后代建立联系，从而统一人类的意识。印度、埃及，还有希腊、罗马遗留下来的建筑物都是为了能保存数千年而精心设计的，因为这些古人有着更高级的文明，因此他们有着更宽更广的视线范围。相比之下，中世纪和近代的建筑物却仅是计划保留数个世纪而已。这也是因为文字已经普遍使用，尤其是印刷技术发明以后，留下文字更使人们放心了。不过，就算是近代建筑，我们从中也不难看到那种想要传话给后世的冲动。因此，破坏或者损毁这些建筑物来用于低级、实用服务的目的就是可耻的行径。文字纪念物和石头纪念物相比，它并不怎么惧怕大自然的风雨侵蚀，担忧的却是人的野蛮、破坏行径，因为人的这种行为能够发挥更大的负面威力。埃及人打算把这两种纪念物结合成一体，于是他们在石头建造物上面添加了象形文字，甚至还补充了一些图画——以防在未来的日子，无人再能理解那些象形文字所要传达的意义。

生活的美学

Arthur Schopenhauer

美的存在

　　我之前在我的主要著作里已很详尽地讨论了对于柏拉图式的理念的认识及这一理念的对应物，也就是认识着的纯粹主体，那么，假如我不是考虑到这些思想在我之前还没有人提出来，并且，也正是如此，我不应该有所保留，因为在未来的某个时候对于这些思想的补充解释也许会受到人们的欢迎，那我就会觉得再次去谈论这些美学话题就是多余的了。当然，我在下面讨论这个话题的时候，假设读者已经了解了我在此前所做的讨论。

　　对于美的形而上学而言，其真正的难题可以用这样简单的方式表达出来：在某一事物同我们的意志毫无关联的情况下，这个事物为什么能引起我们的某种愉悦的感觉呢？

　　也就是说，每个人都认为某种东西能引起我们的愉悦，其中的原因的确只能出于这种东西同我们的意志之间的关系，或者说，就好像我们所乐于表达的那样，愉悦源自于它与我们的目标之间的关系，因此，没有意志刺激的愉悦看起来似乎是一个自相矛盾的说法。然而，很明显，那些被我们称作是美的东西却与我们的个人目的，也就是我们的意志没有任何联系的情形之下，使我们产生了愉悦的感情。

　　我对于这个难题的解答是：我们在美的事物中总是可以认识到有生命的、没有生命的大自然的基本和最初的形态，因此也就是柏拉图所说的理念；这些形态（理念）的根本对应物和摆脱了意志的认识主体就是认识的前提条件，也就是某一不带有目的和打算的纯粹的智力。这样，我们一开始认识美的时候，意志也因此完全从意识里消失了。只有意志才是一切苦痛、悲哀的根源。

这就是为什么我们伴随着对美的认识逐渐感受到了愉悦。因此，愉悦的基础是消除任何可能的痛苦。但如果有人提出反对的意见，认为伴随着痛苦的消除，愉悦也可能会被一举清除，那么，他就应该记住：就像是我已经解释过多次的，满意、幸福的本质是否定的，亦即，它们仅是痛苦的终止；而痛苦的本质是肯定的。所以，在一切的意志活动从意识中消失之后，给我们留下的就是愉悦的状态，也就是没有任何痛苦。在我们正讨论着的审美状态中，甚至没有任何发生痛苦的可能，因为审美的个人已经变成了一个纯粹的认知、没有意志活动的主体，但他仍然能意识到自身以及自己的活动。就像我们所知道的，第一位的是作为意志的世界，而第二位的是作为表象的世界。前者是欲求的世界，因此也是充满各种痛苦和不幸的世界；后者就其本身来说是没有痛苦的；此外，表象的世界还包含了让我们能够一饱眼福的景观，一切都具有那样深长的意味，起码是很有娱乐性。美感愉悦就在于去享受这些景观。想成为纯粹的认识主体就意味着要摆脱、忘记自身，但因为人们通常做不到这一点，所以，一般来说，他们没能力获得这种造就艺术家天赋的对事物纯粹客观的认识本领。

如果个人的意志对头脑表象能力的控制实行暂时的放松，并且让这种为意志服务而产生及存在的头脑能力从它的本职工作中完全解脱出来，那么这种头脑能力就会暂且放弃关注和照料意志，或者说，这个人自身——而这本是智力天然、定期重复的工作，但是与此同时，头脑表象能力又继续保持着活跃，全神贯注并且清晰地认识那可以被直观的事物———一旦出现这种情况，头脑的表象能力马上就变得完全客观了，亦即，它会变成一面反映客体的忠实的镜子；或者，更准确地说，成为帮助在每个客体上展现自身的意志化作客体的工具。那么直接观照的时间越长，意志的内在本质就越能完全彻底地显示出来，直到这一直观认识穷尽其内在本质为止。那纯粹的客体只有这样伴着纯粹的主体产生，前者是我们从被观照之物看到的意志的完美表现，这种意志正好是柏拉图所说的事物的理念的展示。不过，要认识这种理念，要求我们在观照一个客体对象的时候，将它在时间、空间上所处的位置忽略掉，因此也就是这个单个客体的个体性。正因为是这个客体在时、空的位置——这总是由因果律绝非定——使它变成了与作为个体的我有着某种联系的客体。所以，要想客体成为理念，且以此方式让我们能够更纯粹地认识主体，只有在忽略这一客体所处的时、空位置的情况下，才能得以实现。正因为一幅绘画将瞬间飞逝的时刻固定了下来，并用这种方式将这一时刻从时间的长河中撕扯下来，因此，这幅绘画向我们提供的已经不是个体的东西了，而是那在各种变化中依然恒久不变的东西——理念。不过，想要让主体和客体发生上面所要求的变化，前提条件是认识力不仅能从其原初的职责中抽身，并且能够完全自主，同时，它还必须用其全部能量来继续保持活跃，即使有意志的冲动，但让这认识力活动起来的推动力此时还没有出现。然而困难就在于此，并且由于这一困难，这种事情是很稀有的，我们的想法、追求以及我们耳目的见闻，都合乎自然地、直接或间接地为我们不可胜数、大大小小的个人目标所服务。由此可见，意志推动认识力履行职责，如果缺少了这种推动力，认识力立刻就会疲乏和松弛下来。此外，被推动力驱动起来的认识力能够应付实际生活，甚至能够胜任某一专门的科学分支，原因是科学各个分支的目标总是瞄准在事物间的关系上，而并非指向事物真正的内在本质。它们的一切知识都沿着充足理性原则——即事物关系的基本原理——的指导思想一路前行。每当这些知识涉及到原因和效果，或其他的根据和结果，也就是在自然科学的所有分支，包括数学、历史或发明等方面所出现的情况，那就是说，人们寻求的认识必定要为意志的目的所服务。意志的目的对于这些知识的渴求越是强烈，人们掌握这些知识的速度就越快。同理，在国家事务、战争以及金融或商业运作之中，在人们施展的各种各样的阴谋里面，由于意志的强烈渴求，它首先要强迫智力努力去找出在上面所叙述具体情形中事情前因后果的蛛丝马迹。实际上，意志在此能够推动某一特定智力让人惊讶地超常发挥。因此，要在诸如此类的事情上取得显著的成就，不仅要求具备聪明、精细的头脑，同时还要有强有力的意志，后者需要一开始就将智力投入到艰辛、紧张和不息的劳动中去。若缺少了这些劳动，想在上述方面有所成就是不可能的。

　　但是，我们要是想认识事物的客观、独特本质——亦即事物的柏拉图式的理念，且构成一切美术成就的基础——那完全是另一码事了。也就是说，在上述事务中发挥推动力、确实意志是必不可少的，但在这里却要退出舞台，因为现在只有智力是完全依靠自己的力量来独立发挥，把自己活动的成果心甘情愿地作为礼物呈献出来。在这里，一切都要自然而然地发生：认识力必须是不带有目的，同时又能保持活跃，所以，是处于没有意志的状态。一个人只有当他处于纯粹认知的状态时，他完全脱离了自己的意志以及目标，连同自己的个体性，他才能够纯粹客观地看待事物；在这种观照中，他就可以认识且把握事物的柏拉图式的理念。这种先于观念（构思）的认识、把握，也就是最初、永远属于直观的知识，后者在后来就变成了真正的诗歌以及艺术作品，甚至是哲学论辩的真正素材和精神内核，或者可以说，灵魂。我们经常在天才创作的作品里见到并不是蓄意的、不带有目的的，甚至有部分包含着无意识的和直觉的成分，原因是原初的艺术认识是完全脱离和独立于意志的，是一种不带意志的认识。因为人本身就是意志，因此我们就将这种认识归于某种有别于这个人的东西，归于这个人的天才。这样的认识，就好像我已经多次解释过的，他们并不遵循于充足理性原则的指引。由此可以知道，它同为意志服务的知识是互相对立的。一个天才由于其客观性，经过深思熟虑，可以见人之所不能见。这就使他具备作为文学家或画家向我们叙述或描绘这一大自然的能力。

　　但是，当着手制作艺术品时——在此，目的是传达所认识的事物——意志就能且必须重新恢复活跃，原因是此时已经有目的了。这样，充足理性原则就再次恢复了统治，我们根据这些原则，恰到好处地运用艺术的手段来达到艺术的目的。这样，画家关注的是他的绘图是否准确、色彩应该怎样处理；而文学家则在忙写作的大纲，之后是遣词造句和韵律节奏。

　　不过，由于智力源自意志，所以，脑髓就是智力的客观显现，亦即，身体的一部分，而整个身体就是已经客体化了的意志。因此，因为智力从一开始就注定了要为意志服务，所以，智力也就理所当然从事我们在一开始就已经说过的为意志服务的活动。从事这类活动时，智力要忠实听从于这一类知识的自然形式——由充足理性原则所概括出的表达——的指引，受意志——也就是人的原初的东西——的驱动而投入活动；这活动也是由意志所维持的。相比较，从事第二类认识则是对于智力的某种非自然的滥用。因此，这类认识活动的前提条件是拥有明显超常的，即相当少有的智力优势，以及脑髓——是智力的客观体现——对于身体其他部分所具有的明显优势。这样，智力就超出了要帮助意志实现目标所需的比例。也是因为超常比例的智力是反常的，因此，由此引发的现象有时会使我们想起疯狂。

在这里，认识力挣脱掉了它的根源——意志——并且背叛了它。那原本不过是为服务意志而产生的智力在差不多所有的人里，仍在为意志效劳；这些人，他们生活的一切就是在这些方面发挥智力且取得成果。若是将智力用在了科学和自由的艺术方面——那就是一种滥用了。然而就是智力在这些方面的发挥和运用奠定了人类的进步和荣耀的基础。智力甚至还会以另一种方式——通过一举消除意志——再反过来对抗意志，由此表现出的现象即人的神圣行为。

不过，我们对于这个世界以及万事万物所做的纯客观的认识——作为原初的认识，它构成了诗歌、艺术和纯粹哲学观念的基础——却在匆忙的瞬间产生，它稍纵即逝。这里的原因不仅有主体方面的，还有客体方面的：首先，我们无法保持高度的精神集中，而对于得到上述认识来说这是必不可少的；再者，世事的发展让我们无法以一种置身局外、无动于衷的看客身份生存在这个世界上，就如毕达哥拉斯定义的哲学家那样。相反，每个人都要在生活这个巨大的木偶戏中上演自己的角色，且要一刻不停地感受连接他的绳线所发出的牵引，他也就开始身不由己地随之而动了。

对于这种审美直观中的客体部分，亦即柏拉图式的理念，我们可以这样去形容它：它是当时间——这也是我们认知的主观以及形式条件——被抽离开以后，摆放在我们面前的东西，那种情形就好像把玻璃片从万花筒中抽离一样。例如，当我们看到植物含苞、开花、结果，就对那永不疲倦地推动这一循环往复进行的力量感到很惊讶。若我们知道，即使发生着这些变化，但我们的眼前仍旧是这一植物和一个不变的理念，那么，我们就不会再感到惊讶。但是，我们没有直接观照植物作为花苞、花朵、果实统一起来的理念的能力，我们只能够通过时间这一形式，对这一理念进行认识；通过此种手段，植物的理念在各阶段的形态就这样展现给我们的智力。

如果我们考虑到总是把个体作为诗歌和造型艺术的主题，然后将这一个体及其一切独特之处，甚至那些毫不显眼的地方都精确和细腻地展现出来；并且，我们从回顾中可以发现，科学其实是运用概念进行工作的，而每一个这样的概念都代表着无数的个体，原因是它一次性地描绘以及确定了这类事物的总体特征——由此，综合这些考察，我们似乎会这样想：艺术的追求是多么渺小且欠缺意义，那甚至就是小孩子的行为。然而，艺术的本质却在于它的以一类百，因为它对个体的精心和细致的个别描绘，目的就在于揭示这一个体总类的理念。例如，从人类的生活之中选取某一场景、某一事件，及其参与其中的人物，经由精确、完整的刻画、描写，使我们能够清晰和深刻地认识这一出于某一审视角度的关于人的理念。就好像植物学家从异常丰富的植物世界中摘取了一朵鲜花，然后把它解剖，为了要我们看到植物的普遍本质，同理，文学家从嘈杂的、如流水和迷宫一般混乱的人类生活岁月之中，提取出单独的一幕，甚至常常只是人的某种感触和情绪，以此来让我们看清楚人的生活以及人的真实本质。所以，当我们看到莎士比亚、拉斐尔、歌德、伦勃朗这些伟大的思想者时，并不觉得认真、勤勉地精确描绘某一个也许并不是声名显赫的个人，将他的所有特性，甚至是极为细腻的特征，非常生动地展示在我们的直观之下，会是一件有失身份的事。原因是只有通过直接观照这种方式，才能把握每一个独特的个别的事物。因此，我曾这样定义诗歌，即诗歌是一门通过运用字词而使人的想象力活动起来的艺术。

假如我们想直接感觉那作为首要和基本知识的直观认识是怎样优于抽象知识，并且从这里真正意识到为什么艺术和所有的科学相比更能使我们受到启发，那么，就让我们去审视一个人的美丽、生动、富于表情的脸吧，不管这是在自然生活中还是经由艺术这一媒介。由这张脸上我们对于人的本质，甚至于大自然的本质所获得的认识，比起那些从词语以及这些词语所表达出来的抽象概念所获得的要深刻得多！在这里附带着说一句，我觉得喷薄而出的阳光之于美丽的风景，犹如笑容之于一张姣好的容颜。所以，"姑娘们，欢笑吧！尽情地欢笑吧！

不过，一幅图画或一尊雕塑与一样实物相比更有助于我们去认识事物的柏拉图式的理念，正因为这样，它比现实更加接近理念——这其中的原因大致上是：艺术作品是通过主体作用的东西；这样，它对我们的精神思想来说就好比是动物营养，也就是我们的身体已经吸收了的植物营养。而经过更为仔细的考察，我们就能发现事情的原因出于这样的事实：造型艺术的作品不会像现实的事物那样给我们展示那只存在一次、以后不会再有的东西，也就是特定的物质（即材料）与特定的形式（即形状）的结合体——这一结合体就构成了真正的个别事物。

我们看到的艺术作品所展示出的只是事物的形式，倘若这一形式可以从多个角度完美全面地显现，那即是这理念本身了。所以，任何造型艺术作品能够很快将我们从个体的东西吸引至单纯的形式上，形式脱离物质，就已使形式更为接近理念。大凡造型艺术作品，都呈现出这样的一种分离，无论是绘画还是雕塑。因而形式与物质的分离即是美术作品的特点，引导我们认识事物的理念即是美术作品的根本目的。对艺术作品而言，弱化物质而只将形式表现出来，是最为关键的，艺术作品要非常鲜明地以此为目的。由此我们也就知道为什么蜡制人形无法达到美学的效果，就美学意义上说也称不上艺术作品，尽管它们做工巧妙，甚至比最优秀的绘画或雕塑更易让人产生幻象，足以达到以假乱真的地步。假如模仿实物达到乱真的地步是艺术的根本目的，那么蜡制人形可称得上是第一流的艺术品了，它似乎不仅提供了形式（即形状），还一并赋予了物质（即材料），也就使我们产生了幻觉，以为眼前所见就是真正的实物了。然而如此一来，这种蜡制作品就不会像艺术作品那样，将我们从只存在一次的永不复现的事物（即某一个体），牵引至那永恒地无限次地存在于无数个体之中的事物（即形式）或理念；与此相反的，蜡制造型作品显然是把个体本身（即只存在一次、永不复现的东西）提供给我们，但这些形象却又缺少那赋予这匆匆即逝的存在以价值的东西（即生命）。正因为此，这种看上去像僵尸一样的蜡像会令我们感到毛骨悚然。

人们认为只有雕塑才仅给予形式而不带物质，油画则两者兼具，它可以运用颜色手段，对所要表现对象的材料及其属性进行模仿。然而如此一来，就等同于纯粹几何学意义上的理解形式了，而我所说的形式并不是如此。从哲学意义上来讲，形式是同物质相对应的，颜色、质地、光滑度——每一特性都包含其中。显而易见，只有雕塑才给予我们纯粹的几何形式（即形状）；它将这一形式呈现在显然同此形式格格不入的材料（即大理石）上，运用这种方式，雕塑当然就将形式单独分离出来了。而油画则没有提供半点物质（材料），它给予的只是貌似的形式——在此所指的并不是几何形式，而是哲学层面上的形式。我必须再一次强调，油画甚至没有给予这种形式，它所呈现的只是貌似的形式而已，换句话说，油画只作用于我们的感官即视觉，甚至只发自于一种视角。所以，即使是油画，也没有真正制造出一种假象来迷惑我们的双眼，使我们错误地以为眼前所见是形式同物质合为一体的东西；不仅如此，油画所造成的貌似的真实，也总是带有某些这一表现方式的已为人们所承认的条件。比如，由于消除了两眼的视觉差，油画所呈现出的样子就和一个独眼人所看到的相差无几。因此，甚至连油画也只是表现出形式而已，它只表现出形式所造成的效果，且只展现全然单一的一面（只作用于眼睛）。

下面所讨论的内容与上述思想有关，但在此，必须重新从几何意义上来理解形式。与彩色铜版画和水彩画相比，黑白铜版画和墨水画更能迎合高雅的趣味，但前两者则更能吸引修养不高的人。很明显，其中的原因就在于黑白的表现手法只表现形式，好比是将这形式抽象地呈现出来，至于对这种形式的领悟则是智力的行为，属于直观悟性的问题了。而对色彩的领悟纯粹是感官上的问题了，即感觉器官上所做的一种特别调整：视网膜活动的质的可分性。在这一方面，我们可将彩色的铜版画看作是押韵的诗行，黑白铜版画则是只有节拍的无韵诗。而诗文中韵脚同节拍的关系如何，各位可参阅《意志和表象的世界》第2卷第37章的内容。

在青少年时代，我们所获得的印象都充满着意义，在生命旅程的黎明阶段，呈现于我们眼前的事物，都是表现理念性的一类东西，且被做了惊人的美化。这是因为，最初的印象令我们首次了解到这一个别事物的种类，且新奇无比。所以，在我们看来，每一个别事物即代表着它这一类的事物。我们从中把握了这一类事物的柏拉图式的理念，而对于美的理解，这一理念至关重要。

毫无疑问，"美"（schon）这个词与英文"to show"（展现）同源且相关连，所以，"showy"就有着耀眼夺目之意，"what shows well"则是"很好地展现出来"。因而，美即是清晰可见，被直接观照的，如此即是清晰显现了含义丰富的柏拉图式的理念。

从根本上说，"美丽如画"（malerisch）一词的含义同"schon"（美丽）一词相同，因为前者形容那种展示自身，也将种类的理念清晰呈现出来的事物。这词用来形容画家（Maler）的表现手法，再合适不过，因为画家惯于表现和突出理念，而审美中的客体部分即是由理念构成的。

人体的美丽同优雅相结合，即是最高级别的意志的客体化的清晰呈现，正是因为此，造型艺术所能达到的最高成就不外乎就是展现人体的美丽同优雅的完美结合。正如我在《意志和表象的世界》中所言，大自然之物都是美的，因而每一动物也是美的。倘若在某些动物身上这种美并不那么突出，原因只能是我们没有从一种纯粹客观的角度对其进行观照，即把握其理念的状态；我们常因一些不能避免的联想而脱离这一客观的状态。多数情况下，这是一种令我们被迫接受的某一相似之处所造成的，比如人同猴子间的相似之处。由此我们便无法明确猴子这一动物的理念，而只见某种人的歪曲形象。癞蛤蟆同污泥、泥浆的相似处也造成了同样的效果。即便是这样，仍很难解释为什么有些人在看到这些动物时会感到厌恶，恐惧，一些人甚至看到蜘蛛也会产生这样的感受。原因似乎是更深层次的某种形而上的、神秘的联系。这样的一个事实似乎能够用来证明我这一说法：这些动物通常被用作意念治疗，因而带着某种魔法目的。比如将蜘蛛藏在坚果壳里，由病人将其挂在脖子上，直至它死去。这一做法据说能够驱除热病；或者，当遭遇大的足以致命的危险时，将一只癞蛤蟆放在密封的容器中，里面装满病人的尿液，在正午时钟刚好敲响十二下时，将容器埋在屋子的地窖中。然而，这种把动物逐渐折磨至死的行为是需要向永恒坚定的正义赎罪的。这再一次说明了人们为何会有这样的想法：要是谁练就了巫术与魔法，那他就是和邪魔签订了契约。

　　如果无生物的大自然没有了水，并且在它之中不存在任何有生命的东西，此时，当它呈现出自身时，展现给我们的必定是一种悲凉，甚至是相当压抑的印象。这样的例子就是那种只让我们看到仅存光秃秃岩石的荒凉之地，尤其是距离法国土伦不远的那条通往马赛的狭长且不具任何种类植物的岩石谷。而非洲的沙漠则是又一个规模更大、更具震撼力的例证。无机体的大自然之所以给我们营造那种悲凉意境的印象，究其原因，首先是无机体团块单单只遵守地心引力的法则，因此，这里所指无机体就仅是朝着地心引力的方向。对比而言，映入大家眼帘的植物让我们可以直观地感受到极大的愉悦。当然，越是丰富多样的植物，它们涉及的范围越广阔，并且越是任其自然地生长，那么我们所感受到的愉悦之情就越强烈。这其中的首要原因就在于植物摆脱了地心引力的法则，动植物世界都朝着跟地心吸力相反的方向伸张、成长起来。因为这一原理，生命的现象直接宣示着自己属于一种崭新并且有着更高级别的事物。当然，我们人类就属于这个级别；具生命之物和我们是同源、相近的，它们还是我们存在的组成部分。生命中的现象令我们心情愉悦，心旷神怡。所以，在我们一眼看见植物世界垂直向上的伸展的生长方式时，我们因此直接感受到了那种喜悦。如果再加上树木丛长势良好，十几株笔直而修长的冷杉树梢从中脱颖而出，那在原先的美景的基础上就更增添了不少魅力。但是，一株周身经过修剪的树木恐怕就再也不会打动你我的心，在渲染美的效果上，一株倾斜的树木要比挺拔的树木更为逊色：垂杨柳的枝叶低垂下来，也就说明了它屈从了地心引力——因此，垂柳被人们说成"哀柳"。在很大程度上，流水缓解了无机大自然所营造的凄凉效果，因为那急流的活泼与灵动，还有阳光在水中变幻莫测的折射都为其注入了生命力。再者，水是所有生命首要、根本的条件。另外，大自然之中的植物形成的景色令我们如此心情愉快，其原因正在于它们表达出的平和、静谧与满足；而动物世界呈现出的却通常是匮乏、不安与苦难，甚至于为了生存而不断争斗的状态。所以，植物世界很自然使我们处于一种忘我的纯粹认知的状态之中。

大自然的植物，甚至于最平凡、最普通、毫不起眼的种类，当它摆脱了人为的、随心所欲的影响时，立刻就会结合成一体，呈现出有如图画般的美景，可以说，此情此景令人惊叹。对于任一躲避文明的入侵，或者还没有遭到文明来袭的小块地方和角落，我们都能看到植物的这种情形，即使那些只是荆棘、蓟属植物和一些最普通不过的野生花卉。但对于玉米地和蔬菜园来说，植物世界的美学成分却降到了最低点。

很早之前，人们就意识到了，作为为人类的目的服务的制作品，因而也就是器具、建筑物等，要想达到美的目的，必须具备与天然的作品有着某种相似的地方。但是，我们觉得这种相似应当是直接的，并且在形式上体现出来，比方说，直立的圆柱应该表现出树木，或者是人的躯干的样子；用来盛放东西的器物必须做得像贝壳、蜗牛、或者花萼的外形；处处都要表现出植物或者动物的外形——我们的想法是错的。与此相反的是，这种相似性只能是间接的，而不应该是直接的。换言之，这种相似性不能仅仅存在于形式，而是应当存在于形式的特性上；也就是说即便是在截然不同的形式里面，也可以是有相同的特性的。因而，建筑物和器具不应该仅仅是对大自然的模仿，我们制作这些东西应当是秉承大自然的精神。大自然的精神在于：大自然的每一个事物和事物的每一个组成都直接与这些事物及组成部分所服务的目的相符合。当我们试图通过最短的途径和用最简便的方法达到目的的时候，这种情形就会出现。这种明显地契合某一特定目的就是大自然作品的特征。当然，在大自然的作品内部，意图从内向外发挥着作用，并且，意图将物质完全地主宰；至于人工的作品，意图则是通过外部作用来将目的达到和表达出自己，并且，在这行进的过程中，首先，它必须通过媒介来认识：人最直观的认识，有可能是人对这一制作品之目的的观点、概念；然后对一种陌生的，亦即先前表达着另一种意图的物质进行征服。我们仍然可以将上述大自然作品的特性在人为的作品里保存着。这一特性在古老的建筑工艺中显现得尤为淋漓尽致，因为古老建筑的任何一部分或者任何一环节，都是精确吻合其直接目的的，这些目的同时就以如此方式天真、单纯地被展现了出来。此外，古老的建筑任何不带目的的东西都没有。这恰恰和哥特式建筑相反：后者空有一种变幻莫测的神秘外貌，而这全部是得益于这种建筑的诸多的漫无目的的附件和饰物，因为人们会认为我们将这些东西用在一种我们并不知情的用途上。古老建筑也和那些虚假的显得卓尔不群的建筑物对照非常鲜明：后者采用多种多样但是在实际中并没有多大作用的忸怩手法，轻佻、任性地滥用根本就所知甚少的艺术手段。古代的花瓶和建筑其实情形是相同的：这些花瓶美就美在它们是什么和作为何种用途是以一种天真直率的方式展现出来的。古代的其他的器具也是这个风格：看着这些物品，我们甚至有种看法，假如是由大自然来造这些陶罐、花瓶、桌椅、灯具、头盔、盾牌、铠甲等等，那么，很可能就是这个样子的。相比而言，我们来看当今的这些恶俗的镶金镂银的瓷具，还有那些女士服饰和别的东西。人们将我刚才说到的那种古老的风格抛弃了，换成了那种不知羞耻的洛可可时尚——这种做法充分显露了现在人们精神思想的可悲，且精神空虚、贫乏的印记永远地烙在了他们的额头上。这些事情并不是无足轻重的小事，它们是现在时代精神思想的记录。现代人的文学，包括那些莫名其妙地耍弄笔杆者对德语造成的损害就是这方面的明证——这些人无所顾忌地糟蹋德国语言，而且还不用受到惩罚，就像那些毁灭艺术的汪达尔人一样。

　　艺术作品这一基本思想，其在人们头脑中的形成过程被称为"Konception"（受孕、观念、构思），这一认识是十分正确的，因为艺术作品"观念"、"构思"的形成，与人出生的受孕相似，都是很重要的。并且，和受孕一样，除了时间上的需要，还要具备机缘和情感。所以，那些寻常的客体不停地与主体媾合，前者就好像男性的身体，后者就好像女性的身体。可是，这种媾合只有在机缘巧合的刹那，碰到合适的主体，才会孕育成思想的胚胎，到了那时，一个新的、独一无二的思想就产生了，而且会持续生长、发展起来。正如在男女媾合中，受孕是否成功更多的是靠女性而不是靠男性那样，如果此时主体的情绪是接收的，那么，此刻差不多任何侵入主体认知统觉的客体都会对主体发话，换言之，都会在这个主体认知统觉里孕育成一个鲜明深刻、独一无二的思想。因此，某个不值一提的事物偶尔也是会变成一件雄伟优雅作品的种子的。比如，在看到一个锡制容器的刹那，雅可布·伯默顿时醒悟，并马上感觉到了大自然深处的内在本质。不过，一切事情都是由我们自身能力所绝非定的；就好像没有任何食物或药品可以赋予我们生命元气，或是取代它一样，没有任何一本书或不要命地努力学习可以赋予或者代替我们自己的独一无二的精神思想。

可是，作为一个即兴诗人（或者是即兴演奏家），换句话说也就是一个时刻都保持清醒头脑的"聪明、机灵"人，由于他自身拥有一整套全面的、精心准备的各样泛泛之作，以备不时之需。这样，他就完全可以依据每次不一样的情况以及时机，为不同口味的需求提供方便、快捷且即时的服务。有一句话就是"金鸡独立，吟诗两百"（贺拉斯语）。

假如一个人准备把文艺女神的垂青——我所指的是这个人自身的文学天赋——当作一项赚钱资本的话，那么在我自己看来就有点像一个漂亮姑娘把自己的姿色当作生财之道。为了那一点点可鄙的利益，他们把那原本属于自己内在的自由禀赋都糟蹋了。因此，这两种禀赋很快就会被消耗怠尽，而且，极多数的情况下，他们都会落得个可耻的下场。所以，最好不要让你的文艺女神降格去做卖笑女子，而应该是像歌德那样：

> 我歌唱，就像那
> 栖息枝头的小鸟。

从喉咙里发出的歌声，

已经是丰厚的酬报。

——歌德：《歌唱者》

这首诗作为每一个文学家的座右铭，它的道理就在于文学家的文艺禀赋是属于生活中的假日，而不是勤恳劳作的日子。即使文学家与此同时还要操持另外一种职业，并且感觉到自身的才能受到某种束缚和阻挠时，他的天赋与才能仍然能够得到成功的发挥，因为文学家并不需要去掌握大量的科学和知识，但是哲学家却不同，他们必须这么做。而事实上，文学家的文学天赋相反会因此而得到浓缩，这与拥有过多闲暇与职业性地去发挥这种才能会导致把这种天赋稀释、淡化相类似。而相比之下，那些哲学家却由于我已提过的原因，是不可以在同一时间内从事其他职业的，因为以哲学去赚钱有着巨大的不利之处，这是我们人所共知的。所以古人就把这一点看作是识别诡辩派和哲学家的标志。所罗门曾说过的一句话是值得赞成的："智慧如果再加上一笔丰厚的遗产就会更好了，这样，我们就可以享受无限的阳光。"

我们之所以在古代能够出现一批经典作家，能写出历经千百年沧桑仍然不失其青春光彩的作品，其大部分的原因就在于在古代，以撰写著作去获取商业利益并不是他们的创作本意。只有这样，我们才能更清楚地去解释为什么在那些经典作家所写出来的优秀作品中，并没有劣质次品被掺杂进去。那是因为他们与我们当代甚至是最好的作家不同，当其精神被挥发尽了之后（依据席勒《人的尊严》），仍然会把麻木和迟钝一起带进市场以沽上几个金钱。

我们可以把音乐视作是真正最普遍、且人人能懂的语言，所以，人们处在世界各地、上下几千年都无比热切、专心地运用这门独特的语言，从不间断。一曲意味无穷的旋律很快便不胫而走，传遍世界的每一个角落；相比之下，一段空洞而无物的旋律过不了多久就自然地销声匿迹。这一事实说明旋律是很容易被人们理解的。但是，音乐自身却不是一种写景状物的手段，而只不过是用来传达内心哀乐之情的最佳工具，而喜怒哀乐对于人的意志而言却是唯一的现实。音乐会向我们的心尽情地倾诉，但是却从来不直接向我们的大脑讲述任何东西。如果我们指望音乐做到后者，就如同人们在所有的描绘性音乐中所期望的那样，那纯粹就是对音乐的滥用。这样的音乐因此就应该被彻底地摒弃。尽管海顿和贝多芬这两个大的音乐家也曾一度误入到这一迷途，但是据我的了解，莫扎特以及罗西尼却未曾这样做。这是因为传情是其中的一回事，而状物则是另外一回事了。

另外，这种普遍语言的语法规则被人们整理得极其精细，虽然这已经是拉莫为此奠定了基础之后的事情了。相比较之下，在破解这种语言的词汇——我所指的是，依据上面所述，语法内容所传达出的不容置疑及重要的含意——方面，也就是说，让理智能够准确把握音乐在旋律和声中所要表达的内容——哪怕只是笼统地——这一工作在我着手之前，还未曾有人严肃、认真地去尝试着下一番功夫。这就与其他很多事情一样，充分说明人们普遍都不喜欢去思考、琢磨事情；他们每天就这样在不知不觉中浪费生命。人们活着的目的，无一不是尽情地去追求快活和享受，并且尽可能地不去动脑思考。这是由于他们的本性使然。所以，当看到他们硬着头皮去扮演哲学家的角色，那真是让人忍俊不禁，就如大家所见的那些哲学教授，和他们的出色作品以及他们所表现出来的对哲学与真理的真挚热情。

如果用普遍和通俗的说法，那么我们可以斗胆地这样说一句：总而言之，音乐就是旋律，而我们生存的这个世界，无非就是为这一旋律谱上的歌词。但是，如果要彻底地去理解这句话的含意，那么读者则首先就要弄懂我对音乐的解释。

音乐艺术以及人们总是加之于这一艺术的一些具体外在的东西，例如：歌词、舞蹈、活动以及游行和宗教的，或者是世俗的庆典等等，两者之间的关系与纯粹的优美建筑相类似，也就是说，那些出自纯粹美学目的的艺术，同人们被动兴建起来的实用建筑物之间的关系：在建造那些实用建筑物的时候，人们必须争取要把这些建筑物的实用目的——这些建造目的与建筑艺术本身之间并没有相干——与建筑艺术所特有的目的相结合；建筑艺术在这里只是利用实用目的所强加的条件来达成自己的最终目的。因此，我们就会建造出庙宇、宫殿、剧院以及军械库等：这些建造物自身已经很美，同时又与其实际用途相称，甚至又通过建造物所拥有的美学特性很浅显明白地把这些建造物的目的表现出来。所以，音乐与歌词，或是其他附加于音乐本身的现实东西，同样也是处于类似仆从关系的，虽然它并不像建筑艺术那样难以避免。音乐作为歌词的附属品，它必须迁就、顺从歌词，尽管音乐并不需要歌词的一点帮助；事实上，假如没有歌词，音乐反而更能够随心所欲地活动，因为音乐不仅仅要让自身的每一个音符与歌词中的字词长度和含义相吻合，而且还必须自始至终都与歌词保持着某种一致。这样，音乐也就不得不背负加在它身上的且相当随意的某种目的和特征，所以音乐便成了教堂音乐、歌剧音乐，以及舞蹈音乐和军乐等等。所有这些目的和用途都与音乐自身的本质不相干，就如纯粹美学中的建筑艺术和人的实用目的之间是风马牛不相及的道理一样。音乐和建筑不得不顺从人们的实用目的，让自身的目的无条件地屈从于那些与自身毫无相干的目的。这些对于建筑艺术而言几乎总是难以避免的，但是音乐却与它不同：它在奏鸣曲、协奏曲，尤其是交响乐曲里发挥自如——这最后者就是它的最好游戏场所，在这里，音乐大可以尽情地恣意狂欢。

另外，我们已经误入歧途的音乐，可以说相比之下很像在罗马帝国后期的君主统治之下，步入弯路的罗马建筑。在那时，繁缛、过分的修饰部分遮盖，甚至把建筑中简朴与关键的比例关系破坏了。同样，音乐为我们提供了很多噪音、乐器以及技巧，但却从来没有给予过哪怕是一小滴的清晰、深刻和令人震撼的基本思想。并且，在眼下那些肤浅、空洞且又缺乏旋律的音乐作品中，我们又一次目睹了当今时代的同种趣味——它对于那些云山雾罩、晦涩难懂、模棱两可，甚至是空洞无物的文风似乎还挺受用的。那可怜的黑格尔学说以及他的那套江湖骗术就是形成这一切源头的主要原因。

去欣赏一下罗西尼的音乐吧！它才不会靠歌词说话呢！在当今时代，人们在进行音乐创作时，更为注重的不是旋律而是和声。但我却一直持有不同的观点：我认为旋律应该是音乐的内核，而和声与旋律之间的关系就如同调味汁放之于烤肉上一样。

事实上，大歌剧并不属于纯粹艺术意义的产品；它是一个几近粗野的概念的产物：人们都以为只要拼命地堆砌艺术手段，在同一时间里炮制出各式各样完全不同类型的印象，且不遗余力地去投入更多的人力和物力来渲染效果，这样就可以使观众的美感得到提升。其实，音乐作为众多艺术中之最强而有力者，完全是靠其一己之力去占据那些对其敏感的心灵的。而事实上，要想恰如其分地理解以及欣赏音乐中的那些最上乘之作，那么听众首先必须做到心无旁骛、全神贯注——只有这样，我们的精神才能全部投入并融化于音乐中，彻底懂得它那极为真挚而亲切的语言。当我们在欣赏一部非常复杂的歌剧音乐时，眼睛也在同一时间内受着来自不同的刺激：场面的绚丽多彩，还有奇幻无比的人物图景，在灯光和色彩的营造下崭露出极为强烈、鲜明的印象。除此之外，我们还得用心留意歌剧中的故事情节。所有这些细节都把我们的思想引入游离、涣散的状态，精神也变得麻木、晕眩。这样，我们就对那圣洁、神秘而且真挚的音声语言的敏感度也降到了最低点。所以，如同此类的那些东西都很直接地与音乐的崇高目的背道而驰。另外，还有我们的芭蕾舞表演，它通常并不能给我们带来审美的愉悦，相反却是为了挑起观众好色的快感。更有甚者，因为施展这一手段的范围太过狭窄，以及由此而产生的重复且单调的表演，这样的表演很快就会变得相当的烦闷、冗长，同时我们的耐性也会被消磨掉。尤其是当那同样二流的舞曲仍在不断反复演奏，而且这种演奏通常会持续十五分钟之久，那么我们的音乐感觉就会因此而被折腾得疲惫，甚至迟钝。所以在接下来的严肃而且更高一级的表演中已经失去了感觉能力。

假如把纯粹的音乐语言和词语相互配合，或者是加入或配上一些能够直观展现出来的情节动作，以便使我们那不喜全部空闲的直观、以及思考智力能去做一些轻松的且与欣赏音乐有关的事情。这样一来，我们的全部注意力就会更自然地紧随音乐，同时，结合那最普遍的且不具备图像的心声语言的表达，再配以某些比较直观的图像，就如同为讲解某一个泛泛的概念而画出的示意图或是举出的例子——虽然这样的做法不可能由那些能纯粹欣赏音乐的人提出来，何况，那纯粹的音乐是自足的，它并不需要其他任何协助，但是这种处理方法还能够说得过去。诸如此类也确实加深了音乐的印象。不过要对这些进行运用，就应该尽可能地控制在简单的范围之内。不然，它们所产生的作用就会有违音乐发声的主要目的。

在歌剧里面，声乐以及器乐的多声部大杂烩自然会发挥出音乐的效果，但是就音乐效果而言，自区区的四重奏开始，一直到那乐器齐备的大型乐队，却并不是随着改变音乐手段就能相应地得到加强。这其实是因为和音不能够同时超过三个调子——四个调子的情况也只有在一种情况下出现，而且我们在同一时间里是无法把握比这个更多的音调的，尽管这三个或者四个音调都是由各不相同的八度音声部同时演奏出来。由此就能解释一部优美的、且只用四声部演奏的音乐为何有时会比一整部拥有壮观气派的严肃歌剧更能深深地打动我们，因为在这小小的四重奏里面已经包含了歌剧的精华；这就与一幅素描有时会比一幅油画更能产生效果相类似。不过，四重奏效果被削弱的主要原因还是它欠缺一定的和音幅度，也就是说，从低音到上面的三个声部中音度最低的部分之间的两个或三个八度音距离，而且这可是处在管弦乐队的低音提琴所掌握之中。正因为如此，如果一个听觉极限能够达到最低一级的低音管风琴弹奏，而且以最基本低音持续不断地弹奏，就如在德累斯顿的天主教堂里所弹奏的那种基本低音，那么管弦乐队的效果自然就会得到令人难以置信的加强。只有这样做才能使和音产生它的全部效果。总而言之，“简朴”——它通常习惯于与真理密切联系——是一切艺术、一切美以及一切思想性描述都必须严格谨守的不二法门。至少有一点我们必须要知道：偏离这一法则一定是危险的。

严格地说，我们大可以把歌剧称之为为缺乏音乐感之辈而专设的欠缺音乐感的发明。而在歌剧里面，音乐首先需要借助于某样与音乐自身毫无关系的中介物蒙混进来。也许，它正在为一个繁冗拖沓、且又索然无味的爱情故事及其清水汤般的诗文伴奏，因为歌剧的唱词是不可以忍受凝练和充满精神思想的诗句的——不然，歌剧的乐曲就跟不上这歌词了。不过，试图把音乐彻底变成低劣诗歌的奴隶，那是真正偏离大道的歧途，格鲁克在这个方面真可谓是泥足深陷。因此，格鲁克的歌剧音乐如果缺少了歌词，那么除了其序曲之外，其余的就会变得一无是处。我们的确可以说是歌剧毁坏了音乐，这不只是因为音乐在卑躬屈膝地迎合那些乏味无聊且如天方夜谭一般的故事情节和其中出现的那些毫无规则可言的事件。不只是因为布景与服饰所展现出来的幼稚、粗俗的华丽把我们的头脑扰乱，还有舞台上的男演员所卖弄的舞蹈招数、女演员身上穿的短裙，不，不只是因为这些，而是因为甚至连歌唱本身，也经常性地把和谐扰乱，那就是当演员的歌唱——从音乐角度考虑，人声也是一种乐器——没有与歌剧中其他的声部相互合作，而是在试图去压倒一切。当然，如果这是女高音，或是男高音，这是绝对没有一点问题的，因为既然他唱的是高音，那么旋律基本上也就会自然而然地归到这一高音中来。不过在男低音与次中音咏叹调中，主旋律在大多数的情况下都是交给高音调乐器来完成；这时，歌唱就凸现了自己，就像一个莽撞插话的小孩子，但是这歌唱自身却仅仅是和音而已，而主旋律应该把它的声音盖过才是。或者，伴乐被移到对位的高八度——这完全违背了音乐的本质——以便随时把旋律交给高音或低音，可是，我们的耳朵却总是一直紧紧追随着最高的那个音声，亦即伴乐。我确实认为：需要乐队伴奏的独唱咏叹调只适合于女低音或是女高音，而男声则只适宜与女低音或者女高音的二重唱，或是在多声部的歌剧里派上用场，除非男声是在没有伴奏，或是仅有低音伴奏的情况下进行演唱。演唱的旋律是最高声音和乐器自身的天然特权，并且应该一直是这样。所以，在一部歌剧里面，当勉为其难而又故作矫饰的男中音或男低音的咏叹调结束之后，轮到女高音咏叹调出场的时候，我们立刻感到了无比的满足，并且觉得这样才真正符合大自然和艺术。莫扎特与罗西尼这样的大师都知道怎么减轻，甚至克服这一弊端，但是并不等于说已经没有这种弊端存在了。

弥撒的热情歌唱给我们带来了比歌剧音乐更加纯净的音乐享受。在大多数情况下，歌词并不能够让人听清楚，要不就是哈利路亚、荣耀、怜悯、阿门等的不断重复，这就把弥撒的歌唱变成了一种比较单纯的（不含歌词的）歌唱练习了——音乐在这里只保留着一种极为浅显的基督教特征；它可以自由地尽情发挥，并不像歌剧演唱那样在自己的狭窄地盘上也会饱受各种各样的损害。在弥撒的歌唱里，音乐并不会受到那么多的制约，所以它也就能够把自己的全部力量自如地发挥出来。在这里，情形与新教的道德气氛是有区别的，它用不着总是虔诚地匍匐在地上，始终受着新教教会音乐自身所特有的消沉与沮丧的清教或卫理公会教派特性来束缚自己；相反，它却像六翼天使那样张开自己的巨大翅膀自由地飞升在每一个地方。只有弥撒乐和交响乐才能给予我们唯一的纯净且不含任何杂质的音乐享受，而我们的歌剧音乐却遭受了浅薄的戏剧以及劣质诗文的折磨，尽量默默地去忍受，将就着这一强加在它身上的陌生累赘。有时候，伟大的罗西尼在处理歌词时总是表现出一副不屑一顾的态度，这种做法虽然并不值得完全称道，但这最起码是真正地出于为音乐上考虑。总而言之，既然大歌剧需要经过长达三个小时的演出时间，已经使我们对音乐失去了灵敏度；而通常那都是比较乏味的情节，且又总是以蜗牛似的慢步子，对我们的耐性进行着不停的考验，那么，这种大歌剧从其本质上说就是冗长、令人厌倦的。但是这种缺陷也只能经由一些个别的异常出色的演出才能克服。所以，诸如这类大歌剧，也就是大师级别的作品值得去欣赏，其余的那些平庸之作只称得上是鸡肋而已。人们应该试图尝试着让歌剧变得浓缩、紧凑一点，如果可能的话，就把它们限制在一幕及一个小时之内。以前，我在罗马时就发现，罗马的瓦尔歌剧院里面的有关人等就已经充分地意识到了这一点。但是他们却只想出了这么一种拙劣的解绝非办法：将一部歌剧与其他一部喜剧的每一幕轮流交替着上演。一部歌剧的最长演出时间应该控制在两小时之内，而话剧的最长时间却可以是两个小时，因为我们观赏一部话剧所需要的注意力以及思想活动完全可以坚持更长的时间——它远远不及那没完没了的音乐累人。当歌剧演到最后一幕，那音乐几乎就是在折磨人的神经了。所以说，歌剧的最后一幕对于听众来讲通常都会成为一种难以忍受的刑罚，而这种刑罚对于那些歌唱者和乐队人员来说，就更厉害了。因此，我们甚至会认为这么大的一群人聚在一起，其目的就是折磨自己。他们以顽强毅力和持久的耐性一直坚持到了最后的结尾。事实上，众人在私底下早已对这结尾翘首以待了，不过那些中途退场者却是例外。

一部歌剧在其序曲中就应该把里面音乐的特征以及剧情的脉络传达出来，以便让我们在欣赏歌剧时有所准备。当然，这也不宜做得太过直露，而且最好采用含蓄的方式，就如梦境预兆将来事件那样。

所谓的"轻歌舞杂耍剧"就如同是一个人身着旧货市场里面买回的破烂衣服来炫耀自己：那些衣服全部都是别人已经穿过的，并且，也是专为别人量身而做，所以只适合别人。况且，这些各式不同大小的衣服并不配对。这就与杂烩剧里面的丑角所穿的衣服一样，全是从体面人家穿过的衣服上剪下来的不同碎布拼凑而成相类似。这种真正的音乐怪胎应该由警察出面禁止演出。

有一点需要我们注意：在音乐里面，作曲远比演奏重要得多；而在戏剧里面，情形则正好相反。因此，一部很不错的乐曲，虽然它只是经由一般水平的尽情演奏，但如果能够做到纯粹、无误，那与一部比较糟糕的乐曲，但却荣幸得到更为出色的演奏相比，前者带给我们的是更多的愉悦。同样，一出糟糕的戏剧，如果交由优秀的演员去演，那与由纯粹业余的演员来出演一部至为优秀的剧本相比，前者则更能产生出效果。

作为一个演员，他的任务就在于表现人性的每一个不同侧面——它们存在于成千个极为不同的性格当中，所以演员必须是在自己既定的、且永远不可磨灭的人性这一点共同的基础上去完成这一任务。就为此原因，演员自身必须是一个有才能且全面的人性标本；他尤其必须应该是那种没有人性缺陷和人性萎缩的人——这样的人，如果用哈姆莱特的话说，不像是大自然的作品，而仅仅是出自"大自然的帮工"之手。不过，一个演员在剧中所扮演的角色越是接近这个演员自身的个性，那么他就越能更为出色地去刻画这一角色。在众多的角色当中，他演得最好的就是同他自身个性相吻合的那一个角色。所以说，即使最蹩脚的演员也会有某一个能让他表演得入木三分的角色，因为在那个时候，他就如同众多面具当中的一副活生生的面孔。

要想成为一个出色的演员，他必须做到：第一、具有把自己的内在表现于外的天赋才能；第二、拥有足够丰富的想象力，想象出生动的虚拟场景和事件，以便把自己的内在本性更有力地刺激、召唤出来；第三、具备足够的理解能力、经验和修养，用以恰当地理解人的性格以及人与人之间的相互关联。

"人与命运的搏斗"可以说是悲剧的最普遍主题——这是半个世纪以来我们那些好发空洞、单调而又不知所云却甜腻得令人恶心言论的当代美学家们异口同声说出来的看法。这种说法被提出的前提假设就是：人具有自由的意志（意欲）——无知的人都会抱有这一奇想；另外，我们还有一项绝对命令——不管命运怎么阻挠，我们都必须要达到这一个绝对命令的道德目的，或执行其指令。以上的那些先生们就是从这种说法中获取鼓舞和喜悦的。不过，他们所谓的那个悲剧的主题却是一个很可笑的看法，因为我们要与之搏斗的那个对手根本就是一位隐蔽着，且戴着雾一般头罩的侠客。所以，我们所发出的每一击都会落入虚空；要想机关算尽地去躲开这一对手的攻击，但却偏偏一头扎到他的怀里，就如拉乌斯与俄狄浦斯王两人所遭遇的情形相同。再者，命运原本是全能的，我们与之搏斗的做法简直就是一种可笑至极的大胆妄为。因此，拜伦的这种观点应该说是完全正确的：

> 我们与命运拼争，
> 就像玉米束子反抗镰刀。
>
> ——《唐·璜》

莎士比亚对此也曾有这样的看法：

命运，显示您的威力吧：

我们并不是自己的主宰，

命中注定的就必然发生，

那就让它发生吧！

——《第十二夜》第1幕结尾

古人通常把命运看作某种隐藏于整体事物当中的必然性，而这种内在的必然性既不理会我们的意志和请求，也不会考虑到我们自身的罪孽或功德；它只管去指引人类的事务，并且，会通过一种隐秘的关联，将那些从表面上看来彼此并没有任何关联的事情，根据命运的不同需要各自牵引在了一起。如此乍一眼看上去，这些事情只是很偶然地走在了一块，但从更高一层意义上讲，这都是由某种必然性所导致的。也正因为如此，通过神谕、占卜和睡梦等其他方式去预知将要发生的事情也会成为可能了。

只要是由上帝绝非定的命运一定是某种被基督化了的命运，也就是要把命运变成上帝为这个世界争取最大益处的旨意。

我自己认为，悲剧里面合唱的美学目的首先就在于：被暴风骤雨般的强烈激情所震撼的剧中角色，最好在他们对事情表达看法的时候，也能让观众听一听那些旁观者冷静的见解；其次，剧中由剧情逐步且具体地展现出来的基本道德教训，也能让合唱在同一时间内以一种抽象的、因而也就是比较简短的方式表达出来。就跟音乐中的低音一样，合唱队就是以这一方式来发挥作用的：在后者的持续伴奏下，我们也就能够听闻那演奏当中的每一单个和音里面的基本音声。

就如地球泥石层里的化石模型给我们展示遥远太古时代的生物形体——这种古生物化石模型历经了无数的千百万年，现今仍保留着自身那些昙花一现的生物痕迹；同样，在古代的喜剧里面，古人又给我们留下了能够真实体现他们欢愉生活以及活动的永久记录。这些清晰而又精确的记录就好像是古人的真正目的，就是要为一种美好、高贵的生活立此存照，用以留传给后世的绵延子孙——匆匆即逝的生活本质的确是令他们不由地扼腕叹息。现在，如果我们给那些躯壳、骨架重新注入血肉，将柏拉图与泰伦提乌斯的剧作再次搬上舞台，那么，逝去已久的美好生活又将生动鲜活地再次呈现在我们的眼前，与古代所留下来的镶嵌地砖一样，经过清水冲洗之后，就会把其本来的色彩重现出来。

发自和刻画了德国民族真实本质以及精神的唯一真正喜剧,除《米娜·冯·巴恩海姆》之外，就是伊夫兰的剧作了。就如这些戏剧所忠实表现出来的民族优点一样，整个戏剧作品的优点并不是在思想智力的层面，而更多的是在道德层面，但我们却可以说，法国和英国的喜剧情形则正好是与此相反的。

我们说德国人所拥有的独创性是绝无仅有的，一旦他们的独创性确实表现出来，那么我们就不应该再像席勒和施莱格尔那样，用那些每行必须四个重音的双行押韵诗律去干涉、指责他们的创作。我不得不说席勒和施莱格尔在对待伊夫兰的问题上是有失公正的，他们甚至对待考茨布，也做得很过分。同样，人们现在在对待罗巴克的态度上也不是很公平的，但人们对由那些蹩脚的粗制滥造者所炮制出来的闹剧，却给予了高度的赞许。

总体而言，戏剧——作为真实反映人类生存、生活的一面最完美的镜子——根据它对人类生存的真切认识，因而在其目的和意图方面，可以被划分为三个等级。第一级，同时也是我们最常见的一级，戏剧只会停留在最纯粹有趣的那个层面；剧中的人物在追逐同我们相似目标的过程中，唤起了我们心底的那份同情。情节是通过剧中人物所耍弄的诡计以及他们的性格和各种机缘巧合而铺展开来的；插科打诨及妙语警句之类则都只是作为这一类戏剧的调料来用。第二等级的戏剧会变得很令人感伤；它们刺激起了我们对剧中主人公，同时也是对我们自身的怜悯和同情。剧情变得哀伤、感人，但到结尾的时候，它们会使观众回复平静、得到满足。而最高一级以及难度最大的戏剧则旨在营造一种令人感伤似的悲剧意味：生存中的深重苦痛和磨难真实地展现在我们的眼前，而所有人为的努力与奋斗都将化为虚无——这就是我们最后得出的结论。我们被剧情深深地震动了；我们的内心受到了极大的鼓舞，求生欲念开始回转头来拒绝生命——这是悲剧中所回荡着的一种直接的或者是背景的和音。

当然，我并不是把所有的戏剧都考虑在内，比如那些带有政治倾向的戏剧。它们只会向那些媚人的大众暗递秋波，迎合他们那点心血来潮的趣味。这些都是我们当代文人比较喜爱的批量产品。类似于这些剧本很快——通常是在第二年——就会被人扔到一边，就如那些已经过时了的日历一样。不过，仅这一点是不会让我们那些写作匠烦心的，因为在他们对文艺女神的呼喊中就已经包含了这样的一个恳求："今天就赐给我们每一天的口粮吧！"

人们都说所有的开局都是有一定困难的，但是在戏剧艺术里面，与此相反的说法才是最准确的：所有的结局都是很困难的。关于这一点，我们可以从那些数不胜数的戏剧作品中得到证明：这些剧的前半部分可以说还是相当不错的，在此之后，戏剧的发展就开始变得模模糊糊、淤塞不畅、摇摆不定，尤其是到了那声名狼藉的第四幕；到了剧的最后，不是搞出一个牵强附会、难合人意的结局，就是结局被观众早先就预料到了；或者，直接就像《爱弥尼亚·加洛蒂》那个剧本那样，最后弄来一个令人倒胃的结尾，让观众们扫兴而归。结尾的构思如此困难，其中最大的一个原因就是把事情弄混乱总要比把事情理出头绪来容易得多。同时，也存在这方面的原因：戏剧在刚开始时，我们交给作者的只是一张白纸，接下来就需要他去自由发挥了；到结尾时，我们却对剧情有了具体的要求：要不是皆大欢喜地结束，要不就是悲惨凄凉地收场。而人事的发展并不会随意向某一个确定的方向走去。一个好的结局应该是自然而然、理所当然的，它容不得半点牵强附会；而且，至于怎么去收尾也不能让观众预先就轻易地察觉到。同样，史诗和爱情传奇也是如此。只是由于戏剧所具有的紧凑特性，所以结局的问题才会显得非常突出，因为创作结局的难度已经加大了。

卢克莱修所谓"无中只能生无"的说法，同样适用于优美的艺术。优秀的画家在创作历史图画的时候，通常会以现实中存在的人作为模特，绘画中的人物头像也同样取自生活中的那些真实面孔。画家依据这些真实原型的美和特征又使之变得理念化。我相信那些优秀的小说家与他们所做是一样的：他们在现实中所认识的人物变成了他们小说中虚构的人物原型，然后，作家再根据自己的意图将这些原型化作理念和补充完整。

小说家的任务并不在于叙述惊天动地的重大事件，而是把那些微不足道的小事情处理得引人入胜。

如果一部小说在刻画内心生活处所用笔墨太多，表现的外在生活越少，那么这部小说的本质也就会越加高贵。这个比例被视为识别小说等级的典型性标志，它适用于各个不同级别的小说，自《特里斯坦·桑迪》开始，一直到粗糙无比、充满奇情与动作的骑士故事和大盗传奇。的确没有太多情节的《特里斯坦·桑迪》与《新爱洛依丝》，以及《威廉·迈斯特》里面的外在事件屈指可数。甚至连《堂吉诃德》里面所叙述的行动事件也相对不是很多，而且，那些还全是些毫不起眼和极具滑稽意味的事情。这四部小说可以称得上是它们类别中的最突出者。我们再拿起约翰·保罗的奇妙小说看看：就在那一点点的外在生活的基础上，所展现出来的内心生活却是那么的丰富。甚至就连华尔特·司各特的小说中，内心生活同样也是很明显地压倒了外在的生活，而后者的出现也总是以带动前者为目的。但在那些低档小说里面，对外在事件的描述，就是为了这些事件的缘故。所谓艺术就在于用尽量少的外在事件，去激发剧烈的内心活动，因为我们真正的兴趣所在就在于那些内在的东西。

我可以很坦率地承认：《神曲》所享有的巨大盛名在我看来是有点夸大了，其中的原因主要在于《神曲》中的基本思想太过荒谬；其结果就是到了《地狱篇》，它立刻展现在我们眼前的就是基督教神话中最令人反感的一面。作品风格以及隐喻的晦涩难懂也是其中的原因之一：

> 傻瓜最喜欢也最赞叹
> 别人用花哨的语言和刁钻、古怪的字眼
> 向他们讲述的东西。

——卢克莱修

尽管如此，《神曲》中简洁且几近精炼的风格以及表达的力度，更为重要的是，但丁自身所拥有的那无与伦比的想象力——这些都着实令人惊叹。正因为如此，但丁就使他所描绘的那些并不具可能性的事情带上了某种具体的、可见的真实性，也就是相当于睡梦中的那种真实性：这是因为那些事情是但丁自身不可能经历过的，所以，看起来这些东西他肯定是在梦中见到过了，以致于能够用如此清楚、精确和生动的笔墨把它描绘出来。否则，我们怎么解释：在第十一节的最后，维吉尔详细描述了破晓时分、星星逐渐下沉的情景，但他却忘记了自己那时侯正在地底下的地狱中，而只有到了最后——这主要部分的结尾处，他才终于"从里面出来，又重新看到了星辰"（《地狱篇》）。在第二十节的末尾，我们再次看到了同样的错误。难道我们此时可以认为维吉尔正揣着怀表，所以，他知道这时候发生在天上的事情吗？依我的看法，这个由记性所导致的笔误，其糟糕程度和塞万提斯那闻名于世的关于桑丘·潘莎的驴子的笔误相比，只能说是有过之而无不及。

　　但丁所创作的这一作品，其题目应该说是相当准确、独特，而且勿庸质疑它是含有讽刺意味的。喜剧，是吗！就这样的上帝来说，这个世界确实就是一出喜剧：在最后的一幕里，这个上帝报复欲望的永无厌足以及折磨方式的匠心独运，使他从那些对生命忍受没完没了、漫无目的的痛苦情景中获得幸灾乐祸的快感。这些生命都是由上帝自己在百无聊赖中，漫不经心地创造出来的；那些生命只是因为自身的发展违反了上帝的旨意，而且，在他短短的一生中做出并相信了一些不能令上帝高兴的东西。除此之外，同上帝的那些闻所未闻的残忍手段相比，所有在《地狱篇》中遭受如此惩罚的罪行都微不足道。的确，我们在《地狱篇》中所遇到的所有魔鬼与上帝本人相比，其凶恶程度要逊色很多，这是因为那些魔鬼依仗上帝的权威行事，自然也是秉承上帝的旨意。所以，把宙斯笼统地与上帝视为一体并不能够得到他的感激，在诗中奇怪地出现了几处这样的情形（例如第14节的70行）。其实，在《炼狱篇》里面，诸如此类的描写几乎已经到了非常可笑的地步（第6节的118行"尊贵的朱庇特，他为了我们能够在地球上生存，竟然被残忍地钉上了十字架"）。对于这一点宙斯究竟会说些什么？"天哪，真是够惨的！"最让人感到恶心的是维吉尔、但丁和每一位服从上帝命令的人所表露出的卑颜奴性，以及在接领上帝圣旨时所表现的那种战战兢兢和毕恭毕敬。但丁在他引以为荣的一个例子中，把他本人那种卑劣的奴性心理发挥得淋漓尽致，甚至丧失了自己的荣誉、良心。也就是说，荣誉和良心一旦与上帝的残忍旨意有了抵触，那么它们将不再起到任何作用。为了获得一份口供、证词，他郑重而严肃地对那些遭受其精心设计、惨不忍睹的酷刑折磨的受苦者许下承诺：给他一小滴水用以缓解其痛苦。可怜的受刑人在兑现了被强加于身上的条件之后，但丁却完全不顾及自己的荣誉和良心，赤裸裸且不知羞耻地违反了自己所许下的诺言以"赞颂上帝的荣耀"。因为但丁自己认为要缓解上帝所施予的痛苦——哪怕就是一点点也是绝对不允许的；尽管这种缓解在这里只不过是揩去一滴已经冷凝了的泪水，尽管上帝也并没有明确地禁止过他这么做。所以，不论在此之前的一刻里他是如何信誓旦旦地做出承诺，他都是不会兑现的。如果在天上，也许这些行为可能都已经是值得称道的家常便饭了，但是在人间，如果谁做出了这样的行为，那他无疑就是一个恶棍、无赖。另外，这个例子让我们清楚地明白，道德一旦除了拥有上帝的意志以外，没有任何的其他基础，那将是一件多么糟糕、尴尬的事情：因为如果把好与坏弄得混淆不清，其速度之快就如电磁铁的正负两极被弄颠倒一样。但丁的整部《地狱篇》事实上就是对残忍的称颂和赞美；在文中的倒数第 2 节中，寡鲜廉耻和良心殆尽也以上面所提过的那种方式被大大地加颂了一番。

> 我会大胆无畏地说出
> 通行天下的真理。
>
> ——歌德

另外，对于那些被创造者来说，这一切无非就是一个永无尽头的神圣悲剧。尽管这部作品的序曲也有个别令人感到有趣和愉快的地方，但是较之那没完没了的悲惨部分，这些地方就会显得少之又少。我们不由地会认为：其实在但丁的内心深处，也对这一整洁的世界秩序抱有讽刺和挖苦的态度，不然，那些令人倒胃的荒谬之处以及持续不断的行刑场面是不会就这样被津津有味地描画出来，如果没有一种古怪的趣味那绝对是不行的。

我之所以一直钟爱彼特拉克，把他视为意大利诗人当中最首屈一指的。因为诗中所流露出的真挚感情，以及其直截了当的表达方式都深得我心，在这个世界上没有人能够出其右。因此，他的十四行诗，以及凯旋诗和押韵歌谣深得我的喜爱，远远要甚于对阿里奥斯图的离奇胡闹的作品和但丁诗作中所描画的那些令人毛骨悚然的丑陋面孔。而彼特拉克那直接发自内心的、行云流水般的语言，与但丁过分讲究、甚至是矫揉造作的贫乏语汇相比，其诉说方式也是别具一格。彼特拉克一直以来是我最心仪的诗人，不仅是过去和现在，而且永远都是。"当代今天"这个至为出色、卓绝的时代，有人竟敢用贬损的口吻去谈论彼特拉克，这只不过是更有力地证实了我一直以来对彼特拉克的判断而已。针对这条多余的证明，我们可以去深入地比较一下，举个例子，同样是身着便装的但丁与彼特拉克——我是说，把他们所写的散文都放到一起去加以比较：彼特拉克优美且饱含思想、真理的《论孤独的生活》和《承受好运、厄运的方法》等作品，以及他的书信，与但丁那些谈论经院哲学的干巴乏味、繁复冗长的文字。最后，据我看来塔索并不配被列为继三位伟大意大利诗人之后的第四。我只有把希望寄托于我们这些后代人了，但愿他们是公正的吧，即使作为同时代人的我们也是不可能做到这一点的。

在荷马的作品中，用以形容事物的不是与当时正在发生的事情相关或相类似的词语，而是一些与之完全和绝对贴切的属性词。其中就有许多诸如此类的例子，如：大地永远被我们称作是万物的生命滋养者，天空是最宽广无际的，大海却是葡萄酒一样的昏暗。这就是荷马的作品，就这样绝无仅有地把事物的客观性形象地表现了出来。荷马就如大自然一样，他并没有因那些人为的事件及情绪触动影响自己所看到的东西。不论他的人物是高兴，还是悲恸，大自然都会不为所动地继续它前进的步伐。相比之下，在大多数的作品中，整个自然的喜怒哀乐会随着主观的人的情绪变化而变化，而荷马却不是这样。

在我们所处的这个时代中，歌德应该是诗人中最客观的一位，而拜伦则是最主观的。拜伦的作品总是以自己作为叙述的对象，甚至是在最客观的一类诗歌当中，例如，史诗和诗剧，情况也是一样。

我们可以把歌德与约翰·保罗之比，自然地想象成正极与负极之比一样。

在威尼斯艺术学院里，画在亚麻布上的那些湿壁画中有这样的一幅图画：神灵们端坐于云端里的金桌、金椅上；下面则是被羞辱了一通的客人们——他们被投进了漫漫无尽的黑夜深处。歌德第一次到意大利在写作《伊菲格尼亚》时，一定看到过这幅图画。

阿普莱伊斯所写的一个故事讲述的是一个寡妇觉得看到了在狩猎时被人谋杀了的丈夫。本故事与《哈姆莱特》的故事特别相似。

在此，我想把我对莎士比亚的这一巨著中关于某处地方的猜想写出来。当然，我的这一猜想可谓相当大胆，但还是写出来供读者评判。在"生存还是毁灭"的这段著名独白里，有这样一句话："When we have shuffled off this mortal coil"，一直被人视为模糊语句，简直不可理解，并且又从未得到过真正意义上透彻的解释。至于原文中的动词短语到底会不会是"shuttled off"（梭织）呢？"shuttle"已经不被作为动词使用了，"shuttle"的解释则为织布用的梭子。因此，句子就有可能被理解为"当我们飞速梭织完这一卷可朽的线"，小小的笔误在所难免。

说起历史，我总是会想到与之对立的文学。比如，历史学之于时间就相当于地理学之于空间。后者与前者一样，都不能算是本来意义上的科学，这是由于两者的课题都只是个别的事物，并非普遍真理。关于这一点，我建议大家去阅读一下《意志和表象的世界》中《论历史》的部分。历史一直都是这种人的喜爱科目：他们想了解点事情，但又不肯付出掌握一门真正的科学所具备的脑力劳动。今非昔比，历史更加流行开来：每年出笼的不计其数的历史题材的书籍可以为此印证。谁要是和我那样，在所有的历史中都能不自觉地看到同一样的东西，正如于万花筒的每次转动中，我们看到的只不过是换了个花样的同样东西，那么他是不会加入到这种狂热的兴趣之中的，虽然说我并不反对人们的这种狂热。唯一荒唐可笑的事情就是很多人想让历史成为哲学的一部分，甚至把它变成是哲学本身；他们错误地以为历史能够代替哲学。在各个不同时代，大众对历史往往都是情有独钟。要想了解这其中缘由，我们可以观察观察人们日常的社会交谈。一般来说，这种交谈不外乎是某一个人讲述某件事情，另一个人则叙述这同一件事情的另一版本。在这种情形之下，每个人就都可以同样引人注目。这类社交谈话和历史研究是一个道理，人们的头脑关注的只是个别的事情。正如科学探索那样，在进行高贵的交谈时，人们的思想可以提升至普遍事物的原理。然而，这并不能说，我们可以就此剥夺历史的价值。人类生命是何其短暂和仓促，它被分布于百万个个体生命之中。后者则成群结队地一头扎进被称为"遗忘"的巨兽那张永远张大着的、等待它们自投罗网的大嘴洞里。这样，把那些将要被吞噬事物的一鳞半爪抢救脱险，留下对最重要且最有趣的事物、主要事件以及人物等的纪念，使它们不至于荡然无存，实是一件值得快然称道的事情。

从另一层上讲，我们也可以把历史学看作是动物学的延续，不过对于全体动物而言，我们只考虑它们的种类足矣；至于我们人类，由于人类具有个体的特性，于是，我们就有必要了解单个人和个别事件，后者引出前者。历史本质上的缺陷也就立刻由此暴露出来了，因为单个的人和个别的事是数不胜数、永无止境的。在研究了历史上的这些单个的人和个别的事之后，我们便会知道：我们需要了解的事物总量并不会因我们已经了解了的而有所减少。对于其他严格意义上的科学来讲，我们有可能完全掌握其中一门。

历史从始至终除了讲述战争以外，再无其他。而战争也是最古老而又最具现代感的雕塑作品的主题。一切战争的根源不外乎都是偷窃的欲望罢了。伏尔泰说得很对："一切战争不外乎偷窃而已。"因此，对于一个国家而言，其一旦有了多余的力量，就会扑向其他国家，奴役其他的民族；这样，它就可以不劳而获，把他人的劳动成果为我所用，不管这些成果是现实存在的，抑或将来才会产生的。这为世界历史以及英雄伟业提供了素材。特别是在法语辞典中，艺术与文学的名声应被收录于"gloire"的词条下面，而在"gloire militaire"一词的下面，应该写上"voyez butin"才对。

但是，对于印度人和埃及人——两个宗教意识很浓的民族在有了多余的力量时，似乎通常都没把这多余的力量用在掠夺性的战争与英雄业绩上面，而是用来建造那些足以抵御长时间侵蚀的建筑物——这些使后人保有对他们丰功伟绩之肃然起敬的怀念。

历史中除了上述的根本缺陷之外，还有这样一个不可回避的事实：历史女神克利奥周身上下都被谎言与假话感染了，当代的历史考证的确在尽力医治这一历史疾患，但以它局部的治疗也只能防止个别症状的产生；再者，许多滥竽充数的江湖郎中只会令病情更加严重。所有的历史大致上都是如此——当然，不包括《圣经》中记载的历史。我相信历史上记载的人物与事件和真实的人物与事件的相似程度，就仿佛是书籍首页的作者画像和作者本人的真实程度相仿，也就是说，这些画像仅在大致轮廓上与作者的模样相符，所以，它们与作者真人有着几分相似；这些画像经常因某一特征的出错而全然背离了真人的形象。甚至有的时候，画像和真人没有丝毫的相似之处。

报纸被认为是历史的秒针，但这一历史的秒针通常不但由更次一级质量的金属制成，而且它也是甚少准确的。报纸上所谓的头版新闻就是由时事串联成的戏剧里面的合唱。各种夸夸其谈是报纸报道的本质，正如夸张也同样是戏剧的本质，因为报纸必须靠炒作每一事件来为自己作宣传，尽量小题大做。所以，基于职业的原因，报纸写手往往都是危言耸听的高手；这是他们提高注目率的手段。正因如此，他们就像那些一有任何风吹草动便狂吠一番的小狗。因此，我们必须克制自己，不要太过于留意它们的大呼小叫，免得影响我们自己的消化。还有，我们应该清楚：报纸通常只是一副放大镜而已，即使是在最好的情形下也不过如此，因为那通常只是投映在墙上的手影游戏罢了。

在欧洲，有一种奇特的能够伴随历史岁月演变的显示器：通过利用它直观的显示方式，我们一眼就可以辨认出每个不同的年代；它控制于衣服裁缝的手中（例如，1856 年在法兰克福展出的一幅据称是莫扎特青年时期的肖像画。我一眼就辨认出这幅画不是真品，因为莫扎特所穿的是比他们那时候早了 20 年的衣服）。只不过于现在这个年代而言，这种历史显示器方失去其作用，因为我们身处的时代甚至没有足够的创造力发明一件符合自己时代款式的衣服。这个时代更仿佛是一个化装舞会：每个人身上穿着的都是很久以前人们就置之不理的衣服，他们仿佛是弄错了自己生活年代的人。然而在这之前的那些年代，人们起码还有足够的头脑与创造力发明了燕尾服呢。

仔细考察一番过后，我们就可以了解到事情的过程：正如每个人都有一副自己的面相——我们可以据此来暂时判断这个人的为人——当然，每个时代都有其毫不逊色的外貌特征；之所以这样是由于每个特定时代的精神风貌就像是一股强劲的东风吹遍世间万物。我们在人们的所想、所做，或者所写里面，在音乐、绘画以及某种风行的艺术当中都可发现那些时代精神的痕迹。它们把自己的印记烙在每件事物上面。例如，我们只见词语但难追踪深意的年代，也有仅存音乐而无旋律、只有形状而无目的的时期。修道院建筑起的厚围墙最多只是顶住了这股东风的猛烈吹袭，如果这股东风没有把这些厚围墙吹倒的话。因此可以说，一个时代的精神也同样形之于外；而这个时代的建筑样式与风格则永远是这一时代精神的基本低音。不同的饰物、家具、用具、器皿等，甚至人们穿着的衣物，所理发型以及修剪胡子的方式都会受到时代精神的影响。就像我原来说过的，由于人们在所有这些方面创意的不足，当今时代被打上了缺乏个性的印记。不过，最可悲的事情却是它居然把粗野、愚蠢、无知的中世纪选作它模仿的范本，例如法国法兰西斯一世时期，就连路易十四时期也偶尔成了被参照的对象。当今时代的外在体现——它被保留在图画和建筑物之中——到了将来的某一天会给后代人留下何种印象啊！那些唯利是图、以取悦大众为宗旨的人画龙点睛地称这一时代为铿锵悦耳的"当代今天"；这一切就好像连绵的曾经全为了当代今天的到来而铺路搭桥、精心准备，现在终于可以功德圆满了。

这个时代普遍缺乏审美趣味，这一点还反映在人们为纪念伟人而专门竖立的纪念雕像上面。这些雕塑人物往往都身着现代人所穿的衣服。塑像纪念的是存在于理念之中、非现实的个人，一个具备了这样或者那样素质的人，人们心目中的一个如此这般的英雄，一个创作了著名作品或者做出了种种事迹的人物，而非纪念一个曾经在这世上四处流浪，背负着与我们的本性关系密切的缺点与弱点的凡夫俗子。正如后面这些不值一提的东西，我们同样也不应该炫耀他所穿过的上衣、裤子。一个理念性的人物应该显示出人的形态，以古代人的方式着装，即半裸着身体。因为只有这样的处理方式才符合雕塑的基本原则，雕塑依靠的是纯粹的形式，所以，它必须完整，没有弯曲和变形的形体。

既然谈到塑像的话题，那我还想一并指出：把塑像放置于十到二十英尺高的基座上，显然缺乏美感，甚至是十分荒谬的行为，因为如果这样做，人们便无法清晰地看到这一塑像的全貌，尤其是这种塑像一般都会因青铜做成而呈现出深黑色。如果我们从远处观赏，便无法看清这一塑像；如果离这一塑像太近的话，那它又高高在上，蓝天于是成了它的背景，并且太阳光会刺到人的眼睛。在意大利的诸城市，特别是罗马和佛罗伦萨，当我们置身于广场和街道时，可以见到大量的塑像，其底座一般都比较低，这样，人们就能够清晰地观赏到它们了。还有就是罗马蒙地·卡瓦罗的巨型塑像，那里塑像的底座也很低。因此通过这些我们可以看出意大利人所表现出来的良好的审美趣味。而德国人则喜欢用一个刻有浮雕高大的糕点甜食架子去展示英雄人物的形象。

在讨论美学一章的结尾之处，我想谈谈波阿色莱藏画（在慕尼黑）的老莱茵河低地画派的作品。

在欣赏一件真正的艺术品之前，我们未必真的需要事先介绍一下艺术史，然而对于我们于此所谈及的画作，情况可就非同一般了。我们起码只有在欣赏过范·艾克之前的油画后，才能准确地评估范·艾克作品的价值。亦即在范·艾克时代之前，油画的风格、趣味来自拜占庭，所以会采用胶画颜料和选取金的底色；画中人物僵直而生硬，既无生气，又无动感，并且，头上都罩着带有圣者名字的一大圈神圣光环。范·艾克是一个真正的天才，他向往自然，在油画中添加了背景，赋予画中人物以颇具动感的姿势、动作和构图。人物脸上流露出真情实感，服饰的皱褶也得以精确描画。另外，范·艾克采用了透视技法，在技法的运用方面大致达到了可谓完美的程度。他的一部分后继者，如舒利尔和亨林（或者梅姆灵），继承了他的衣钵；其他后继者则重拾以前的荒谬处理技法，甚至就连他本人也不得不屈从于教会的意见，保留部分这样的表现手法。例如，他仍然得画上巨大的光环和耀眼的光线，但我们亦可看到他已尽量摒弃了不少陋习。范·艾克一直在与他所处时代的精神做着不屈不挠的斗争，舒利尔、亨林也是如此。因此，对他们的评判要考虑到他们自身处的时代。他们画作的题材通常都是空洞乏味、愚蠢荒谬的，并且无一例外的都是陈腐、老套且与宗教有关的事情，例如，"垂死的玛丽"、"三个国王"、"描画童贞女玛丽的圣卢克"、"圣克利斯朵夫"等，这些都与他们身处的时代有着密切的关联。同时，他们所画的人物几乎很少有一种纯粹的、自由的人的外表和态度；他们大都做着教士的手势与动作，即拘束、造作、死板、卑躬屈膝，和乞丐的举止动作相比较，简直就是别无二致——这些同样也是他们的时代酿成的过错。此外，这些画家其实并不了解古人的作品。所以，他们所描画的人物很少长有一副美丽的面孔，大多数时候，这些人物的相貌都是极其丑陋的；也没有优美的四肢可言。虽然线条透视大部分都是正确的，但对于空中透视来说，还尚有阙如。基于自己对大自然的了解，他们把大自然当作是所要描绘的事物的范本。人物的面目表情是生动和诚实的，但就此便不曾透露出更多其他东西；他们所画的圣人，每个人的脸上是没有丝毫的发自真正神圣性的庄严与超凡脱俗的情态——而这也只有意大利人才能够画得出来，特别是拉斐尔和柯列吉奥的早期画作，这种情况得以充分体现。

因此，我们可以针对这一节讨论的油画作品做出如下客观评价：这些作品在表达现实的事物——头部、长袍及其他素材方面在大多情况下获得了完美技巧所能达到的效果——在这一方面，画家几乎能与在很长时间以后的17世纪出现的那些真正的荷兰画派所获得的成就相媲美。但在另一方面，至为高贵的表情、名副其实的优雅和达到极致的美对于他们来说，又是陌生的。正因为这些东西才是艺术的真正目的，技法只不过是手段而已，所以，这些作品称不上第一流的艺术品。实际上，欣赏这些作品是要具备一定条件的，首先，我们必须弥补上述列举的缺陷，还有就是言之无物的题材和那些千篇一律的宗教动作，并把这些归咎于他们所处的时代。

此画派的主要贡献：它是由范·艾克和其最优秀的学生做出的——在于他们对现实世界的生动逼真的摹写，而这得益于画家对大自然的细致入微的观察与在描绘方面的勤勉、刻苦；还有就是颜色的生动、鲜明——这就是这一画派特有的与众不同之处。在这些作品的前前后后，还没有哪些油画使用这样鲜艳夺目的色彩，以致于这些色彩的能量被发挥到了极致。所以，即使在历经四百余年之后，这些画作看上去似乎依然只是于昨天完成。假如拉斐尔和柯列吉奥懂得这些颜色的奥秘所在，那该有多好啊！不过，这便正是这一画派的秘密，但已经失传了。所以我们应该对这些画作采取化学分析方法。

文学的美

　　我认为文学最简单且最正确的定义应该是："利用词句使想象力活动起来的艺术。"维兰德（德国文学家）在给梅尔克的一段信函中，足以证实此定义的精确性。他说："仅仅是文中的一小段文字就花了我两天半的时间，原因只为没能找出一个合适的词汇，一天到晚脑海里总在这方面思索。这自然是因为我希望就像一幅绘画那样，把我眼前浮现的确切视像，原模原样地搬到读者面前。还有，正如你所知道的，在绘画中，即使一笔一画，光线的明暗，甚至一个小小的反射光都是至关重要的。"文学中描绘的材料，由于读者的丰富想象力而带来了某种方便，即这些经过精密加工和有着细腻笔触的文学作品，并且达到适合于某人的个性、知识和情绪的时候，自然就会激发他的想象力（相同的诗歌或小说，因为读者个性或其他的不同而使感触大异其趣）。但造型艺术（例如绘画、雕刻、建筑等）却没有这种方便。它必须凭借一个形象或一个姿态来满足所有人。在这些形体之中，往往用不同的手法，主观地或偶然地附带上某位艺术家或模特儿的个性烙印。当然，这些附带物越少则越具客观性，也就越能显示这个艺术家的天赋——所以，文学作品比绘画、雕像等更具强烈、深刻和普遍的效果，以上这些，可谓是重要原因之一。通常情况下，一般人对于绘画、雕刻等的反应甚为冷淡，因此造成了造型艺术所产生出的效果也甚为微弱。奇怪的是，一些大画家的作品往往会在隐僻的场所出现或为私人所收藏，这不是为了故意地隐藏或当作珍品藏诸名山，而是由于一向不为众人重视所致，也就是说，这些东西从来都不曾显示出它的任何效果，只是偶然间被人发现而已。从这个事实中我们不难看出造型艺术的效果竟是如此微弱。1823 年我在意大利佛罗伦萨的时候，发现了拉斐尔的一幅"圣母的画像"，那么多年来那幅画一直都挂在宫廷婢仆家房间的墙壁上，这件事竟然发生在素有"艺术王国"美称的意大利，能不令人慨叹吗？因此，这更可证明造型艺术很少有直接和突然的效果，并且也足以证明艺术的评价比其他所有作品都难，同时也需要多方面的培养和知识。相反，动人心弦的美丽旋律却能传遍全世界，优秀的文学也可为各国的国民争相传诵。富豪显贵为造型艺术提供最有力的支持，他们怀着对偶像的崇拜之心不但能出巨额资金购买名画，对于有名望的古代大家的名画，有时甚至不惜以放弃广大土地为代价。究其原因很明显，杰作愈稀罕，而持有者也愈值得夸耀。其次，还因为外行人欣赏艺术作品的时候，只需花很少时间和努力，一晃眼便可看出所画的东西是什么，因此，艺术品不受一般人的注意。它不像品味文学作品那样需要较繁琐的条件——音乐亦同。因此，没有造型艺术也不要紧。

文学的目的在于推动我们的想象力，为我们启示"观念"。换句话就是以一个例子来说明"人生和世界到底是怎么一回事"。所以，成为一名文学家的先绝非条件是首先要洞悉人生和世界。他的见解深刻与否，直接绝非定和影响着作品的深度。正如理解事物性质的深度和清晰程度一样，文学家也可以区分为很多等级。其中大部分文学家都以为他们已把自己所认识的事物非常正确地描写出来，令所塑造的形象和原物毫无二致了，从而便认为自己是卓越而伟大的作家；或者，他们在阅读大作家写的作品时，觉得他们的认识未必比自己多，甚至也不见得比自己高明多少，满以为自己同样也可挤入名家之列。这就是他们的目光永远不能长远的原因。一流的文学家能知道其他人的见解是多么浅薄，也能知晓别人所看不到、描写不出来的那些东西，甚至更知道自己的眼光和描述中的哪些地方比别人进步。当然，他知道自己是一流的文学家，所以那些浅薄的人们是不会真正了解他们的。故之，真天才和大作家们往往要陷入一段长期的绝望生活。因为能真实地评价一流作家的人，他们本身已不平凡，这种知音实在太难得了。而平庸的文人往往不尊重他们，正如他也不会尊重平庸文人一样，因此，在未得到世人的赞许之前，只好长久处于孤芳自赏、自我陶醉的状态。然而，人们又要求他们应该谦虚，连自我称赞都受到指责，因此，知道自己的优点和价值的人和那些对世事一无所知的人，无论怎样总是谈不到一起。伟大就是伟大，不平凡就是不平凡，实毋须谦逊，如果从塔的基底量起，往上至塔尖足三百英尺的话，那么从塔尖往下再至基底也应该足三百英尺，不会缺少一丝一毫。古代的名家如卢克莱修、贺拉斯、奥维德等从不妄自菲薄，都说得很有自信。近期的如但丁、莎士比亚及许多其他著名作家，也莫不如此。一名作家不了解自己的伟大所在，又怎能产生优秀的作品？天下绝无此理。那些谦称的无价值的作家，只是绝望的无能力者用以自我安慰的歪理罢了。某英国人说过一句话，乍听来似乎有点滑稽，但却不无道理，他说："merit（真价）和 modesty（谦逊），除第一个字母相同以外，再无共同之点。"所以，我不禁常常怀疑，大家要求谦逊的这种想法是否正确。柯尔纽说得更直接："虚伪的谦逊，不能寄予它太多的信任。我深知自己的价值所在，别人也相信我所谈的事情。"歌德也不客气地说道："只有没用的奴辈才谦逊。"也可以说，口头上经常念叨："谦逊呐！一定要谦逊！"这些人才是真正无所作为的人，才是完全无价值的奴才，是人类之中愚民团的正牌会员。这是因为，只有存在自身价值的人才能了解他人的优劣所在。当然，我在这里所说的"价值"是指真正且有真实价值的事情。

我真希望全世界上的那些碌碌无为、没有任何专长的人完全消逝。这些人一接触到他人的目光，就好像置身拷问台一般，苍白或青黄色的嫉妒烈焰啃噬着他们的心灵。因此，他们想剿灭天资卓越的人，如果遗憾地不得不让他们生存下去，也会想方设法隐蔽或否定他们的专长，不，应该是说要他们放弃自己的专长。我们耳边之所以经常会响起对谦逊的赞辞，道理也就在此。谦逊的赞美者，一遇见具有某种真价值的东西，便马上利用机会，从而想尽办法使它窒息，或者遏制它不让世人知道，谁又会揣测到他们的居心呢？因为这正是对于他们理论的实习。

再说，文学家也像艺术家那样，虽随时随地为我们提示的是个别的事物或几个个体，但是他所认识的以及想要我们认识的是（柏拉图的）理念，是全体种族。因此，文学家所描绘的形象中表现的是人的性格以及境遇等的"原型"。描写故事的小说家和戏剧作家，就是从那些人生中提取的个别事物，精细地描写其个性特征，并由此给我们的人生以全面性的启示。其实，他们处理的事情，表面上是个别的东西，实际上却是无论何时何地都存在的事情。文学家——特别是戏剧家们编写的词句，不但可以当作具有普遍性的格言，在我们实际的生活中往往也很适用，其理由也就在于此。文学和哲学之间的关系，犹如经验和实验科学二者的关系一样。经验是通过个别的实例来表示现象，而科学则是以一般的概念统括全体的现象。同理，文学是通过个别的事物或实例来让我们知悉万物的（柏拉图的）观念。而哲学是教导我们从事物的内在本质去认识其全体性和普遍性。从这点来看，文学不但具有青年热情奔放的特质，同时还带有老年人持有的老成稳重的气氛。实际上，文学花朵的盛开绽放，亦唯有在青年时代；文学的感受力也是在此时屡屡获得激情。青年们大都喜好韵文（诗），有些人的那种狂热劲儿，简直就像是对待三餐那样，缺它不可。这种倾向会随着年龄的递增而逐渐降低，但一到老年则喜好散文。由于青年时期怀有的这种文学倾向，相对于现实的见解和抱负而言，很容易遭受毁灭，大概是因为文学和现实差距甚大，文学中的人生是其乐无穷的，是没有痛苦的。现实则刚好相反，即使生活中没有痛苦，也毫无乐趣；然而若一味地追求快乐，又没有不痛苦的道理。虽然青年们接近文学比接触现实来得早，但为了达到现实的要求，不得不将文学放弃。这就是最出众的青年常常为不愉快所压服的主因。

韵律和韵脚虽然是一种拘束物，然而它们也是诗人身体的一种"被覆"，穿上这一套"被覆"，说些其他人所不敢说出的心声也无妨，它令我们热爱的原因就在于此。诗人对自己所说的事情只负有一半的责任，其他一半则由韵律和韵脚分摊——其中的韵律只是旋律，它的本质在于时间，而时间本来就是纯粹的直观，所以，用康德的话来说，它只具有纯粹的感觉性。与之相反的，韵脚却是用感觉器官来感觉，它是属于经验的感觉性。所以旋律远比韵脚更具气质和品格，所以古希腊罗马人也因此而轻视韵脚。韵脚的起源，是来源于古代言语的颓废，以及言语的不完整性而产生。法国诗歌贫弱的主要原因，就是在于没有韵律单有韵脚，为了隐匿这种缺憾而以种种手段制造出许多玄虚而又不切实际的规则，使韵脚变得更加困难，由此也更加助长了内容贫弱的产生。例如，两个单词之间禁止母音重复，并且不准使用某些词汇等等，总而言之，可谓是花样繁多，不胜枚举。近来，法国的诗人们已在努力消除各方面的限制——我觉得世界上任何国家的语言都赶不上拉丁语所带给人的那种韵脚明快、有力的强烈印象，中世纪采用的韵脚拉丁诗更是具有特殊的魅力，这是由于拉丁文的词汇优美而又完全，是近代诸国语言所无法企及的，所以，韵脚这个装饰品，原本为大家轻蔑，唯独拉丁文附上它，方能显出其优雅之趣。

在若干句子之中再响起同一个音韵，或者把句子表现得如同旋律的拍子，强加上这类孩子气似的目的，不论对于思想还是表现手法而言，都会受到一层拘束，严格地说，这才是对于理性的一种反叛，但若不实行这些暴力，又不会产生出韵文来（即使偶尔有之，也不会太多），所以，在其他的语言中，散文远比韵文易于理解，假如我们能看到诗人的秘密工厂就不难发现：韵脚求思想比思想求韵脚的运用多出十倍以上。换言之，韵脚远在思想之前的场合居多，若思想在前又坚绝非不让步，就会难以处理了。但是考之韵文术则不会如此，它能够把所有的时代、民族都拉到自己的身旁。韵律和韵脚对于人心所起的作用很大，它们所特有的神秘诱惑手段效果也非常明显。我想其中的原因是高明的韵文表达思想运用的词汇，早已被预造出来，诗人不过只付"寻找"之劳而已。平淡无奇的内容配上韵律和韵脚，乍读起来好像也颇有一番意味深长的味道。就像相貌平平的少女利用化妆的手段，也颇能惹人侧目而视的。就像偏颇、错误的思想一旦写成韵文，也会觉得似乎有道理一样。从另一方面分析，即使是名家的诗句，若全部改成散文也会韵味大减。只有"真的"才是美的，若能把真理的最美丽的装饰拿掉，赤裸裸地将其表达出来才是最为可贵的。散文能表现出伟大而美丽的思想，所以比韵文的效果更具真价，道理即在于此。韵律和韵脚中那些琐碎的、那些小孩子幼稚的方法，能够产生如此强力的效果，实属令人意外，因此也极具研究的价值。依我的推测，它的原因大概是这样：原本听觉所直接感受的只是词句的音响，再付上旋律和韵律，就好像已成为一种音乐，所以，它本身已取得某种完整和意义，已经不是手段，不再只是指示事物的符号——即它不再是言语意义的符号，而是为了它自身的存在。此外，这个音响的唯一任务是"悦耳"，在完成此任务的同时，也满足了读的一切要求。因此这个音响所表达的思想，到现在就成了附加物，就像是音乐的歌曲配上的歌词一样。又像是从天而降的意外赠物，这里没有任何的请求或希望，所以很容易让我们欣然接受。这里若再有散文中所表现的思想价值，恐怕就更令我们着迷了。在我幼小时，常常只因为某诗的音韵很美，实际上对于它所蕴涵的意义和思想都还不甚了解，就这样凭借音韵硬是把它记下来。任何国家都少不了只有好的声韵却毫无意义的诗歌。例如研究中国文学的戴维斯，在他所翻译的《老年得子》（于 1817 年发行。剧中描写的是，没有子嗣的某位老人，为了得子而纳妾，虽然如愿以偿地生了男孩，但此间却发生了许多家庭风波）的序文中写到，中国的一部分戏曲是可以用来歌唱的韵文，还附带说："这些文句的意义通常是暧昧的，用中国人自己的说法来说，这些韵文的主要目的在于'悦耳'，要忽略其意义，并且经常为了保存谐韵而牺牲意义。"看了这段话，大家应该都会联想到希腊悲剧中的几乎谁都不明其意的"齐唱"。

真正的诗人，不论地位高级还是低级，他们的直接标志是韵脚自然，毫不勉强。这就是说，他们的韵脚仿若天成，自自然然地表现出来，他们的思想在头脑中成熟之后才去找韵脚，这才称得上是真正的诗人。那些真正的散文作家是为了思想而寻求韵脚，滥作家们则为了韵脚而搜索思想。通过阅读两首有韵脚的诗进而能够从中发现，何者以思想为主，何者以音韵为主。

我认为（在这里还不能证明），韵脚的性质是具有双对性的，只有重复一次同一的音韵才能产生效果，要是重复次数太多，根本不能增强它的效果。

所以，某个最后的音节如果用和它一样声响的音节作结尾，效果就相当于零，这个音如果必须被用三次不可，也只能是偶尔为之，因它虽已加入现存的韵脚之列，但其通常并不能产生强烈的印象。由此，第三个韵脚纯粹是美的累赘物，毫无用处。再者，这样的韵脚叠积法可不必作太大的牺牲。反之，对于一般人常用的规格，如意大利八句体（其开头六句是交互韵，末尾两句不拘）和十四行诗等所花费的工夫远比上述的叠积法多很多，就是因为诗人费了偌大的周折，但是却使读者如入迷阵，摸不到门路。享受读诗的乐趣，不是从头脑昏然转之时开始的。诚然，大诗人是能够克服这个形式的困难的，而且能示之以轻快优雅之趣，但只凭这一点事实，我们仍然没有推举这种形式的确凿理由，因为这些形式本身就极为烦琐并且没有效果。就连很有成就的诗人，在采用这些形式时，韵脚和思想之间也时常发生纠葛，有时韵脚取胜，有时思想占上风，也就是说，有时思想被韵脚所压抑而萎缩，或者，由于韵脚本身思想的贫弱而稍作退让。因此，莎士比亚在十四行诗的前四句中押上不同的韵，我想这不是无意的，而是为了凸显诗趣的优越。总之，莎士比亚诗歌的听觉效果并不因此而丝毫褪色。就内容来说，这种做法也不至于会有削足适履之感。

有些国家的许多词汇只宜于诗歌但不宜于散文，这对诗是不利的，相反，若是不宜于诗的词汇太多，结果亦相同。前者以拉丁文和意大利文情形为最多，后者则以法文为最。最近，法国把这种现象称之为"法兰西文的严谨"，说得的确很贴切。这两种现象英文较严重，而德文最少。那些专供诗用的词汇，距我们的心较远，它们不能直接诉诸精神，因而往往使我们的感情处在冷淡的状态中，它是诗歌的会话用语，是画里描绘的情感，它排除真实的情感。

近来，大家时常会讨论古典文学和浪漫文学之间的区别问题。我想它们之间的主要不同在于：前者纯粹为出自人性的、真实的，其动机是自然的；后者则反之，它是人为的、传统的、具有想象力的。此外，再加上从基督教而来的动机，还有骑士对于名誉的狂热幻想和滑稽可笑的女人崇拜，或梦痴似的超物质恋爱观等等皆掺于其中，就连浪漫派的代表作家的作品中也可以

169
—生活的美学

辨认出以上这些动机是如何古怪地歪曲人际关系和人类的天性的。例如，卡尔德隆就是其中之一，他的宗教戏《最坏的事情未必都是具有绝非定性的》或者《西班牙的最后绝非斗》两书以及几篇喜剧作品，它们都是很荒诞无稽的。再者，他们的会话也经常流露出 Schola 哲学的烦琐，这种烦琐却是属于当时上流阶层的精神修养。相反的，那些忠实于自然的古人作品，当然就比他们的更胜一筹了。并且，古典学派的文学具有绝对的真理性和正当性，浪漫的文学在这方面表现得很有限。例如，希腊建筑艺术和哥特式建筑（拱形建筑）之间的差异也是如此。但值得注意的是：所有的戏剧和叙事诗，若把其故事的发生地点放在古代的希腊或者罗马，由于我们对古代的知识（尤其是有关生活细节的）认识的不全面，且又不能通过直观认知，从而导致这些作品处于不利地位。因此，作家们对于许多事情避而不谈，而是以一般性的事情一笔带过来达到满足读者的需求，这样一来，他们的著作便往往陷于抽象化的境地，缺少了文学所必备的直观性和个性。所有这类作品，之所以带上了空虚或苦闷的特殊色彩，原因就在此。但这种东西一到莎士比亚手中便脱离上述缺点，因为他能果断地描写出古希腊以及罗马时代的英国人的生活。

多数的抒情诗杰作，尤其是贺拉斯的那两三篇颂歌（比如第 3 卷的第 2 首颂歌）或者歌德的那几首诗歌（比如说《牧羊者的叹息》），因其思想完全是跳跃的，没有正统的脉络，而被批评。事实上，他们是故意避开伦理的脉络，而代之的是诗中所表现的根本情感或情调的统一。这个统一就像一条把许多珍珠串联全体连贯起来的一条线，而且以此为媒介来使描写的对象迅速得以转变，更加清晰地表现出来，恰如音乐中的变调，正是由于第七谐音的介绍，令还在作响的基调变成新调的属和弦。

抒情诗里以主观要素为主宰，戏曲中是为客观要素所独霸。介于二者之间的则是叙事诗，它所占的幅度较广，在这，从故事性的角度谈诗，以至真的叙事诗，其中间还有很多形式和变形。另外，叙事诗写作主要在于客观要素，主观要素因时间的不同而有程度上的差异。总之，也要有主观方面的表现，所以它处在中间的位置。诗中应尽量把握机会，容纳主观，或利用诗中人物的独白，或利用叙述的过程等。所以，诗人也像戏剧家一样是不会完全把人物写丢的。

总之，戏曲的目的是通过一个实例来展现："人的本质和生存究竟是什么？"在这里所要表现的有令人悲伤的一面，也有愉快的一面，或者是二者兼而有之。话说回来，对于"人的本质和生存"这个问题，已经包含议论的种子，因为在戏曲之中，到底应该以本质（即性格）为主还是以生存（即事件或命运、行为等）为主？这一类型的问题，都会马上引起争论。此外，二者（生存和本质）只有在概念上才能加以分割，但在描写上它们紧紧地缠在一起，很难划清界限。因为只有凭借命运和事件等才能衬托或发挥人物的性格；并且也只有从人物的性格出发才能产生动作，由动作制造事件。当然，描写时可以侧重于某一方面使戏剧划分为"性格剧"和"故事剧"两类。

叙事诗和戏曲的共同目的在于以特殊境遇下的特殊性格（人物）为基础，描写出由此所引出的异常动作。此目的是诗人在平静的状态下最能完全达成的任务，唯其态度的平静所表现出的人物个性才能具有普遍性的色彩，才能找出一个动机，动机从而再产生出一个动作，最后由此动作产生出更加强烈的动机……如此循环往复，动作和动机愈来愈显著和激烈。于是，人物的个性和世态很清楚地同时展现开来。

伟大作家可以幻化出各种各样的角色、对话的描写，并且完全契合角色的身份及性格，一下子表现英雄激昂的陈词，一下子又变成纯真少女娇柔的口吻，刻画得栩栩如生，令人觉得如闻其声，如见其人，诸如莎士比亚、歌德等都属之。第二流作家的作品只能把自己化作书中的主角，拜伦便是。这种场合下，陪衬的角色往往只是没有生命的玩偶。等而下之的那些平庸作品就更不用谈了，即使是主角也没有生命。

喜爱悲剧的心理不属于美的感觉，那是恻隐之心的最高度的集中表现。当我们看到存在于自然之中的崇高时，为了采摘纯粹的直观态度而摆脱了意志的利害，我们所看到的悲剧结尾时的感触，实际上已经摆脱了"生存的意志"。悲剧中所展示的是人生的悲哀面，例如人类的悲惨际遇、迷误和偶然的支配、凶徒恶棍的凯歌、正人君子的没落等等，直接反对我们意志的世间万相，都摆在我们的眼前。回顾这些景象时，意志已经离开了我们的生活，取而代之的是憎恶、唾弃的心理。因此，似乎我们总觉得我们的心里边残存着某一种东西，但所残存的绝不会是积极的认识，而只能是消极的厌世之念。这种情况就像第七谐音随着基本谐音所产生的变调那样，或是红色掺上青色后所产生的另一种不同颜色，一切悲剧所带来的是要求完全不同的生存以及一个不同的世界。相对于这个世界的认识，大抵只是间接得到，即是因上述的要求而产生的。当看到悲剧结束时的刀阶刹那，我们必将会更明晰地醒悟和确信："原来人生竟是这样一场悲惨的梦！"对于这一点来说，悲剧的效果似是一种崇高的力量的存在，两者都能使我们超越意志摆脱利害，使感情发生变化。悲剧的事件无论采取何种形式来表现，为了令我的情绪高昂，都会被赋予特殊的跳跃。悲剧中之所以带有这种性质是因为它产生的"世界和人生并不能给予我们真正的满足，也没有令我们沉醉的价值"的认识。因此，不仅悲剧的精神在于此，而且它还引导我们走向了"绝望"。

我也承认古希腊罗马的悲剧中，极少直接以动作表现或者以口头表达这种绝望的信念。《科罗那之伊狄博王》中的主要人物，他虽能想得开而欣然接受死亡，但仍然借着能为祖国的复仇之念来慰藉自己。在《陶利斯的伊斐吉尼亚》中，其最初本是尽量逃避"死亡"，但为了希腊全土的幸福心甘情愿地受死。希腊伟大的剧作家埃斯库罗斯（古希腊三大悲剧作家之一）在《亚加曼农》一剧中所写的加桑多拉虽然也是自愿赴死，她还说："我的人生已经很满足了！"但仍有复仇的念头来慰藉她。《德拉奇斯之妇人》（索福克勒斯所著）的书中，赫拉克列斯虽是为时势所屈服而慷慨就义，但那也不是到了绝望的心态。欧里庇得斯的《喜波利塔》也同样如此，为了安慰他而现身的女神阿特米斯向他保证说："死后一定替你盖庙堂和保证你身后的名誉。"但并不是指示他超脱人生的存在，所以也像所有的神灵遗弃临死的人一样，这位女神最后也弃他而去——基督教的天使会出现在临死的人身边，婆罗门和佛教中也有这样的说法，并且，佛教的各位神佛实际上还是从死人中所"输入"。所以直到最后，喜波利塔几乎与希腊所有的悲剧主角一样，他虽然顺从了这不可逆转的命运和神灵不可违背的意志，但并没有表现出要放弃"生活的意志"。斯多葛学派的恬淡与基督教的勘破从根本上就大异其趣，它们主要的区别在于：前者欣然地接受和默默忍耐那些难以逃脱的灾祸，而基督教则是断绝、放弃意志。

古代悲剧的主要人物属于斯多葛派，在命运不可回避的打击下老老实实地归服，而基督教的悲剧则刚好相反，它们是放弃整个"生存意志"，因为意识到世界的毫无价值和虚无，所以愿意放弃世界——但我一直觉得近代的悲剧比古代的悲剧境界又高了一筹。莎士比亚不知比索福克勒斯高明了多少倍，欧里庇得斯更不能跟歌德相提并论，他们的同名悲剧剧本《伊斐吉尼亚》相比之下，前者就显得既粗糙又卑俗。在欧里庇得斯的那一篇《酒神祭尼》一剧中，偏袒异教僧侣，读来实在令人厌恶、愤怒。大部分的古代戏曲，完全没有悲剧倾向，例如欧里庇得斯的《阿尔克斯德斯》和《陶利斯的伊斐吉尼亚》；有一些作品的写作动机更是令人讨厌作呕，例如《安蒂绛》和《斐洛克泰多》（同为索福克勒斯之作）。再者，古代的悲剧大多数都是在"偶然"和"错误"的支配下而发生的事件，然后又由于偶然和错误逃脱大难，绝对不会陷于走投无路的绝境。这些都是因古代作家的火候不够，尚不能到达悲剧的顶峰和目标，不，应该说他们对人生的理解还不够透彻和深入。

所以在古代的主要悲剧中，几乎没有人去描写他们的绝望心境，即摆脱生存意志的心理意向。所谓悲剧的特殊倾向与效果，就是在唤醒观众的绝望心境，即使是在极短暂的时间里也能唤起这种思想。舞台上展现的种种悲欢离合及悲惨际遇提供给观众的是人生的悲惨、无价值，即是人生的一切努力等于虚无。所以，总是感觉冷漠的人，其心境会暂时脱离人生，同时意志也一定会移向他处，从而领悟到世界以及人生并没有什么是值得留恋的，或者说，在他的心底也一定会自觉地活跃起"非意志"的生存。如果连这一点都不能达到的话，那么所谓摆脱人生的一切目的和财宝的恬淡宁静，或者精神脱离人生与社会诱惑的情操以及心境的崇高趋向等等的悲剧效果还有望实现吗？并且对于人生悲惨方面的描写，明显地来到我们面前时的那种明快的效果和崇高的享乐，能获得吗？虽然亚里士多德曾经说过悲剧的终极目标是使我们产生"恐怖"与"同情"的情绪，但这两种感情并不属于愉快的感觉，此二者并非目的，只不过是一种手段而已。所以，摆脱意志的要求才是悲剧真正要达到的倾向，才是刻意描写人类烦恼的最终目标。由"勘破"产生的精神的高扬，不是在主要人物的身上表现，而是由观众所看到的如此大的烦恼而激起的心灵感应。又者，对于身陷如此苦闷境地的主要人物的下场也不一而足，他们有的得到了相应的报应，有的则报应完全不当。从这方面来分析，古今作家的手法大致一样，先从总体上来描写人间的不幸事件，然后引导观者进入上述情节之中获得满足。但也有些作家的写作手法各不相同，他们仅描写烦恼的心情变化。前者只提出开头，结论则任凭观者自己去揣测；后者所包含的教训则会在描写主要人物的心理变化或者在齐唱时表现出来，例如在席勒的《美西娜的新娘》中所齐唱的歌词："人生并不是最珍贵的财富"就属于此类。在这里我们顺便提及，Katastrophe（大团圆）式的悲剧效果就是由此所引起的"绝望"以及"情绪的激昂"，不论是动机的纯粹性还是表达的明确程度，都要比歌剧逊色。在歌剧中，有所谓"二声曲"的表现手法，令人感到若有所得又似有所失，这种二声曲的意志的转换是通过音乐的突然静寂来表达。一般情况下，只有这种二声曲卓越的音响和歌剧的语法才可能婉转、瞬间表达出那种意味，即使单从它的动机和手法上来看，也堪称是最完整的悲剧。不论是对于悲剧动机的赋予方法、悲剧的动作进行、悲剧的展开以及这些因素对于主要人物的心理作用和由此产生的超脱效果（当然，这效果也要移转到观众心里）等等，都算得上是真正悲剧范本的资格，何况，这之中不带任何宗教色彩及见解，它所得的效果显得更加真实，更能凸显悲剧的真正本质。

　　近代剧作家因疏忽"时间"和"地点"的统一而遭到批评界的严厉谴责。但这种忽视只有在破坏动作一致的情形下进行，才能称其为缺点，例如莎士比亚的《亨利八世》便是其中一例。但若像法国悲剧那样，只是不断地谈论着同一事件，动作的一致性就显得多余了。在法国的悲剧当中，戏曲的进行就像是没有极限的几何学线条，严守动作的统一，仿佛在鼓动人们"前进啊！前进！尽管朝着你工作的方向迈进！"因而像处理事务一样，按部就班地把一宗宗的事件顺顺利利地处理下来，心无旁骛，也不会为了琐事而停滞。相比之下，莎士比亚的悲剧刚好相反，其线条幅度是固定的，然后在这里绕大圈子，消磨时光，并且，有时候连一些和剧情没多少关系的场面和对话也表现出来。但是这些能让我们很清楚地理解剧中的人物以及他们的境遇。当然，动作是戏曲的主眼，但是毕竟也不能因它而忽略描写人的本质与生存的目的。

叙事诗人也罢，戏曲诗人也罢，他自己就是命运，所以应该了解命运的不可违拗。同时，他们也是人生的一面镜子，因此，笔下即使要出现平庸、暴虐的狂徒和糊涂虫之类的人物，也需经常陪衬一些聪明、理智、正直、善良的角色，偶尔也不妨穿插一两个气宇轩昂的人物，在我看来，荷马的所有作品中从未描写过一个气宇轩昂的人物，虽然他的剧中人物多半是正直、善良的。在莎士比亚的全集中，大概有两个（柯得利亚与柯里欧兰）勉强可列入这一类，但这距我理想中的高尚还有一段距离，其余大多数是成群的蠢物。伊夫兰（德国演员，戏剧作家）和柯查普（德国喜剧作家）的戏剧中则有很多品德高尚的人物。格尔多尼（意大利喜剧作家）的剧中角色善恶的安排还颇符我上述的意见，他自己好像是站在高处静观世态……

古希腊悲剧的主角都来自王族，近代作家的大抵也都如此，这并不是由于作家们阶级观念深重，不是因为重权贵、轻贫贱。戏剧的着眼点是使人产生激昂的情绪，只要能唤起这种情绪，原本不在乎主要人物是农人还是王侯将相。"平民悲剧"也绝对没有什么令人非议的地方。但回顾以往，仍是以那些具有权势和权威的人来充任悲剧的主要人物最为适宜且效果最佳，因为只有在那种情形之下，我们才能够深刻理解人生的命运，认识悲惨事件的严重性，使每一个观者深感恐惧而哀叹。一般市民所引以为绝望或陷入穷困境地的那些事情在达官显要眼中简直是不值一提的琐碎小事，认为可借助人为的力量，不，他们只要九牛一毛的助力便可解绝非问题，因此，这类事情根本不能感动他们。相反，如果位高权重的人遭遇不幸而外来的力量难以相助，那就真的山穷水尽、穷途末路，绝对的值得悲叹了。即使位高如国王，也只能凭着自己的权力自救，否则只有死路一条。再者，爬得高跌得重，而普通百姓还会爬到那种高度。

如若知道悲剧的倾向以及它的最后目标是转向"断念"以及"生存意志的否定"，那么，应该能明白喜剧是它的反面——增强"生存意志"的信心。喜剧确实也避免不了要描写人生各方面，也要表现人生的一些烦恼和可嫌忌的事情，但喜剧中这些现象只是片刻间存在，并且夹杂着成功、胜利和希望而表现，三者稍后便占上风，最后在欢愉声中结束。同时，此中又提供不尽的笑料，似乎在暗示我们，在人生那些不快的事情当中，都不乏笑料，而这些材料不论何时何地都在讨好着我们，只待我们举手采撷，总之，喜剧是告诉我们人生是多么美好，乐趣无穷的。但奇怪的是，喜剧中一旦到达欢喜的顶峰便急急下幕草草收场，那究竟是为什么？似乎它永远不让我们知道欢乐"顶峰"之后又将是什么样子。悲剧则刚好相反，通常它的结局都有"今后不再重蹈覆辙"的意味。并且让我们再度略微审视一下人生滑稽的一面，那是再普通不过的言语和举动。——详言之，那不外乎是小小的狼狈挫折、一时的愤怒、个人的恐怖以及内心的嫉妒等的情结展现，完全摆脱了美的典型所刻画在现实形象之上的那些言语和举动的情感表达。一个思想深刻的观察者，不用思索恐怕就会达到一种认定：这类人的生存和行为并没有自身的目的性，他们只是利用一条错误的途径，通过迷路求生存，这样的表现实不如不生。

奇妙的音乐

读者还记得，在我的《意志和表象的世界》一书中，对音乐这一门奇妙艺术所具有的真正含意做了阐释；我得出的结论是：音乐作品和作为表象的世界——亦即大自然之间，虽然不一定有相似性，但在这两者之间却一定有着某种鲜明的平行关系。后面一点我已经证明过了。在此我必须补充的是对上述平行关系的一些关键和更加详细的含意确定。全部和音的四个声部，即低音、次中音、中音和高音，也可说成根音、三度音、五度音以及八度音，全都对应着存在物序列当中的四个级别——矿物王国、植物王国以及动物王国和人。这一观点在音乐的这一基本规则内得到了令人瞩目的印证：低音和低音的上三个声部之间的间隔一定要远远超过以上这三个声部的间隔，直到低音与以上声部至少要保留一个八度音程的间隔，通常情况会留在比这还低的位置。据此，符合规则的三和弦的位置应该是在与根音相间隔的第三个八度音。与之相应的，宽广和音因为低音要保持与以上声部比较大的间隔，所以效果就要比那些狭窄和音更有力、更优美——在后者上，低音将低音以上的声部移近了。这种狭窄和音的形成仅仅是迫于乐器音域有限的缘故。对于音乐的这一整个基本规则，它并不是人们随意制订出来的，而是由其乐音系统的自然根源而订；也就是说，假如最短的、通过次要振动来产生共鸣的和谐音阶即八度音与其五度音的话。据这个规则，我们可以看出音乐其实就类似于大自然的基本构成——因为大自然的这种基本构成的存在，有机体生物之间关系的密切程度远比有机体生物和矿物王国里面没有生命的无机团块间的关系大得多；有机体生物和没有生命的无机物之间有着整个大自然之中最为明显的界域和最宽阔的鸿沟。当然歌唱旋律的高音部同时也是和音的一个组成成分；并且，在这和音里面，这个高音部甚至连接着最深沉的基本低音。它可被看作类似于这样的事实：在人的机体内，支撑着人的理念的同一种物质，也必然支撑着与表现出重力、化学性质的理念，即意志最低级别的客体化。

因为音乐并不像其他的所有艺术那样表现出理念，抑或是表现出意志客体化的级别，它是要直接表现出意志本身，因此可以解释为什么音乐会直接作用于听众的意志，即直接作用于听者的感觉以及情绪，在顷刻之间便能加强，甚至是改变听众的情绪。

其实，音乐非但远远不只是诗文的辅助工具，还是一门独立自足的艺术，是所有艺术中的最强有力者。因此，音乐单凭自身就可以达到自己的目标。音乐同样不需要得到唱词或歌剧中情节的辅助。这样的一种音乐只有音声，而不去理会产生这些音声的原因是什么。所以，对于音乐甚至人的声音来说，根本上就不是别的，而是经由调校了的音声，一般情况下，它与乐器所弹奏出来的音声并无差别。此外，就像其他所有的乐器音声一样，人的声音有其固有的优缺点——这些优缺点是由发出这些声音的工具所形成的。在人声用作音乐用途时，这一发音的器具也可用作其他方面的用途，至于作为语言工具为传达概念的服务，实属一种偶然。音乐虽然可以顺便利用这一巧合把音乐和诗文扯上关联，但是音乐永远不能本末倒置来让诗文喧宾夺主；不可以一门心思地只放在通常都是、在本质上确实就是乏味且无力的诗句上面（就如狄德罗在《拉摩的侄儿》中所说的那样）。对于音乐来说，字词始终是一种陌生的附加物，且只具有次一级的价值，因为音声所产生的效果比字词要更加有力、有效和快捷。所以，如果真的把字词与音乐合成一体的话，那字词就只能完全处于从属位置，并要完全契合音乐才行。但是，在为既定的诗文谱曲以及为咏唱词谱写音乐方面，音乐和字词的这种关系却被颠倒过来。但谱上音乐以后，技高一筹的音乐艺术威力马上就显现出来了，这是因为音乐现在就把唱词里所要表达的感情或剧里所要表现的情节、行为，把这里面一切最幽深、最隐秘和最根本的东西和盘托出；把感情、情节的真正本质明确地表达出来；让我们知道剧中事件核心的灵魂所在——而舞台上展现给我们的只是这些事件的外衣和肉体而已。鉴于音乐的这一优势，还有，只要音乐与歌词和情节三者的关系保持在普遍和个别、规则与实例之中，那么为音乐作词似乎就比为词谱曲更加妥当。通常的做法是用剧本的字词、情节把作曲家引到隐藏在这些字词和情节背后的意志刺激和活动，从而唤起作曲家要表达的感情，因此，它们所要发挥的作用就是激发作曲家们的音乐想象力。此外，音乐配上诗文之所以如此受到听众的欢迎，通俗易懂的某一段唱词之所以让我们内心喜悦，皆因此手段能在同一时间激起我们的最直接、最间接的认知方式，并让这两种认知方式结合起来共同发挥效用。也就是说，对于我们最直接的认知方式，由音乐来表达意志本身的激动；对于我们最间接的认知方式，则由字词表达概念思想。在感情语言发话时，我们的理性并不喜欢无所事事。虽然音乐可以完全凭着自身表达意志的活动、每种感触和情绪，但在附加了字词以后，我们就额外获得了意志（感情）的对象物以及引起意志（感情）活动的动因。每部歌剧的音乐本身有着完全独立、分开和好像是抽象的存在；剧情里的事件和人物对于这一音乐来说是陌生的，这一音乐遵循着属于自己的不变的规律。因此，就算这一音乐没有唱词，它也可以完美地制造出效果。但由于音乐的谱写涉及了这戏剧，这音乐就仿佛是这戏剧的灵魂一般，因为音乐把事件、人物、言词三者结合在一起，表达出了所有这些事件蕴含的内在含意以及在此基础上的这些事件的最终、最隐秘的必然性。对此隐约、朦胧之感实际上就是观众能够感受到的乐趣的基础——如果观众并非仅仅张开嘴巴傻看的话。但是在歌剧里，音乐完全不在乎事件的所有有形素材，并恰恰以此显示出它的别具一格的特性和更高级的本质。因此，音乐在表达暴风骤雨般的感觉和激情时，无一例外地都采用同种方式，即伴以同样壮观和华丽的音声——不管这是阿伽门农、阿基利斯，还是普通市民家庭的一次口角纷争而提供的戏剧的有形素材。因为音乐只着眼于激情和意志的活动。音乐如上帝一样，只看重人心。因为音乐从来都不会逢迎、适应素材，甚至在喜剧中最离谱和最可笑的胡闹场面中，它仍然保持着自己那本质上的纯净、优美和伟大；其与剧中事件的融合不会把超越的音乐从它与所有可笑的、格格不入的高度上拉下来。这样，我们存在的深刻而严肃的含意便悬浮于人类生活的滑稽胡闹以及无尽的痛苦之上，两者形影不离。

现在让我们领略一下纯粹的器乐，之后会发现：一首贝多芬的交响乐，虽然向我们展示了极为混乱的乐音，但其间却分明蕴含着最清晰的条理和最完美的秩序基础；我们听到了极为激烈的争斗，但这些霎那间又化成了华美的和谐一致。这是存在于"世界不和谐之中的和谐'，（贺拉斯语），亦是对这一世界本质的忠实与完美写照；这种和谐一致就处于这夹杂着无数形态的无际混乱之中，通过连续不断的破坏维护自身。与此同时，这一交响乐倾诉着人的激情与感受：爱、恨、恐惧、希望、欢乐、悲哀及无数细微的差别。但是这种倾诉又仿佛是在抽象当中进行，并没有被个别化和具体化；这也只是虚有其表而无内容，就像只是一个没有物质的精神世界一样。当然，我们在倾听时，往往喜欢把这音乐现实化，用想象给音乐裹上骨头和血肉，并从其中看到生活和大自然的不同画面。但是，总的来讲，这种做法既不利于对音乐的理解，亦不会对音乐乐趣的增加有所帮助；其实这只是音乐带来的某种陌生的、任随人意的累赘。因此，我们应该直接、单纯地理解音乐本身。

在上文和《意志和表象的世界》中仅从形而上的一面对音乐做出考察以后，即对于音乐作品的内在含意做了考察之后，现在，我认为有必要对音乐作品是采用哪种手段作用于我们的精神也泛泛地考察一番，以及是如何表现音乐的内在含意的。因此我们就要说明音乐形而上的一面是怎样与有形（物理）的一面统一联系起来的——音乐中有形的、物理的一面已经经过充足的探究，其原理也早已深入人心了。我先从这一众人皆知、丝毫不会为新的反对意见所颠覆的理论出发，即：所有的音之与音都以共振作为基础。当两个音同时鸣响时，这种共振便发生在例如每一次的第二、第三或是第四振动时，那么，这两个音相应地成为彼此的八度音、五度音以及四度音等。亦即只要两个音的振动之间是一种有理数式的且可用小数字表达的关系，那么这些音就能够透过其经常反复出现的巧合共振，并在我们的理解中相互联系起来；这些音也就一道融合并以此形成和谐与共鸣。反之，如果两个音彼此的振动关系是无理数式的，抑或只能通过长串数字表达之，那就没有可为我们理解的巧合共振了，唯有"声音总是喧闹不停"的情况存在了。因此，在我们的理解中无法将这些音声联系起来，它们可以被称作是不和谐。据此理论，音乐是帮助我们理解有理数式和无理数式的数字关系的一种手段；但音乐却不同于算术通过概念达到这一目的；音乐是令我们完全直接地、同时也是利用感官来理解这种数字关系的。音乐形而上的含意与其这一有形（物理）与算术数字式的基础之所以能够联系起来是因为：阻碍、抗拒我们理解无理数式的关系，抑或是不和谐变成了阻碍和违背我们意志的自然图像；反之，和谐或者说是有理数式的关系，由于其可以轻易让我们理解和掌握就成了意志满足的图像。另外，由于上述振动的数字关系中的有理数和无理数会有着无数的次序、等级、花样以及细微差别，音乐凭借本身具有的特质就成了一种合理的素材，能够把人心的活动，即意志活动的本质永远处于满足和不满足的状态，虽然其中有着无数的级别——连带其极为微妙、细致的差别以及变化，忠实地塑造和再现出来。而这个过程则是由于找到旋律而得以完成的。于是，我们能够看到意志的活动从这里缓慢过渡到纯粹表象的领域，然而表象的领域是全部优美艺术作品发挥、活动的专属地盘，因为优美艺术必须令意志本身置身局外，观赏者则全都作为纯粹的认知者。所以，不可以刺激意志本身，即不能造成确实的苦痛和快感，只能用以上这些代替品，即适合智力观照的图像：它所说明的是意志得到满足和其受到阻碍而引发的或大或小的苦痛。正因如此，音乐才永远不会带给我们确实的痛苦，何况，就算在其最苦痛的和音之中，也能令我们感受到愉悦。我们是多么喜欢于音乐的语言中听到我们意志的历史，它的所有挣扎、激动和追求以及在此过程中遭受的种种阻碍、延误和摧残——哪怕我们听到的是最哀伤的旋律。相比而言，在恐怖和祸害迭起的现实生活里，意志本身却受到刺激和摧残，我们关注的根本不是音声与其数字关系；现在我们本身已确确实实成了绷紧、夹紧、颤动的琴弦。

另外，根据音乐形成的物理理论条件，既然音的真正音乐特性不在于这些音的相对强度，而是取绝非于这些音的振动速度的调和、匀称，那么，具有音乐感的耳朵在倾听和音部分时，总是倾向于追随最高音，而非最强音。所以，即使是在最强劲的乐队伴奏的情况下，高音演唱者仍旧鹤立鸡群，并因此取得了旋律演唱的天然特权。与此同时，高音的强大灵活性也伸出了援助之手——这种强大的灵活性是以同一振动频率作为基础——正如在和声华彩化的声部处理中所显示的那样。因此，高音就成了被提升了的感觉力的合理代表——这提升了的感觉力可以接收最细微的印象并受这印象的影响，因而高音也就是被极大提升了的意识——这便是事物序列之中的最高级别之物的合理代表。由于相反的原因，高音部的对立面则是属于活动笨拙的低音，即只以第三音阶、第四音阶以及第五音阶操纵大音距的上下升降；在这个过程中，低音每移动一步，都会受到固定规则的引导。因此低音就是无机的自然王国的纯粹代表——这一无机的大自然与细腻印象绝缘，是没有感觉的，且只受制于最普遍最权威的定律。甚至这低音永远无法提升一个音阶，即从某一第四音阶提升至某一第五音阶，这会在高音里带来不准确的第五音阶或者第八音阶模进。因此，低音原本就是永远不能演奏旋律的。但如果要把旋律交由低音演奏，就得借助于对位法，即这一低音就是可移动的低音；也就是说，下调某一上级的声部只是用作冒充低音，因为它的确需要某一第二基本低音来伴奏。这种以低音演奏的旋律，它违背自然的地方使低音咏叹调不像高音咏叹调那样给我们带来纯净、不含杂质的享受，即使它得到了足够的伴奏，但在与和音结合时，只有高音咏叹调才是符合自然要求的。顺便说一句，这种利用强行变调的低音旋律演奏的方式，从我们音乐的形而上的意义上而言，我们把它比喻为在一块大理石上强行压上人的形状，因此这与《唐·璜》里面所描写的化为石头的客人极为相像。

目前，我们的任务是应当更加深入地探究旋律的形成过程，但是这工作得通过拆卸组成旋律的要件方可实现。这种探究一定会给我们带来乐趣——

如果把我们每一个人所具体意识到的东西引入抽象和清晰的意识时，相信我们都觉得其乐无穷，因为事物由此过程而获得了全新的一面。

旋律，或说曲调，它是由两种要素所组成：节奏与和音。前者可被理解为数量的特性，而后者则是质量的特质，因为前者涉及音的持续，而后者则关乎音的高低。在记谱的时候，节奏是属于垂直线，而和音则用水平线。两者的基础是纯粹的算术关系，即时间的关系：对于节奏而言，是音的相对持续时间；对于和音来说，则是音的相对频率（又称振动速度）。节奏要素是最重要的，因为节奏可以在没有其他要素的情况下，完全依靠自身来表现出某种旋律——比如在击鼓时——虽然完美的旋律需要节奏、和音兼而有之。亦即完美的旋律是由二者交替着的不和与和解所组成——我马上就会向大家演示这一点。但既然在上文我已经讨论到和音，那么我将更仔细地考察一番节奏的因素。

节奏之于时间来说就犹如对称之于空间，亦即分成相等、对称的各个部分，且首先是分成较大的单位，然后再被分成下属的小单位。在我所列举的一系列艺术里，建筑与音乐充当了艺术系列的两端。同样，从它的艺术力度、内在本质、作用的范围和蕴藏的含意的角度来说，两者是最不同的，甚至是彼此对立的。这种彼此对立扩展至这两者呈现的对立形式，因为建筑只存在于空间，与时间无关，而音乐唯独存在于时间，与空间无关。由此出现了这两者之间的唯一相似类比之处。正如在建筑上，对称起着联合、统一的作用，在音乐中，却是节奏扮演着相同的角色。这也印证了"不同的端点却是相互连接"的道理。就如一座建筑物的最细微组成部分就是完全相同的石块，同样，一段音乐的最细微组成部分就是完全相同的拍子。但这些拍子可以由上拍、下拍或者总体上通过标示节拍的分数分成相等的单位——这些相等的小单位就可以勉强和筑物的小石块相比。多个拍子构成一个乐段，一个乐段也包含对等的两半：一半上升、争取，一般都会走向自然音阶的第五级音；而另一半则下降、平和、重新回到基音。两个或两个以上的乐段构成了一个部分，而这一部分一般是经重复符号以相同方式在对称方面被加倍了。这两个部分便组成了一小部音乐，或者一部大音乐的一个小乐章，正如一部协奏曲或奏鸣曲经常是由三个乐章、交响曲由四个乐章、弥撒曲由五个乐章所组成的那样。于是，我们可以看到音乐作品经过对称分配和重复分割，以致分成拍子及其分数，然后把这些单位各自隶属、统领与并列，让它们统一成为一个整体，就像利用对称形式而建成的一座建筑物。只不过建筑物的对称是在空间，而音乐的对称则在于时间。在过去的三十年里时常被人们挂在嘴边的一句大胆俏皮话：建筑是凝固了的音乐。这就是对建筑与音乐这种相似性的有感而发的产物。最先说出这句俏皮话的应该是歌德，因为据爱克曼的《歌德谈话录》，歌德说，"在我的一张稿纸上，我发现，把建筑艺术称之为凝结了的音乐——这一句话有一定的道理，即建筑艺术所弥漫的情调对于音乐所产生的效果而言，的确具有一定的接近性。"或许歌德很久以前就在谈话里提到过这一句俏皮话。在这种情形下我们都知道，总不乏人把歌德说过的任何只言片语捡起来，稍候便把它修饰一番示人。但是，不管歌德说过什么，音乐和建筑艺术的相似、类比——为此我找到了原因，实际上也就是节奏和对称的相似与类比——据此也仅仅只是表现在这两种艺术的外在形式上，而没有拓展到这两种艺术的内在本质，这是因为它们的内在本质有着天壤之别。如果把在所有艺术中最有局限性、力量最弱的一种艺术与范围最广、最具震撼力的另一种艺术在最本质方面相提并论、等量齐观的话，就实在太可笑。我们还可以另作补充，作为对上述音乐以及建筑艺术类比的发挥，即当音乐似乎有了独立的冲动，并抓住了延长符号的机会，力图摆脱节奏的束缚，想要来一曲休止之前自由梦幻般的华彩乐段，那么这没有了节奏的音乐就可以与没有了对称的建筑物废墟作类比。这样，我们就能套用那句大胆的俏皮话：这个没有了对称形式的建筑物废墟就是已经凝固了的华彩乐段。

在讨论完节奏以后，我现在要说明的是旋律的实质如何作用于旋律中的节奏成分和和音成分之间的从不和到和解的这个不断更新的过程。亦即旋律的和音部分是以根音为前提条件——这和节奏成分是以拍子单位为前提是一样的——然后离开根音，经过音阶中的每个音，到达长短不一的迂回曲折以后，最终抵达和音的音级——而这和音音级一般是属音（自然音阶第五级）或是次属音级。此时所获得的是某种不完全的满足。接下来就是经过相同长度的途径返回根音——直到抵达根音的时候，完全的满足才出现。但要这两种满足一并产生，声音在达到上述音级重新回到根音时，必须刚好和节奏的某些最佳时间点结合一起。否则就无法造成上述的满足效果。所以，和音的音列需要某些乐音来制造效果，首先是主音，即音阶的第一音，再者就是属音等等。同样，在节奏方面同样需要某些时刻，某些被点出的拍子及这些拍子的某些部分被我们称之为重拍或者"好拍"以对应轻拍或者"差拍"。以上和音、节奏两种基本要素之间的不和在于：当它们其中一者的要求被满足时，另一方却没有得到满足；而和解则是这两者在同一时间均得到了满足。亦即上述那些弥漫的一系列乐音，在达到和音程度不一样的某一和音音级以前，都要经过一定数目的拍子才会在某一个"好"的分拍与这一和音音级邂逅。而这两者的邂逅点就成了这一系列乐音的间歇点。同样，这一系列的乐音在返回主音时，在经过相同数目的拍子之后，会在某一"好"的分拍中找到和音与节奏的邂逅点——于是，完全的满足就这样出现了。只要和音、节奏这两种基本要素所获得的满足不是按要求刚好在同一时间发生，那么即使节奏照常继续，所需的音足够频繁地出现，但结果却完全无法产生两者巧遇时本应出现的效果——而旋律恰恰出自这一效果。下面一个极为简单的例子足以说明我的观点：

这其中，和音的音列就在第一个拍子的结尾处碰上了主音，只不过在这里没有得到满足，因为节奏正处于最"差"拍子的那一部分。在下面的第二拍子里，节奏则是在"好"的拍子那一部分，但是音列却到了第七音。旋律的两个基本要素于此完全不和，我们感到了混乱与不安。此乐段的第二部分，所有一切都颠倒了顺序；直到最后的一个音，节奏与和音获得了协调、和解。这一过程在任何旋律中都看得到，虽然通常情况下会变成更广泛的形式。这里我们看到的旋律的两个基本要素之间不断出现不和与和解，从形而上的角度分析，就是对愿（欲）望的产生以及愿望随后得到满足的写照。因此，音乐才可以深入人心，总是向我们展示心意达成后的完美状态。仔细考察一番，我们可以看到在旋律形成的这个过程当中，某种程度上的内在条件（即和音）和外在条件（即节奏）就犹如因缘巧合——这种巧合当然是作曲者亲手炮制的，再者，就这一点而言，它可以与诗的韵脚进行对比——但这种巧妙结合恰好就是我们的愿（欲）望与独立于这些愿（欲）望的、外在的、有利实现这些愿望的形势巧妙结合的写照；而这正是幸福图景。在此，音乐中的延留音作用也是值得我们注意的。这种延留音是一种不和谐之音——它阻碍了和谐音的肯定将至；这样，经此番阻挠作用，对于和谐音到来的要求便更为严格了；姗姗来迟的和谐音因此带来了更大程度的满足感。这明显与意志所获得的满足会因推迟而加强这一效果相类似。完美的华彩乐段要求在此之前的七和弦处于属音部分，因为感受最深切的满足和完全的平静只能出现在最迫切的要求以后。因此，通常情况下，音乐就是这两种和弦的连续交替：一种是多多少少的扰乱与不安，即刺激起需求的和弦，而另一种则是或多或少给予安慰和满足的和弦。这种情况就好像我们心（意志）的生活就等于是这两者永不停歇的交替：由愿（欲）望或者恐惧所引发的或大或小的扰乱与不安，得到相对应的或大或小的满足感。因此，乐音的和谐地向前发展就在于和谐音与不和谐音以合乎艺术规则的方式相互变换。一连串的纯粹和谐的和弦令人腻烦、厌倦和空虚，就像所有的愿望在得到满足以后常常会产生的那种沉闷与倦怠。虽然不和谐音扰乱人心、使人不安，甚至让人感到痛苦，但我们不得不引入这些不和谐音，其目的就是经过一番折腾之后，让这些不和谐音重新化为和谐音。的确，在所有的音乐里只有这两种根本和弦，即不和谐的七和弦与和谐的三和弦，而一切可能存在的和弦都可还原成这两种和弦。这正好与此事实吻合：对于意志而言，归根到底也就只有满足与不满足两种，无论这种满足与不满足如何利用多种多样的形式出现。正如我们只有两种普遍存在的基本心绪，快活或者起码是健康、充满活力和烦恼甚至是痛苦的，同样，音乐也存在与这两种基本心绪相对应的乐调：大调与小调。音乐也就一直不是大调就是小调。但最为奇特的事情就是我们往往有这样一种痛苦标志：它既不会造成身体上的痛苦，也不是常规的，但是马上就让能人感到兴趣、满意，这一痛苦的标志我们也一下子就可以认出：那就是小调。由此可以使我们看出音乐是怎样深深扎根于人和事物的本质。长期居住在北方的那些民族，其生活通常受制于严酷的恶劣条件，特别是俄国人，小调就占去了主导的地位，甚至教堂音乐也是如此。小调快板在法国音乐里是司空见惯的，并且是法国音乐的特色。这一音乐情形就如同一个人穿着一双夹脚的鞋子跳舞。

下面我再补充一些附带性的思考。在主音改变，同时伴随着的全部音阶价值作用改变的情况下——于是，同一个音就要充当二度音、三度音以及四度音等——那音阶上的音就像是一个时而要扮演这个角色，时而又得扮演那个角色的同一个演员。对于这一演员时常并没有与其所扮演的角色相当吻合，那么这种情形我们可以用来和每一和音系统里面不可避免的不尽纯粹（这一点我于《意志和表象的世界》中曾提及）相比较——这些是因按平均律调音所引起的。

也许有的人对这一点感到不满意：这一时常提升我们精神世界的音乐，这个讲述了另一种更好的世界的音乐——根据我现在所讲述的音乐的形而上学——它其实也只不过就是迎合我们的生存意志，这是因为它表现出了意志的称心如意。下面出自《吠陀》的一段话有助于我们打消那些疑虑，"那种包括在某种心满意足的狂喜，却可叫作最高的'灵魂'，因为只要存在心意的满足，那么这就是灵魂心意满足的其中一部分。"

书籍与阅读

　　无知，是在与财富结伴时才会显得丢人现眼。穷人因穷困和匮乏而受苦，对于他们来说，劳作取代了求知并占据了他们的全部精神世界。相比而言，有钱，但无知无识的人只是生活在感官的快乐之中，跟畜生没有什么区别，这是司空见惯的事情。然而，这种有钱的无知者居然还有资格受到这样的指责：在他们的手里，财富和闲暇不曾被得到过充分的利用，并没有投入到使这两者发挥极大价值的工作中去。

　　在阅读时，别人的思考取代了我们自己的思考，这样，我们只是在重复着作者的思维过程。这种情况就好比小学生学写字一样——他们用羽毛笔一笔一画地摹写老师所写的字迹。由此可知，在阅读时，思维的大部分工作都是别人帮我们完成的。这也就是当我们从专注于自己的思维转入阅读这个过程时会明显感受到的某种形式放松。但在阅读时，我们的脑袋就会成为别人思想的游戏场。当这些东西最终撤离了以后，留下来的会是什么呢？于是，如果一个人几乎每一整天都在进行大量的阅读，空闲的时候只是稍作不动脑筋的娱乐消遣，长此以往会逐渐失去独立思考的能力，就好比一个总是骑马的人最终很可能会失去行走的能力一样。许多学究遭遇到了这种情形——其实，他们是把自己读蠢了。这是因为他们一有空闲就马上进行持续的阅读，这种行为对精神思想的伤害似乎更甚于持续的手工劳作，毕竟在从事手工劳作时，我们还有机会处于自己的思想之中。正如弹簧受到持续重压最终失去弹性一样，我们的思想会由于别人思想的持续入侵和压力而失去其应有的弹性。正如吃下太多的食物会损坏我们的肠胃甚至损害了整个身体，同样，太多的精神食物也会令我们的头脑堵塞和窒息。因为阅读的东西越多，被阅读之物在精神思想上所留下的痕迹就会越少——我们此时的头脑就如同一块被写满重叠的、密密麻麻东西的黑板。因此，我们就无暇重温和回想，而只有这样做，阅读过的东西才能被我们吸收，正如食物只能在经过消化而并非咽下之时才能为我们提供营养一样。假如我们经常做持续不断的阅读，之后对所阅读过的东西又不多加琢磨，那么读过的东西就不会在头脑中扎根，于是大部分内容就会被遗忘。总的说来，精神营养与身体营养没有什么区别：我们咽下的食物真正被我们吸收的不到五十分之一，其余部分经过蒸发、呼吸以及其他方式消耗掉了。

另外，付诸于纸上的思想用个形象的比喻来形容就如同在沙滩上走路的人走过后所留下的足迹。没错，我们是看到了他走过时留下的足迹，但要了解这个人沿途所见之物，我们就得用自己的眼睛看才行。

我们并不能通过阅读有文采的作品就能拥有这些文采素质——它们包括，例如，生动的比喻、丰富的形象和雄辩的说服力；尖刻讽刺或者大胆直率的用语、优美雅致或者简洁明快的表达；除此之外还有一语双关的妙句、让人眼前一亮的醒目对仗句式、言简意赅的行文流程、朴实无华的文章格调等等。不过，观摩具有这样素质的文笔可以引发我们自身已经存在了的这些潜在素质，并且意识到自己所拥有的内在素质；同时也知道能够把这些素质发挥到何种程度。这样，自己就能更加游刃有余地顺应自己的意向，甚至大胆地发挥这些才能。通过别人的例子，我们可以鉴别利用这些才能所产生的效果，并学习到正确发挥这些才能所必需的技巧。只有这样，我们才真正拥有了这些才能。所以，阅读唯一能够有助于我们写作的地方也就在于此，阅读教会我们的是如何发挥和运用自身天赋、能力的方法和手段——当然，前提始终是我们自身已经具备了这些天赋。但如果我们自身欠缺这些素质，那么无论怎样阅读也都无济于事——除了能勉强学到一些僵硬、死板的矫揉造作以外；长期以此方式我们就只能成为肤浅的模仿者。

出于对眼睛的保护，卫生官员们应该监察印刷字体的大小，防止它们小于一定的限度（1818 年，那时的我在威尼斯，那种真正的威尼斯饰链居然还在有人制作。一名首饰匠曾告诉我：那些制作微型饰链的匠人的眼睛过三十年以后就失明了）。

正如地球的岩石层依次逐层保存着过去年代的生物躯壳一样，图书馆的书架上那些按照时间的顺序保存着的以往年代所犯的错误观点及其相关陈述——曾几何时，这些东西就像那些以往年代曾经活蹦乱跳、得意于一时的生物一样确实造成了一定程度和范围的轰动。但现在它们却只能一动不动地呆在图书架上，恐怕只有研究古籍的人才会翻看它们。

据希罗多德所言，波斯的国王泽克西斯一世在看着自己国家一望无际的大军时忍不住潜然泪下，因为他想到了一百年以后的这些人没有一个还会活在世上。再看着那厚厚的出版物目录，并且他还考虑到，所有这些书籍用不了十年就会结束其生命——面对眼下此情此景，谁又会不落泪感伤呢？

文字作品与生活别无两样：在生活中，那些不可救药的粗鄙之人随处可见——就像夏天那些到处乱飞、玷污一切的苍蝇；同样，数量庞大的坏书、劣书层出不穷——这些文字作品中的"杂草"夺走了"麦苗"的养分直至使之窒息。也就是说，这些数量巨大的坏书、劣书夺走了读者大众们的时间、金钱以及注意力，而所有这些理所应当地运用到优秀的书籍及其崇高的目标中去。不少人从事写作就是为了获得金钱或谋取权位。我认为，为了这些目的写出来的东西不仅毫无价值，而且是绝对有害的。现在百分之九十的文字作品除了蒙骗读者，然后从其衣服口袋中抠出几个铜子以外，真是再没有其他目的。为此一致的目的，作者、出版商和评论家绝对是沆瀣一气、相互勾结。

那些为面包而挥舞笔杆子的人、多产的写作匠们屡试不爽的一个招数相当狡猾和低级，但效果很明显，真正的文化修养和时代的良好趣味也难与之相提并论。也就是说，这些人像玩弄木偶一样地牵引着有一定欣赏趣味的有闲公众，有目的地训练他们养成跟出版物同步的阅读习惯，使他们都阅读同样的，亦即最新或最近的出版物，以便从中获得茶余饭后自己圈子里的谈资。一些曾经享有一定盛名的作者，例如，斯宾德勒、布尔瓦、欧仁·苏等所作的劣质小说和相似性质的文章也都是出于同样的目的。既然那些钟情于文学艺术的读者群总是以阅读所谓的最新作品为己任——这些粗枝大叶的文字是极为平庸的头脑为了获取钱财而作，也正是这一原因，此类作品更是多如牛毛——而作为代价是这些读者群对于历史上各个国家曾经出现过的那些出色和稀有的思想著作就仅知其名而已，那么，在这世上还会有比这更加悲惨的命运吗？！特别是那些日报和文艺杂志就更是别有用心地抢夺了喜欢审美的读者的时间——这些时间本应配到真正优美的作品中去，以熏陶自己、修身养性，而非浪费在平庸之人每天都在极力推捧的拙劣作品上面。

因为人们总是倾向阅读最新的，而不是历朝历代中最优秀的作品，所以作家们就仅仅局限于流行和时髦观念的狭窄圈子里，而这个时代及其民众也就越发陷入停滞不前的泥潭之中。因此，在挑选读物的时候，掌握并识别什么是不应该读的艺术就成了至关重要的事情。这种艺术的掌握就在于别碰那些无论何时都能吸引住最多读者注意的作品——大多数人都在捧读它们，不论读者手捧的是宣扬政治言论、文学主张的小册子，还是小说、诗歌等。这些东西能够轰动一时，甚至在其生命的第一年同时也是最后一年时竟然可以被多次印刷。还有，我们必须牢记这一点：写给傻瓜看的那些东西总能找出一大群的读者；而我们应该始终把十分有限的阅读时间专门用在阅读各个国家和民族历史上出现的伟大著作——写出这些著作的人可谓出类拔萃，他们后世所享有的名声就已说明了这一点。只有这些人写出的作品才能给我们以有益的熏陶和教育。

劣质的书无论如何少读也总嫌太多，而优秀的作品无论怎样多读也总嫌太少。劣书是毁坏我们精神思想的毒药。

阅读更多好书的前提条件之一便是不要读坏书，因为生命短暂，时间和精力也是极其有限的。

某位作家写出了评论古代的某位伟大思想家的文章、书籍等作品，读者大众也就跟着捧读这些东西，而非那个思想家的著作。原因在于读者大众只愿意阅读最新印刷的东西，正如一句话所形容的那样：相同羽毛的鸟聚在一起。因此，对于读者大众而言，当今的某一肤浅、乏味的头脑所写出的沉闷及唠叨的废话比伟大的思想家们的思想更具亲和力与吸引力。我很庆幸自己的好运，因为年轻时的我就有幸拜读施莱格尔的这一优美格言——也就是从那以后，它就成了我的座右铭：

仔细阅读过真正的古老作品以后，今人对它们所作的评论并没有多大意义。啊，各个平凡无奇的头脑是多么地千篇一律！这些人的思想简直就是从同一个模子出来的！同一样的场景让他们产生的只能是同一样的想法！除了这些，还有他们那些卑微、渺小的打算和目的。不管这些小人物唠叨些何种形式毫无价值的无聊闲话，只要新的印刷出版，傻乎乎的读者大众就会继续追捧它们，而那些只能静静地躺在书架上的伟大思想家的巨作却无人问津。

读者大众的愚蠢和反常行为是令人难以置信的，因为他们把各个民族不同时代保存下来的珍贵稀罕的各种思想作品束之高阁，偏要一门心思捧读每天频频出现、出自平庸头脑的胡编乱造，纯粹只是因为这些文字是新鲜出炉，且印刷油墨还没干透。从这些作品的诞生之日起，我们就要怀有鄙视和无视它们的态度，用不了几年，这些劣作就会永远招至其他人同样的对待。它们只是为人们嘲弄流逝的荒唐年代提供了一些笑料和话题。

无论何时，都存在着两种并行发展却又互不相干的文字作品：一种是实实在在的，而另一种只是表面上这样。前者渐变成为永恒的作品。在这一方面努力的人是为文艺或者科学而生的人；他们不但认真执著、不张扬，还踏踏实实地走在自己的人生道路上。在欧洲，即使一个世纪的时间也不能产生十来部这样的作品，但它们却能持久存在。另一种文字作品的追随者却是以文艺或者科学作为谋生的手段；他们策马扬鞭，紧随其后的是利益牵涉的人之间所发出的喧哗和鼓噪。他们每年都要把成千上万的作品送进市场。但过不了几年，人们就会不禁问道：这些作品现在跑到哪儿去了？那些人过早享有的盛名和轰动一时的名声现在又飘向何处了？所以，我们可以把这种文字作品形容为光阴一去不复返，而前一种的文字作品则是静止的、常驻的。

如果在购买书籍的同时又能买到读书所用的时间，那该有多好！但是，人们往往经常把购买书籍错误地看成是已经掌握和吸收了这些书籍的内容。

期望读者记住他们阅读过的所有东西就等同于期望他的肚子里能够留得住他们吃过的所有食物。食物、书籍分别是读者在身体上及精神上赖以生存的东西，它们绝非定了二者此刻的存在状态。正如人的身体只吸收与之同类的食物，同样，每个人也只记得住那些让他感兴趣的事情，即记住与他的总体思想或利益目标相符或相关的东西。当然，每个人都有自己的利益目标，但很少人会有类似于总体思想的东西。所以，如果人们对所做的事情没有客观的兴趣，他们读的东西便不会结出果实：因为他们没有留住读过的任何东西。

"复习是学习之母。"凡是重要书籍，都必须一气呵成连续读上两遍才行。其中一个原因是在进行第二遍阅读的时候，我们会更好、更充分地理解书中所讲内容之间的整体关联，而且只有理解了书的结尾才能明白书的开头；另一个原因就是再次阅读的时候，我们所处的心境、情绪已经与第一次阅读时有所不同。这样，我们阅读后获得的印象也会不一样。这种情形就好比是在不同光线之下审视同一样物体。

一个人的著作是他本人思想的精华。所以，尽管一个人有着伟大的思想能力，但阅读他的著作会比与这个人交往获得更多的内容。从最重要的方面讲，阅读这些人的著作的确可以取代、甚至超越与这个人的近身交往。甚至一个写作才能平平的人所写出的文字都会有一定意义上的启发，能够给人以消遣，所以值得一读——原因就在于这些东西是他的思想的精华，是他所思考、研究和学习过的东西，而与这个人的交往并不一定能令人满意。所以，与某些人的交往无法让我们满足，但他们的作品却不妨拿来一读。这样，高度的思想修养就会逐渐使我们完全只从书本，而非具体的个人那里寻找消遣和娱乐。

没有什么事会比阅读那些古老的经典作品更能让我们神清气爽的了。即使随便抽出一部这样的经典作品，哪怕只是读上半个小时，整个人马上就会觉得耳目一新，浑身轻松，精神也得到了净化和升华，感觉就像是畅饮了山涧清泉。这究竟是因为古老的语言和其完美特性，还是因为古典作家们著作里的那些伟大思想在历经数千年后仍然保存完好，其力度也不曾有分毫的减弱？或许两个原因兼而有之吧。但有一点是可以肯定的：人们一旦放弃了使用那些古老语言——当下就存在着这种威胁——那些新的文字作品就将空前地被粗野、肤浅和毫无价值的涂鸦文字所充斥。特别是德语这一具有古老语言中不少优秀特质的语言，现在正遭到"当代今天"的拙劣文人有计划的和变本加厉的破坏以及摧残，因此，越发贫乏、扭曲的德语也就逐渐沦为可怜的方言和粗话。

我们可以将历史划为两种：政治历史和文学、艺术历史，前一种是意志的历史，后一种则是智力的历史。所以，读政治的历史从头到尾让人忧虑不安，甚至是心惊肉跳。整部政治的历史无一例外都充斥着恐惧、欺骗、困苦和大规模的厮杀。而文学、艺术的历史读来却是令人开心愉快的，哪怕它记录的内容包含了人们曾经走过的弯路、犯过的错误。这种智力历史其主要分支是哲学史：哲学史是智力历史的基本低音，它发出的鸣响甚至能够传到其他历史中去，而且，在其他的历史观点和看法中，它也从根本上起着主导作用。所以，理解正确的话，哲学也是一种极为强大的物质力量，虽然其作用的过程是极其缓慢的。

对于世界历史而言，半个世纪始终是一段比较长的时期，因为它能够提供的素材源源不断，事情的发生永不枯竭。但是，半个世纪并不能为文字写作的历史提供多少素材，对其而言，什么事情都不曾发生——因为滥竽充数者的胡来与这种历史更是毫不相干。所以，五十年之后，我们仍然是在原地踏步。

为把这种情形弄明白，我们把人类知识的进步同一颗行星的轨迹进行对比，在每次取得显著进步以后，人类往往很容易就会踏上弯路——这点我们可以用托勒密周转线说明。在走完每一圈托勒密周转线以后，人类又会重新回到这一周转线的原点。但是那些伟大的思想者却不会轻易地迈进这些周转线，即使他们曾经的确引领着人类沿着行星的轨道前进。由此可以说明为何获得后世的名誉必须经常是以失去同时代人的支持为代价，反之亦然。

与事物的这种发展过程相关的一个事实就是大约每经过三十年，我们就可以看到科学、文学或艺术的时代精神宣告瓦解。也就是说，在此期间，种种的谬误愈演愈烈，直至最终被自己的荒谬所摧毁，而与这些谬误对立相反的意见与此同时却声名鹊起。这样，情形就产生了变化，但接下来出现的谬误却时常走向了与它之前的谬误截然相反的方向。这些事实恰恰为文学史提供了实用的素材，用于表现事物发展过程中出现的周期性反复现象。但文学史却偏偏没有留意这方面的素材。

与我所描述过的人类进步轨迹相符合的是文字写作的历史：它的大部分内容不外乎是陈列和记录了许多早产、流产的文字怪胎。而那些为数不多的自降生以后逐渐成长起来的作品却根本用不着在这一历史中寻找足迹，因为这些作品永远年轻地活在人间，我们无论身在何方都能遇到这些不朽之作。只有这些作品才是我在上面已经讨论了的、属于真正文字作品的唯一构成，而记载这些历史所包含的人物却并不多。我们是从有思想文化内涵的人的嘴里了解到这一历史的，而并非从教科书的大纲和简编中得知。

我希望有朝一日会有人写出一本文学的悲惨史——书中记录着那些傲慢地炫耀本民族伟大作家和艺术家的每个国家，以及这些人物在世之时，周围环境究竟是如何对待他们的。这样的一部悲惨历史必须让人们关注到：所有真正优秀的作品无论在何时何地都要与一直占上风且荒唐、拙劣的东西进行无休止的激烈恶斗；几乎每个真正的人类启蒙者以及在各种学问和艺术上的大师们都是殉道者；除了个别的例外，这些非凡的人物都是在贫穷困苦当中度过了自己的一生，他们既得不到人们的认可和同情，也没有自己的学生和弟子，而名誉和财富等却归于在这一学科中根本不配拥有这些东西的人，情况就跟以扫的遭遇（此典故见于《旧约全书》）一样：长子以扫为其父捕猎野兽，他的孪生弟弟雅各却在家里穿上以扫的衣服骗取了父亲的祝福。但是，尽管如此，那些伟大人物对其事业的挚爱支撑着他们，直至这些人类教育家的苦斗终于落幕——长生不朽的月桂花环此时向他们招手了，这样的时分也终于敲响了：

　　沉重的铠甲化为翅膀的羽毛，
　　短暂的是苦痛，恒久的是欢乐。

——席勒《奥尔良的年轻太太》

道德的天平

> 认为这个世界只存在自然物理而没有道德方面的含意，这种想法是一个根本性的和至为不幸的极大谬误。
>
> ——亚瑟·叔本华

Arthur Schopenhauer

伦理与道德

　　物理学中的真理在涉及事物的外在方面可谓意味深远，但却缺乏对事物内在含意的理解。透露事物内在的含意是思想与道德的真理所享有的特权，这是因为思想与道德的真理是以意志处于最高级别的客体化作为它的研究课题，而物理学的真理仅仅只是探究意志处于最低级别的客体化。例如，假如我们想要确认一种至今仍然只是猜测的说法，即太阳于赤道产生热电，热电又产生了磁力，然后磁力又产生了极光，这些真理就包括了许多外在的含意，但其涉及内在的东西却少之又少。相比之下，不光一切高级的和真正的在精神思想上的哲学论题包含了许多内在的含意，就连观看一出优秀的悲剧所展现的苦难，甚至观察人们那些能够充分显示其道德与非道德的行为，亦即人们善良或者卑劣的特性，也可以有助于我们了解许多内在的东西。因为所有这些具内在含意的事例，其存在的本质被凸现出来了，而这一世界恰恰就是这些本质的现象；在客体化的最高级别方面，这些本质现象把自身的内在暴露了出来。

　　认为这个世界只存在自然物理而没有道德方面的含意，这种想法是一个根本性的和至为不幸的极大谬误，是由于人们反常的思想所致；何况，从根本上而言，它也是被基督教信仰拟人化了的"反基督"的东西。尽管所有的宗教都在众口一词地极力强调与此谬误相反对立的思想，并试图采用神话的方式为这些思想打下基础，但这一根本性的谬误从来没有从这个地球上彻底消失。它不时便会死灰复燃，直至遭到众怒的反击而被迫再一次隐藏起来。不过，尽管我们感觉到了世事人生确实含有某种道德上的意义，但清楚地认识这一含意并剖析这一含意与世事发展之间的矛盾之谜却是十分困难的。于是，留给我的任务就是仔细认真地说明道德的唯一、真正、纯粹的基础和道德所引向的目标。因此，这一道德基础的学说是无论古今、放之四海皆准的。支持我的关于道德生成理论的现实例子实在是不胜枚举，所以我并不担心我的这个理论是否会被其他学说取而代之或是超越。

但是，只要那些哲学教授依然无视我的伦理学，那康德的道德原则就会继续活跃于大学的讲坛。康德的道德原则的形式花样繁多，现在最吃香、最流行的一种便是"人的尊严与价值"。我已经在《论道德的基础》中把这一说法的空洞本质分析得很透彻了。因此，在这我只想补充下面这些内容。如果有人泛泛问及这一所谓的人的尊严应该建立在何种基础之上，那对此的回答不用说，一定就是建立在道德的基础之上。亦即道德建立于尊严之上，而尊严又是以道德为基础。除了这种说法以外，将尊严的概念套用在像人这样在意志上犯有罪恶、在智力思想上捉襟见肘、在身体上又不堪一击的物种身上，在我看来，这一切都只能算是极具讽刺意味的：

> 人类有什么值得沾沾自喜呢？
> 受孕已是罪过，出生便更是惩罚；
> 生活就是不断劳作，死亡则是归宿！

所以，我想写出下面这条规则，以便与康德上述的道德原则相对应：我们不应该对我们所接触到的每一个人进行价值与尊严方面的客观评估；于是，我们就既不应该考究他意志的卑劣性，亦不应该留意他智力的狭隘与局限，以及他头脑中的扭曲、反常的观念。因为如果我们这样做了，那这个人意志上的卑劣性就很容易使我们怀有对他的憎恨，而他的狭隘思想以及扭曲、反常的观念则引起我们对他的蔑视。反之，于我们眼中看到的恰恰应该只是这个人的恐惧、痛苦、需求与磨难。只有这样，我们才能感同身受地予之同情；这样，我们才会生发出怜悯之情，而非憎恨和鄙视，因为只有怜悯之情才是

《圣经·福音书》中唯一倡导我们应该具有的"兄弟般的爱"。由此可见，唯一适合用来遏制我们的憎恨与鄙视情绪的是怜悯，而非我们口口声声寻求的"价值"和"尊严"。

由于佛教包含更加深刻的形而上以及伦理方面的观点，所以，佛教并没有把首善作为起点，因为首善最初是作为首恶的反面或否定出现的。根据施密特所著《东蒙古历史》中所讲，佛教中的首恶是指贪、嗔、痴、色欲和懒惰。但懒惰的位置似乎应当由傲慢来取代，因为《教育和奇妙书信集》中就是这样说的；而且嫉妒和憎恨还是增加进去的、位列最后的首恶。我更正了有关施密特所作的陈述，即使他做出了很多贡献，而这一被更正了的说法由于刚好与受到佛教和婆罗门教影响的泛神论者的学说不谋而合，并由此获得了一定程度的支持。也就是说，泛神论者们列出了相同的首恶并相当正确地给这些罪恶配起对来。于是，傲慢与嗔怒、色欲与贪婪也就联袂出现（参看图卢克的《东方国家神秘主义者的思想精华》）。即使是在《薄迦梵歌》中，我们也同样发现色欲、嗔怒和贪婪被认为是首恶——这一事实足以证明了这些教义源于远古时代。同样，在《巴拉波达·查德罗·达雅》——这是一部宣讲吠陀哲学的十分重要的哲学寓言剧，书中所讲的三样首恶现形为和理智之王作战的激情之王部下的三员大将。与这三样首恶相对立的首善是纯洁、布施、温柔和谦恭。

现在，假如我们把东方伦理学中的这些深刻的基本观点和柏拉图提出的、曾被人们千万次重复的著名首善，即正义、勇敢、节制和智慧作比较的话，我们便会从中发现柏拉图选出的首善缺乏一个清晰、根本的指导思想，所以，由柏拉图选出的这些首善只是基于肤浅的认识，甚至有的部分选择明显有误。美德只能算是意志的素质，但智慧则首先应该与智力相关。希腊语中的"节制"——西塞罗把它译作拉丁文的"temperantia"，而德文则译为"Massigkeit"，是一个具多种含义而又相当不确定的词语，它因此包含了许多不同的事物，如节俭、谨慎、明达或者镇定等。勇敢并不是美德，只能说有时候它可以服务于美德。但"勇敢"也可以随时为虎作伥、助纣为虐，以至于为卑劣的目的效劳。实际上，"勇敢"只是一种气质特性而已。格林克斯《伦理学》）排除了柏拉图的首善，并且提出了"勤劳"、"服从"、"正义"与"谦卑"——显而易见，这是一个糟糕的选择。中国人把"仁、义、礼、智、信"当作五大美德。吉德在《中国》一书中对上述各项美德做了详细的评述。基督教并没有首善这样的说法，有的只是神学方面的美德，包括信仰、慈爱以及希望。

一个人道德上的善与恶首先是从他对待别人的根本态度和心情表现出来的，也就是说，这种根本态度、心情带有嫉妒或者同情的特质。每个人本身都带有嫉妒和同情这两种对立且相反的特质，归咎于这两种特质来源于一个人对自己的状况和他人的状况所做的不可避免的比较。根据这种比较对他自身的个体性所产生的结果来看，上述两种特质之一就形成了他的根本态度，成为了其行为产生的根源。嫉妒亦即在人与我之间筑起的那一堵厚墙；就充满同情心的人而言，这堵墙壁却是脆弱透明的。事实上，这堵墙有的时候会被同情心完全击垮；一旦出现这种情形，我和非我之间的差别就不复存在了。

前面所说的勇敢（Tapferkeit）一词，更精确地说应该是勇敢的根源——勇气（Mut）。因为勇敢的行为是打仗时勇气所表现出的一种状态——值得我们花时间对其做出一番更加细致缜密的分析。古人将勇气看作是美德的一种，而懦弱则为劣性的一种体现，但这种看法并不符合基督教思想，因为基督教看重的是仁慈和耐心。基督教思想不允许人们怀有任何敌意，甚至于反对人们做出的自卫时必需的抵抗行为。因此，对于现代人来说，勇气不再是一种美德了。不过，必须承认的是：懦弱似乎与高贵的性格相比并不相称，这是因为懦弱暴露了人过度关注其自身的弊端。勇气可以被称为是美德在于：我们义无反顾地直面此时此刻将对我们产生威胁的恶行，并采取某些认为必要的行动策略，目的就是以行动来防止更大的罪恶在将来的某个时刻发生。而懦弱恰恰做出了与之相反的行为。勇气则具有坚忍的特性——坚忍意味着我们清醒意识到除了此时此刻对我们构成威胁的恶行以外，还存在着更大的恶行，而我们此时的仓惶退缩或者逃避则会招致将来更加令人害怕的恶行。据此，从某方面来讲，勇气就是某种坚忍，所以，勇气让我们能够承受各种牺牲，实现自我征服。勇气因此与美德有了一定的关联。

也许我们还可以对勇气做出更高层次的考察。也许我们可以把对于死亡的种种恐惧归结为缺乏那种天然的、只是感觉到的形而上的一种认识。一旦某个人对这种认识有所觉察，那么他就会确信：就像他存在于自己的肉身那样，他也同样存在于宇宙间的万事万物，因而，肉身的死亡对他本人并没有造成伤害。正是基于这种发自内心的确信才会生发出英勇的气概。同时，这种确信还产生出正义与慈善的美德（读者可以根据我的《伦理学的两个根本问题》来回想我在此方面的论述）。当然，这是从非凡的高度去把握勇气的特性；除了从这一高度阐释勇气以外，的确不可能再有其他方法来解释清楚为什么儒弱看上去就是那么遭人鄙视，而个人勇气留给人的印象则是高贵、壮烈。假如我们从一个低级的角度考察，那样便无法解释清楚为什么一个有限的个体，其本身就是一切事物，并且确实就是其自身以外的世界存在的根本性条件——不应当把其他的一切屈就于为保全其自身而存在的目的。因而，一个全然形而下，是纯粹依据经验的解释，它并不足以解释勇气何以成为一种美德，因为如果非要做这样的一种解释不可的话，只能是立足于勇气所能带来的益处。这或许正是卡尔德隆对勇气曾经一度抱有怀疑态度的原因，他的观点却是值得我们留意的。事实上，卡尔德隆不承认勇气的存在；他利用一个睿智的年迈大臣之口道出了这一见解，后者在年轻国王面前说："虽然与生俱来的恐惧在每个人身上以相同的方式发挥着作用，但由于每个人不想让别人看到他身上的恐惧，他就变成了勇敢之人。"（《空气的女儿》第2部分第2幕）在古人和现代人心目中，作为美德的勇气有着不同的价值——我们已经在上文提及这一点。此外，我们还不得不考虑到的一点是：古人把每一杰出之处、就自身而言还算值得称道的每一素质均视为美德，不论这些优点和素质是智力上的、道德上的，抑或只是体力上的。但就在基督教向人们表明了生活的基本方向是道德上的以后，人们就仅把道德上的优点列入美德概念的行列。但是，古老的意大利人和拉丁语作家很早就在其语言的运用中有了"美德"的概念——这一说法可从 Virtuoso（拉丁语"美德"）一词众所周知的含义中得到证明。我们应该让学生们准确无误地辨别出古人的美德概念有着较我们现在"Tugend"（美德）更加广泛的含义，否则，学生们往往便会很容易陷入迷惑的泥沼。这恰巧解释了为何在古人所作的伦理学作品中，他们所谈论的美德和劣性对于我们所研究的伦理学，无价值可言。

正如把勇气归为美德是否妥当尚存疑问，同样，吝啬能否列入劣性也成问题。不过，我们千万不能把吝啬与贪婪混为一谈，后者在拉丁语里解释为"avaritia"。所以，我们是想把吝啬一词正反两面的议论全都表达出来，读者由此可以做出自己的判断。

首先，吝啬不是罪恶，与之相反的挥霍才是一种罪恶行为。奢侈、挥霍源于一种动物性的纯粹的认识局限——对于那些只局限于认识眼前利益的人来说，只存在于头脑中的将来的概念是不能产生任何效果的——何况，奢侈、挥霍是建立在人头脑中产生的这一错觉之上：感官乐趣果真有其值得肯定和实际存在的价值。于是，为了那些虚无缥缈、瞬间即逝并且时常只是通过幻想产生出来的快乐，挥霍者们付出了将来入不敷出、一贫如洗的惨痛代价。这样的挥霍行为或许只是为了填满那空洞、愚蠢的孤芳自赏和得意傲慢，以及博得路人对其豪华阵容的惊叹和艳羡。粘附在他身旁的寄生虫表面上对他一副点头哈腰、鞠躬尽瘁的模样，但私下里，从他身上得益的狐朋狗友对他除了讥讽嘲笑以外，实无其他。因此，对这样的人我们应像躲避瘟疫病人一样地与之隔绝。一旦发现这种人的劣性，我们就应该迅速和他们保持应有的距离，避免与其接触。这样，在他行为的恶果稍后即现之时，我们就不用为给他施以援手而承担因劣性而酿成的恶果，或者迫于无奈扮演雅典泰门的那些酒肉朋友的角色。我们仍然不可以寄希望于那些毫不在意挥霍自己财产的人，在耗尽万贯家财以后会对落入自己囊中的他人财产不动毫厘。这种人，正如萨鲁斯提乌斯一针见血说过的："挥霍殆尽自己的财产，攫取别人囊中的财物。"（《卡蒂林纳》）所以，奢侈、挥霍不但导致自我贫困，而且，还有可能由自我贫困发展至犯罪。出自富裕家庭的罪犯皆因穷奢极欲，最终沦落至犯罪的深渊而不可自拔。因为这个原因，《古兰经》（《苏拉》）说得很正确，"奢侈之人是撒旦的兄弟"。然而，吝啬节俭却与充裕富足一路同行，难道充裕富足会令人生厌吗？如果吝啬节俭是一种罪恶的话，那么这种蛮不错的罪恶却往往能够收获令人皆大欢喜的成果。因此，吝啬节俭所依据的正确原则就是：一切的快感逸乐所产生出的作用都只是否定的，所以，这种快感积聚的幸福只是一组幻灭的景象而已，而苦痛凄凉却是肯定和真实存在的。所以，悭吝之人抛弃了快感享受，就是为了更能安然地避免苦痛。据此，"坚忍和舍弃"就成了吝啬之人所恪守的座右铭。进一步说，既然这种人都明白发生不幸的可能性无穷无尽，通往危险的道路又成千上万，那他们就动用一切可以利用的手段，竭尽所能地在自己的周围内外筑起重重坚固的城堡以抵御不测或不幸的不期而至。还嫌说防备的功夫做得太充足？只有深谙命运如何出尔反尔戏弄我们的人才会最终摘取通往胜利之门的钥匙。即使防备功夫做得太过，那么这一差错只会给其本人带来害处，而不会殃及他人。如果这样的人没有用上自己积攒起来的财富，那这些财富有朝一日定会使较他相比更缺乏深谋远虑的人获得益处。他没有把金钱用于流通并不是什么坏事，因为金钱属于消费物品；它们是那些有用、真正的物品的代表，并非这些物品本身。其实，钱币是假的，它们本身没有价值，其代表之物才有价值，并没有退出流通。还有就是，由于吝啬之人有钱不用，那其他人用于流通的金钱也就因此而相应升值。虽然正如人们所说的那样，归根到底，诸多吝啬之人只是直接嗜爱金钱本身，而那些挥霍成性的人也同样只是为了挥霍本身而恣意大肆挥霍。与吝啬鬼有着亲戚关系或者与他们结下友谊不仅不会招致危险，反而有可能带来好处呢。因为不管怎样，他们去世以后，与之最亲近的人就可以继承他们因自律而结出的成果。抑或当他们仍然在世时，假如遭遇十万火急的险境时，或许我们还可以寄希望于从他们那儿得到的某些救济。与一个身无分文、自身难保、债台高筑的挥霍者相比，我们可以从吝啬者那里获取更多的资助。西班牙有句俗语说得好："身体赤裸者所能施舍的绝不会比铁石心肠的人更多。"因此，吝啬节俭并不是一种可耻的罪恶行为。

吝啬节俭即罪恶之尤！如果说感官逸乐诱导人们偏离正道，那么他们感官性的本质与其内在的动物性就难辞其咎。由于乐极忘形，被现时此刻的美好印象所征服，他们往往就不加思索地为所欲为。但从另一方面来分析，如果因为身衰力竭、老迈年高等缘故，那些他们无法摒弃的恶习最终将他们抛弃——因为此时，他们享受感官逸乐的能力已经衰减了——如果此时他转向了吝啬，思想的贪念便将身体的欲望取而代之。金钱作为世上一切利益的抽象代表，此刻就成了他们那已经迟钝、近乎呆滞的胃口死死咬住不放的枯槁根块——这似乎已经成了他们抽象定义中的自我形象。这些东西现在正陶醉于对于金钱的热爱之中，并企图再次焕发出无限青春。原来的那些擦肩而过的感官享受现在居然摇身一变成了精打细算、锱铢必较的金钱欲。就像其对象物一样，这种欲望具有某种象征性，并且是无法消除的。这便是对世俗乐趣的执著眷恋，它顽固、偏执，就仿佛是要延续至此身之后；它是经过升华之后换上的精神形式的肉欲，亦是集聚所有无法被满足之欲望的抽象焦点。因而，这抽象焦点和各种欲望的关系，就好似普遍概念对于普遍概念中所包含的单个事物的关系。据此，吝啬节俭是老年人的恶习，这就跟奢侈挥霍是年轻人具备的恶习一样。

上述采用的正反论辩的形式，一定会迫使我们踏入亚里士多德之中庸之道。下面的议论同样有助于我们获得有关中庸的见解。

每个人的完美优点与某一缺点相关联——这一缺点的形成是因此优点太过所致。反之，某一缺点又与某一优点相关联。所以，我们对人的看法时常出现差错就是因为在和我们刚刚结识的人打交道时，我们往往会把他的缺点和与之相关联的优点相互混淆，或者反过来。小心、郑重的人就会表现得胆小、懦弱，节俭也就成了吝啬；或者，我们会把恣意挥霍视为豪爽大方，而粗鄙放肆就成了坦率真诚，有勇无谋就成了高贵的自信，凡此种种，层出不穷。

生活中，人们常常不由自主地认为，道德败坏与智力低下是相辅相成的，因为我们直觉地认为这两者都是出自同一根源。实际上，这种看法是错误的。在我的那本《论意志于自我意识中的主导地位》中，我曾对此进行了详尽的说明。其实产生这一错觉主要是因为人们频繁地看到这两者紧密地同时出现；也正是因为这个原因，道德败坏与智力低下十分轻易地共处一室。不可否认的是，如果道德败坏同智力低劣联手作祟，那么它们就能够轻松自如地炮制出种种让人生厌但又司空见惯的现象，而事情仍旧照样继续发展着。智力有缺陷的人很容易将自己虚假、卑鄙、下流的一面表现出来，而精明的家伙则懂得如何巧妙地将自己的这些劣性掩藏起来。另一方面，刚愎、乖张的心地常常会不以为然地妨碍了一个人看到自己的智力其实可以被认清的真理！

但是，我们任何人都不应该自夸和傲慢。每一个人，即使是最伟大的思想天才，也会在某一知识领域中明显地显示出他的局限——就此，他也就承认了自己实际上与那些思想颠倒、荒谬、愚昧的人类有着相同的血脉。同样，在任何人的内心，都存在着某些十分恶劣的道德成分，甚至那些有着最好、最高贵的性格的人也会在一定情况下，以其个人的不良特性让我们大吃一惊。这种人也是通过这种方式承认了他与人类的渊源。人类有着程度不一的卑鄙、下流，甚至残忍。也正是因为人类带有这种劣性——这是罪恶的原则使然——他也就不可避免地成为了人类的一员。

即便如此，人与人之间的差别仍是十分巨大的，当我们看到别人表现出自己的样子时，我们大多数人都会感到震惊。啊！如果有一个能够让人们透视道德事情的阿斯莫底斯该有多好！如果他能够帮助其宠儿看穿墙壁、屋顶，还可以让他们透视覆盖着的一切，穿透人们用奸诈、虚伪和谎言编织成的纱网；如果阿斯莫底斯能够让我们看到世界上的诚实是多么罕见，而非义和狡猾又是怎样牢牢地把持着统治的地位，那有多好！人的内心深处隐藏着那些丑陋的东西，它们秘密潜藏在美德外表的背后，即使是我们最不会怀疑的地方也成为了它们的藏身之处。所以，有很多人同四足动物结下了深厚、纯洁的友谊，因为，当然了，若不是我们的爱犬诚实的眼睛——在看到这种眼神时，我们无需忐忑、狐疑——我们又怎会从人们的那些没完没了的虚假、背信弃义中恢复信心呢？这个经过文明教化的世界，实际上只是一个巨大的化装舞会。在这里，我们可以看到骑士、牧师、医生、律师、神父、哲学家，以及其他各式各样的人。但这些人并非他们所表现出的那副样子，他们的外边就是一个面具。而躲在面具背后的，通常来说都是那些投机取巧，只知道谋取利益的人。一个人为了能够巧妙地与其对手周旋，而戴上了从律师那里借来的面具——法律面具；而另一个人也为了同样的目的，选择了一款公共利益和爱国主义的假面具。许多人为了各自的目的而戴上了哲学、博爱的假面具，等等。女人的选择范围不是很大。通常情况下，可供女人们挑选的面具只有腼腆、贤淑、端庄、闲静。社会上还有一些面具是缺乏特色的，就像多米诺骨牌一样统一、雷同。所以，我们所看见的都是千篇一律的货色。而这些面具就是忠厚、老实、谦让、发自内心的关切和面带笑容的友谊。就像我在前面提到过的，在一般情况下，所有这些面具的背后，都隐藏着商人、小贩、投机分子。在这方面，做生意做买卖的人自然形成了唯一诚实的阶层，因为只有他们是真正不带面具、以真实的样子展示于人的；他们也因此长期处于低下的地位。事实上，我们早就应该了解到，生活就是一场化装舞会——这是十分重要的，如果不了解这一点，我们就无法弄清楚其他事情，甚至会茫然失措。在这方面，那种被"泰坦用更好的泥塑造了他的心"（尤维纳利斯的诗句）的人，其迷惑性为时十分长久。而诸如此类的现象简直不被他们所理解：卑鄙、无耻能够得到青睐、提携；而对人类有贡献，甚至做出了最非凡、最伟大的业绩的人换来的却是同行的忽视；任何一种货真价实的东西几乎都被拒之门外，但是那些似是而非的东西却备受人们追捧；人们极其仇视旷世奇才和真理；那些学究对于自己所研究的领域所表现出来的无知……我们应教育年轻人：在这场化装舞会上，苹果是用蜡制成的，鲜花、金鱼都是由丝绸和纸板做成的，所看到的一切都是不值钱的玩意儿，所有的笑谈都不能当真。我们还应提醒他们：当看到两个人非常认真地讨论某样事情时，其中一个人一定是在出售假货，而另外一个则是在支付伪币。

当然我们还可以进行更严肃的讨论以及提到更加恶劣的事情。人类的骨子里存在着与生俱来的丑陋和野蛮。而我们看到的所谓的正常人只是因为他们被绑上了绳索、被驯服了，此种情形就叫作文明教化。因此，当我们看到人们偶然间爆发出其本性时就会感到震惊。如果解除法律、秩序的束缚，使社会呈现一种无政府状态，那么人们就会很自然地显现出其本来的样子。若一个人没有亲眼看到这种情形的机会，但仍然想对此情形有清楚的了解，那么他可以阅读那些古老的和当代的不计其数的文献报道，之后他们就会确信无疑：在残忍、无情、冷酷方面，人类与老虎和鬣狗没有丝毫的差别。此刻，我们可以列举一个极具分量的例子：那就是，北美反对蓄奴制团体在各州虐待奴隶的问题而给予英国反对蓄奴制团体的答复。这本长达 280 页的小册子于 1841 年在伦敦出版，书名为《北美联邦奴隶制及奴隶买卖的情况报告，兼回答英国反对蓄奴团体的提问》。这本小册子针对人性恶之理论发出了极其严厉的指控。任何一个读过它的人，都会感到惊骇，甚至在阅读后留下泪水。因为读者们在读这本书之前，他们所听说过、想象过或者是梦见过的奴隶们的悲惨状况与人性中的刻薄、残忍特性相一致，可是当他们读了这本册子以后，这些反而变成小菜一碟，不值一提。那些隐藏在人皮下的恶魔、偏执的宗教狂，严守安息日、假惺惺地定期做礼拜的恶棍，特别是那些人当中的英国国教牧师——他们是用怎样的暴力、非义来对待落入他们魔掌的无辜的黑人兄弟啊！这本册子为我们提供的是枯燥、翔实，但却极其真实可信的材料。它能够强烈地激发起人们的感情，我们甚至可以拿着这本册子，向北美蓄奴联邦政府发起一场十字军战役，以制服和惩罚那些可怕的恶魔。这些人面兽心的恶魔是全人类的耻辱。对于大多数人来说，过去了的事情现在再提，似乎已经没有价值了。那么我们现在来看一看出版于 1846 年的《舒迪秘鲁游记》，可以了解一下那些军官在虐待秘鲁士兵时都用了哪些手段和花样。但是我们无需在地球另一边的新大陆寻找其他例子。1848年的英格兰，通过各类报纸的披露，我们可以发现，在短短的一段时间里，发生了不是一宗，而是上百宗丈夫殴打妻子、妻子杀害丈夫、夫妇两人接二连三毒死自己孩子的案例——些父母还采用饥饿、虐待的手段将儿女慢慢折磨死。他们之所以这样做，只是为了能够从众多的殡葬联合会那里领取派发给他们亲人的安葬费。为了能领取到更多的钱，这些父母会同时在多家，有时甚至多达二十家联合会给自己的孩子作登记。对此，我们可以参阅1848年9月20、22和23日的《泰晤士报》，来具体了解关于此类事件的报道。因此，这家报纸呼吁政府取缔那些殡葬联合会。而1853年12月12日出版的《泰晤士报》，再一次报道、纰漏了人们的这种恶行，并对此发出了严厉的指控。

当然，这种报道是记录人类罪行的档案中最为黑暗、丑陋的一部分，但是所有这些暴行以及诸如此类的事情的根源，都是缘于人的内在以及与生俱来的本性，即泛神论者"不折不扣"的神祗。每个人的内心都存在一个巨大的自我意识，它能够轻而易举地挣脱法律的束缚。我们可以透过日常生活中的一些小事来看到这种情形，而在大事上的表现则可以根据历史书来了解了。现在，人们已经承认：欧洲列强之间的实力必须达到一种平衡——这一点，人们都十分紧张地予以关注——难道这不是承认人类就是弱肉强食的野兽吗？一旦窥见弱者出现，难道他们会原地不动，而不猛地扑过去吗？难道我们每天在小事情上面没有亲眼目睹这种特性吗？与人性中这种无限的自我结伴而行的还有隐藏在我们心中的憎恨、愤怒、嫉妒、怨恨和恶意。这些郁积在心中的东西，就像毒蛇牙泡里的毒液，一旦时机成熟，就会喷发出来。而那时，人就变成了一个挣脱了镣铐、肆无忌惮、凶狠残忍的魔鬼。如果没有等到合适的机会，那么最终它就只能抓住一个极其微小的机会，而具体的实施方式就是将这些发作的借口在想象中放大：

一个微小的机会就足以让我们勃然大怒。

——尤维纳利斯《讽刺诗》

那么，现在它就可以尽情地小题大做一番。平常，我们对这种情形屡见不鲜，而且经常以一种熟悉的说法来评价此事，即"借题发挥，一吐怨气"。同时，我们的确发现，当这种情形恣意发作时，如果没有外界的抵抗，那么在发作结束后，人们的心情就会好很多。甚至伟大的亚里士多德都曾说过：发怒有时也能带来快感（《修辞学》）；他还补充了荷马那段"发怒比蜜糖还要甜"的理论。当然，我们并非仅仅喜爱发泄愤怒，还放任与愤怒相关的憎恨——它们之间的关系就好比急性病和慢性病。

憎恨是维持更加长久的快意：

我们匆匆地相爱，却不紧不慢地仇视着对方。

——拜伦《唐·璜》

戈比诺在《论人种间的不平等》一书中，将人称作"十足的凶恶动物"。对于这种说法，人们自然感到不舒服，因为人们会对号入座想到自己。可是戈比诺说得一点没有错，因为只有人才会纯粹地为了伤害别人而去伤害别人。而其他动物除了为了满足饥饿，或者处于打斗的状态之中，否则它们是不会做出故意伤害动物的行为的。据说，老虎会捕杀比它的食量还要大的动物；它们残杀其他动物的目的只是为了吃掉它们，而老虎的行为正印证了法国的一句谚语"眼比肚大"；动物也不会为了纯粹地折磨自己的猎食对象而折磨它，可是人类却是这么做的，也正是这一点形成了人的魔鬼特性——这比纯粹的动物性恶劣百倍。我们前面已经讨论过这一特性在大的程度、规模下的表现，而它在微小事情上的显现也同样清晰——我们随时随地有观察的机会。举例来说，有两只小狗正互相追逐、玩耍，看上去十分可爱、平和，这时如果出现了一个三四岁大的小孩，他就会无一例外地用鞭子或者棍子使劲抽打，企图分开它们，由此显示出即使在很小的时候，这个孩子就是一个十足的凶恶动物。甚至在成年人看来漫无目的的讥笑和恶作剧都是出自这个根源。再比如，假如我们表现出不希望受到打扰，或者，对一丝不便感到不适的话，那么就会出现一种人纯粹是为了打扰别人而打扰别人，给别人带来不便。"十足的凶恶动物"。既然这已经是铁一般的事实，那么我们就必须谨慎，不能露出对那些无关紧要的事情感到愉悦，因为别人一旦知晓这些，就会有人做出与那个狱卒一样的行为：狱卒发现他管理的囚犯费尽心机寻找一只蜘蛛，并且将其驯服，以便从蜘蛛身上找到消遣，在狱卒发现了他的这个看来十分巧妙的办法以后，马上一脚就把蜘蛛踩死了。想必这就是"十足的凶恶动物"了！所以，其他动物从本能上害怕见人，对于这"十足的凶恶动物"来说，即使是看见人的痕迹的情况下都会心生恐惧。但即便是这种情形，本能与直觉却不会欺骗动物。有关人的恶劣本性在更大程度以及在更大规模上的显现，我们已经做过相关论述。所以，在每个人的内心深处都确实存在着某种野蛮的兽性———一旦机会来了它就肆意咆哮、张牙舞爪，就会伤及无辜，甚至毁灭那些阻止自己发威作恶的人。其实，这种野蛮兽性便是人类打斗欲与战争欲的根源所在。也正是这一原因———人们的智力———这是类兽性的看护者———担当着如此繁重而巨大的任务，尽其最大所能地抑制着这种兽性的爆发，把它控制在一定程度、范围之内。当然，人们完全可以把人的这一兽性称之为根本的人性恶，对于那些把字词当作解释的人，这些起码已经绰绰有余了。但我对这一特性所做的解释是：因为生存意志越来越深刻地感受到生存过程中没完没了的痛苦折磨，所以它就企图通过在他人身上制造痛苦，从而使自己的苦痛得到某种程度的减轻，但这种做法长此以往就有可能发展成为真正意义上的恶毒和残忍。在此，我们还可以补充以下这一点：正如康德所言，物质只是存在于膨胀力和收缩力的对立作用之中，同样，就人类社会而言，也只能利用人的憎恨（或者说是愤怒）与恐惧形成的互相对立、牵制的作用而组成。因为假如没有相应程度的恐惧来抑制我们的怨恨本性，那么，这种怨恨心理就很有可能令每个人都成为杀人犯；同样，假如愤怒不曾存在于我们的内心并时刻监察着别人，那我们就会变成一个所有小男孩都会取笑和捉弄的对象。

但人性之中最糟糕的特性莫过于对别人的痛苦始终感受到的快意，也就是通常所说的幸灾乐祸。正是由于这一特性与残忍紧密联系，并且，此二者的关系的确就如同理论与实践一样。总而言之，幸灾乐祸占据了同情本应置身的位置，而作为幸灾乐祸的对立面，同情却是货真价实的公义与博爱的真正源头。从另一种意义上分析，嫉妒和同情之间是互相对立的关系——只要嫉妒产生的原因是别人处于与上面所述相反的情形，亦即处在良好的境况。因而，嫉妒与同情的相互对立首先在于诱发嫉妒产生的时机，然后，嫉妒才可以作为一种结果展现在感觉本身这样一种形式。所以，虽然嫉妒并不值得提倡，但却是情有可原，并且通常来说也是人之常情。相对而言，幸灾乐祸却是魔鬼具有的特性，它的冷嘲热讽、落井下石简直就是地狱发出的恐怖笑声。正如我前面所述，幸灾乐祸恰好现身于同情本应该占据的位置，但嫉妒却只会出现在还没有引发我们同情的时机的情形之下，并且恰恰是在截然相反的情形才会出现。作为与同情相对立的情绪，只要是受限于上述程度范围之内，那么嫉妒就算是人之常情了。确实，恐怕没有人能够完全摆脱这种情绪的缠绕。因为在看到别人享有的快乐以及占有的财产时，我们往往就会觉得自己在这方面不足——这是一种很自然的现象，是不可避免的。只不过这种感觉不应该引起我们对于比自己更幸福的人的那种憎恨的情绪，但真正意义的嫉妒却刚好就是发挥着这样的作用。如果不是由于别人交到的好运或者得到纯属偶然的机遇，抑或是获得他人眷顾等等，而仅仅由于别人获得的是大自然的赐予，自己就妒意浓浓，妒火中烧——那是万万不应该的，因为所有与生俱来的东西都有着其形而上的基础。亦即这样的安排有着更高层次上的公正与合理。也可以说，这是神灵的一种恩赐。但很不幸，嫉妒往往反其道而行之：对于别人身上所具有的优异素质，嫉妒偏偏是最难消除的。所以，在这世上的那些具有非凡头脑智力、甚至于天术思想的人，如果其不能横眉冷对嫉妒者视他们于无物的话，那他们就一定要首先乞求别人原谅自己具有的先天才能才行。也就是说，假如说别人的嫉妒纯粹是起因于财富、地位或者权力，那么这样嫉妒通常还可以与嫉妒者们较量一番，因为这些嫉妒者们会顾及在某些情况之下，他们毕竟还可以指望从其嫉妒对象的手里得到一些帮助、接济、保护和提携，或是从这些人的享受中分得一杯羹；又或者，起码能够获得与这种人建立联系、沾上这些尊贵之人身上所折射出的余辉的机会，甚至是分享这种人在某方面的荣耀。获得诸如此类恩惠的些许希望总还是有的。相比而言，对于大自然的纯粹馈赠和个人自身的优越素质，比如女人的美貌以及男人的智慧，我们于内心无法驾驭自己的嫉妒，因为对于我们，不存在上述诸如此类的希望与安慰。这样，除了对这些受惠者怀有的满心苦涩和无法逝去的恨意以外，再无其他。因此，现在他们唯一仅存的愿望就是采取行动对这种人实施报复。但那些嫉妒者们的处境又是相当不幸与尴尬的：一旦别人得知自己发出攻击的原因仅仅是出于嫉妒，那这一切攻击就顿时全然失去了威力。所以，一般情况下，这种嫉妒会被小心谨慎地掩藏起来，就如那些不敢见光的肉欲的罪过一样。嫉妒者只能费尽心机，狡猾地先将嫉妒乔装打扮一番，然后在别人一无所知的情况下，对自己嫉妒的对象暗下毒手。例如，他们会对别人身上那些吞噬着自己心灵的优异素质一无所知、熟视无睹，并且，脸上始终带有一副心无邪念、至纯至善的表情；对于别人的优点，他们既无听说，也无感觉，可真是从来不知道。这样的嫉妒行为也就把人打造成了伪装大师。这些嫉妒者心思缜密地将这样一个微不足道的人完全忽视——恰恰是这个人的闪光素质在蚕食着自己的内心；他们不但没有意识到、甚至有时完全忘记了居然还有这样一个平凡而又普通的人。但私底下，嫉妒者却用尽浑身解数，小心翼翼、一丝不苟地杜绝能让这些优异素质展现和被人了解的任何机会——对于他们来说这可是头等大事，一切都得为此让路。之后，这些嫉妒者就藏于黑暗处，对其嫉妒的对象加以指责、挖苦、嘲笑和中伤，就像蟾蜍从其洞穴中喷射出的毒液一样。他们会同样全力以赴地热情讴歌微不足道的人，赞颂本行取得的平庸成绩，甚至于拙劣之作。一言以概之，他们成了善于谋略的隐身普鲁特斯（希腊神话当中善变外形的海神），目的就在于隐藏嫉妒，诋毁对方。但这样做能起到什么作用呢？有经验的一眼就可以识别这套把戏。一般情况下，嫉妒在其对象面前所表现出来的畏缩与躲避就已经把他自己出卖了。所以，引发别人嫉妒的素质越是优异，那么对于具备如此素质的人来说，他就越加陷入孤独状态。因此，美貌的女孩子往往缺少同性朋友。嫉妒还会通过不明来由的憎恨情绪暴露自己——这种憎恨通常抓住的是最细微并且只是靠想象出来的借口而突然爆发。虽然嫉妒的家族分布甚广，但我们仍旧可以从人们众口一词的赞美与自谦中一眼识别嫉妒的存在；而把自谦列为美德行列的做法就是为了令平庸之辈获利而想出来的狡猾办法。因为自谦说明一定得具备容忍拙劣和鄙陋的能力，所以，自谦成为美德恰恰就暴露了拙劣与鄙陋的存在。当然，没有什么会比看见别人私下里暗暗被嫉妒折磨并疲于玩弄手段更让我们的自尊与高傲受用的了。但我们永远不能忘记的是：嫉妒总是与憎恨相伴相随。我们一定要提防别让怀有嫉妒之心的人成为自己名不副实的朋友。所以说，能够发觉别人的嫉妒之心，对于我们自身的安全来讲，是极其重要的一种素质。所以，我们应该研究、琢磨透彻、准确把握别人的嫉妒心理，从而能够破解他们的骗术，因为嫉妒的人随处可见，并且总是不知不觉、悄无声息地活动在我们的身旁；或者，就有如那些有毒的蟾蜍时常出没在伸手不见五指的洞穴。我们没有必要对这种人充满宽容和同情，相反，我们的行为准则应该如此：

> 嫉妒永远难以湮没，
> 你就尽情报以鄙视。
> 你的幸福、名望是他的痛苦，
> 回想得知引发这些的原因便是你的任务。

一旦我们认清了人的劣性，一如上文所做的那样，还会为这些人的劣性感到由衷的震惊，那我们就应该马上把目光转向人类生存的苦难；要是对后者感到吃惊的话，就又得必须再度审视人的劣性——于是，我们发现了两者互相平衡，因此，我们也就意识到了这其中存在着某种永恒的正义，那是因为我们会发现这个世界原本就是一个相当巨大的审判庭；我们亦会逐渐明白为何每一有生命的东西都必须要为其生存而赎罪，首先是在人活着的时候，然后在是其死亡之时分。也就是"罪孽"与"惩罚"之间的对应被协调得天衣无缝。审视这一观点，我们便会因为在生活中处处可见的大众的愚蠢而经常感受到的那种厌恶情绪也就随之烟消云散了。因此，佛教的轮回里讲述的"人之苦难"、"人之性恶"以及"人之愚蠢"三者相互对应得丝毫不差。但在某个特定的时候，我们看到的只是这三者之一，并对此尤其重视；这样，我们所看到的这三者之一在某种程度上似乎就压倒了其余两者，实际上，这仅是一种错觉而已，绝对是因为这些东西的无孔不入与无处不在。

这便是永恒的轮回，轮回圈里面蕴含的一切无不显示出这一事实，但人类世界则把这一点表现得更为清晰，因为于此而言，恶劣、无耻的德性以及低下、愚蠢的智力占据优势。尽管如此，我们仍然看得见再次唤起我们惊讶表情的现象偶尔、分散地呈现于我们周围。这些就是在人们身上表现出来的诚实、慈善，以至于高贵，还有就是伟大的理解能力，甚至天才的思想。这一切东西从来不曾泯灭殆尽，它们孤独地分散于每个角落但却闪烁出光芒，为身处黑暗的大众照明了前方道路的方向。我们必须把这些看作是证明这一真理的依据：在这永恒的轮回之中，一条美好的救赎原则藏而不露，它能冲破这一轮回并为处于其中的全体带来鼓励与解救。

看过我的伦理学的人都明白这一点：对于我来说，道德究其根本是以这一真理作为基础——印度的《吠陀》曾根据这一既定的神秘信条将这一真理阐述为："这就是你"。此信条适用于一切生物，不管是人类还是动物。因此它被称为真言。

其实，我们可以把与这一信条相符合的行为——例如，出自善意的行为——看作是神秘主义的发端。出于单纯目的的每一善意行为皆宣告着做出这一行为的人是和这一现象世界互相抵触的。并且在这一现象世界中，他人与自己处于完全分离的状态，但是做出善行的人却把他人与自己视为同一整体。因此，没有出自私心的每一善良行为，在别人看来都是极其神秘的，甚至是一件"不可思议"的事情。想要勉强对此做出一番解释的话，人们就只有利用种种借口来加以猜想和理解。康德在消除了一神论的其余支柱以后，只剩下最后唯一的一条：因为在他看来，一神论是能让我们解释和理解诸如此类神秘行为最好的有力武器。所以，康德承认一神论是一种对于实际目的行之有效、可以成立的假设，虽然从理论上还不能予以证明。但有关康德说出的这些见解是否是真心话，我是有所怀疑的。这是因为利用一神论来支撑道德就相当于把道德产生的原因归属于自我主义；英国人，还有我们德国那些处于低下阶层的人士，他们绝对看不出除了一神论之外，道德还会另有其他基础。

我在上面提到过的在他人——亦即客观地展现自身的个体——身上识别出了自我的真正本质。这样的情形在诸如此类的例子中表现得尤为清晰、美丽：当某一个人处于必死无疑的局势中，但仍然紧张、热忱地关切着他人的安危并给予他们最大的帮助。可以证实这方面内容的例子就是我们所熟知的那位年轻女仆身上发生的故事。这位女仆于某天夜里在其院子之中不幸被一只疯狗咬了。当时她便意识到自己完了。但她仍然狠狠地抓住这只疯狗，用力把它拽进马厩，把门锁上，避免这只疯狗再伤害其他人。另一个例子是在那不勒斯引发的事件——蒂希拜恩（德国画家，歌德的朋友）用一幅水彩画的形式把它永远地记录了下来。当时正值火山爆发，岩浆和海水这两股倾斜而出的夺命洪流之间尚存一小块狭窄地带。一个年轻小伙子逃脱之际还不忘背着自己年迈的父亲一起逃命。父亲一再央求儿子放下自己，以便儿子能够顺利避难，因为如果不这样的话，两个人都会命丧于此。于是，儿子听从了父亲的劝告。儿子在离开之际回过头去向父亲投去了永别的一眼。凡此种种都被蒂希拜恩淋漓尽致地表现在画里。还有类似的历史事实存在——瓦尔特·司各特在其作品《密得罗西恩监狱》的第2章里，运用大师的手法描绘了此类事情。两个被法官判了死刑的犯人，其中的一个人因为自己反应得不够灵活，从而导致了同伴的被捕。在宣判死刑之际，前者在教堂奋力将卫兵制服，成功解救出了自己的同伴，但在整个救人的过程中，他丝毫不曾顾及自己的安危以及如何逃生。下面这幕画面也经常出现在铜版画里，即使提起这种事情会招致西方读者的反感：一名士兵正跪在地上等待死刑的宣判，但他仍然极力挥动手绢以便赶走那向他靠近的爱犬。通过所有这类例子，我们可以看出：一个人在完全确信自己正在逐步迈向直接个体毁灭时，非但没有考虑到自己的利益，反而是把全部的精神和力量集中在维护他人生命安危上面。还有什么比这样的行为更清楚地表明他们的这种意识或观念：自己个体的毁灭关乎的只是一种现象，而且这一毁灭本身也不过是一种现象而已，正在遭受毁灭的个体，其真正本质却没受这一现象毁灭的影响，它仍旧会在其他个体身上延续着；此时此刻，他们正在其他个体身上辨别出这一本质。他们的这种意识恰恰是通过其行为表现出来的。这是因为如果情况并非如此的话，那么当我们看到一个正被死神卡住咽喉的人的时候，为何他还会拼尽全力去展现对于他人的安危和继续生存下去的那么深切的同情与关注？

　　事实上，我们有两种截然相反的方法去意识自己的存在。第一，是我们的经验直观：在这种直观里的这一存在是一种外在表现，它在这一时、空中无穷无尽的世界里显得无比渺小；它充当了这个地球上的昙花一现般的数以亿计人群当中的一个成员，而每过三十年这些人就会更迭一次，产生一批新成员。第二，沉浸并意识到自身，感觉到世间万事万物那真实的本质，而这一本质也存在于其他的、自己肉身以外的事物当中，就像透过镜子反映出来的一样。第一种认知方式只是利用个体化原理领会了事物的现象，但是第二种认知方式却直接感到了作为自在之物的自身。此学说的第一种认知方式得到了康德的有力支持，对这两种认知方式的理解和看法则赢得了与《吠陀》相同的意见。当然，对于第二种认知方式，人们持有下列简单的反对意见：第二种认知方式中假设了每一种生物可以于同一时间、不同地点完整地存在。虽然说从经验的角度考虑，这个假设是显然不可能成立，甚至是完全荒谬的。但对于自在之物而言，这种情形却又是完全真实的，因为这种不可能与荒谬纯粹只是建立在组成了个体化原理的现象的基础之上的。自在之物、生存意志完整而不可分割地存在于每个生物当中，甚至是极为微小的生物；其完整性一点也不会逊色于过去曾经存在过、现在仍然存在着、将来将要继续存在的生物总体。因此，每一生存之物，即使是最不显眼的那种，都能够对自己说，"只要我一息尚存，这个世界就不会消逝"。事实上，即使所有其他的生存之物都毁灭了，但这世界的自在本质仍将完好无损地存在于这一仅存的个体生存之物当中；这一个体生物因此仍然可以继续笑对毁灭、沉沦的幻象。当然，这一结果是不可能存在的，因为人们同样有道理抱有与此相反的观点：如果哪怕遭到彻底毁灭的是最微小的生物，那么，其自身且与之相随的世界也全部遭到了毁灭。在这一意义层面上，神秘的安吉奴斯说道：

> 我知道要是没有我，上帝一刻也不会存在；
>
> 如果我归于零，灵魂就会从头再来。

但为了让我们甚至仅从经验的角度在某种程度上发现这一真理，或者能够起码认清这一真理存在的可能性，亦即我们自身可以存在于其他生物身上——这些生物自身的意识可以与我们的意识不同或是完全分离——那我们只需回想被催眠术催眠的人。当他们从催眠中醒来后，他们那看似一样的"我"对自己以前说过的话、做过的以及经历过的事情都忘得一干二净。因此，个体意识根本就属于现象的一个点，就连同一个"我"也可以出现两个现象的点，而且他们对于彼此是一无所知。

上述论及的思想在我们被犹太化了的西方世界始终呈现出某种十分超乎寻常的成分。在人类的家园当中，情况则不然。在那里，人们信奉另外一种信仰。所以，时至今日，比如说，死人被安葬以后，神职人员就会在大家面前和着乐器演奏的节拍，共同唱起《吠陀》的颂诗——它的开头是这样的：

寄存肉身那千头、千眼和千足的精灵，它植根于胸中，并同时遍布整个大地的每个角落。此精灵是这一世界及一切过去和未来之物。它汲取养分，并赋予一切以使其鲜活不朽。这便是它的伟大之处。因此，它是化作了肉身的至高无上、令人膜拜的精灵。构成这一世界的要素是它存在本质的一个组成部分，另外的三个组成部分则存在于天上永生不灭，它们从这个世界飞升，最后一部分却仍留凡尘；最后一部分经过转世轮回，享受或者承担其善行或者恶业的果实，等等。

如果拿这些颂诗和我们的颂诗相互对比一下，对于英国国教传教士在恒河流域向婆罗门教信众宣讲"造物主"收效甚微的原因，就此我们就不会再感到惊讶。谁想看一下一位英国军官在 41 年前是如何勇敢、有力地反驳那些先生们宣讲的荒谬、以致让人感到羞耻的傲慢主张，并由此感受其中的淋漓畅快，那他就应该去阅读出自这位驻守孟加拉国的英国军官之手的《为印度人辩护及其道德理论体系的种种优越性》（伦敦 1808 ）。本书作者以异乎寻常的真诚和坦率，讨论了相比欧洲宗教学来说的印度恒河流域的教义的种种优势。这篇文章虽然只包含德文短短 5 个印张，总共 80 页左右，但时至今日，把它翻译出来仍然是有价值的，因为它比任何我所了解的著作都更透彻、更公开地论述了婆罗门教产生的那些有益和对于现实的实际影响以及在大众和他们的生活中所起的作用。这篇报道不同于传教士炮制出来的那些文章，正因为后者出自传教士之手笔，所以，可信度就没多大。这篇文章和我从那些在印度度过了他们半辈子的英国军官口中所听到的相当吻合。要想了解总是为自己终生俸禄问题而激动不已的英国教会教士是怎样嫉妒与迁怒于婆罗门教的，那我们就应该看看，比如，在数年前的那些主教们是怎么在英国国会上连续几个月地狂吠与叫骂。由于东印度政府当局不依不饶——在诸如此类的问题上，它一直都是如此——所以，主教们就接二连三地狂吠不止，而这仅仅是因为英国政府向印度古老以及令人敬重的宗教表示了一些外在的敬意——但这在印度是合情合理的事情。例如，在扛着神像的游行队伍经过时，英国的卫兵和军官们会整齐地站出来擂鼓以表示敬意。再有，这些官兵取出一块红布，罩在承载着神像的车上，等等。但这些行为都不得已被迫终止，朝圣香客的课税也大大提高了。之所以采取这些措施当然是为了赢得那些主教大人们的青睐。与此同时，那些自视清高、领取终身俸禄、披着长而弯曲假发的人会继续对我们人类最初的宗教滔滔不绝地横加指责，他们之中的中世纪式的作派，用我们今天的观念来看，应该被叫作粗鄙和恶俗。同样，1845 年，爱伦伯勒勋爵凯旋式的队列把所残存的大门带回至孟买，并移交给婆罗门，虽然在 1022 年苏玛诺塔已遭到诅咒。我认为所有这些都有理由使我们确信：那些主教们心里不会不清楚居住于印度那么多年的大多数欧洲人肯定是眷恋婆罗门教的；欧洲的宗教和社会偏见对于这些欧洲人来说是无足轻重的。"所有的这些观念"，一个属于这类的欧洲人曾经这样对我说过："只要在印度住到两年，就会像鳞片一样满地剥落。"十年以前，陪伴过德瓦达希的一个法国人——那是一位文质彬彬的绅士——当我跟他谈及印度的宗教时，立刻就充满热忱地慨叹道："先生，那才是真正意义上的宗教啊！"

究其实质，那些充满幻想的、间或甚至是古怪的印度神话——直到今天，仍然像几千年前一样，那些印度神话构成了印度人民的宗教——即使只是以象征，亦即以意象、拟人化和神话化的方式顾及人们的理解力，表达《奥义书》的学说。每一个印度人都凭借着自己的思想能力以及所接受的教育去琢磨、感受或者意识清晰地洞察这些神话背后蕴藏着的含意。但偏执、狭隘而又粗鲁的英国牧师反而讥笑和亵渎这种宗教神话，称其为"偶像崇拜"，并自以为是地夸口要开展改造工程。释迦牟尼佛从事的则是表里分开、去伪存真的工作。他之所以这么做，目的就是要把高深的道理从神祇、意象等混合物中提取出来，使普通人也可以接触和理解那些纯净的真理。在此方面，释迦牟尼佛的工作做得非常成功；因此，他所信奉的宗教也就成为这一地球上最为卓越超群的，与此同时，代表这一宗教的信众也是最多的。释迦牟尼、索福克勒斯可以一起说：

倘若与神祇合力，那么，即使是一无是处的人也能从中获得力量，但我敢于不依靠神祇的帮助去获得荣耀。

此外值得一提的是，德国的一些奴性十足的虚假哲学家，以及位数颇多的研究东方文化的那些书呆子学者们，居于理性犹太教的立场，带着一丝自负的微笑，面无表情、高高在上地俯视着佛教和婆罗门教——看到此情此景，不免让人感到异常滑稽可笑。我确是很想极力推荐这些小人物去签署合约，以便能够参加法兰克福游艺会组织的猿猴喜剧——倘若印度神猴哈努曼的子孙后代不肯容纳他们，那就另当别论了。

企图把全世界都皈依至其宗教的基督教狂热是一种不负责任和不被原谅的做法。詹姆斯·布鲁克爵士殖民在好长一段时间内统治了部分婆罗洲——他于 1858 年 9 月参加了在利物浦由"基督教福音传播会"开展的会议，并对此传教会的中心发表了一番演说。他说道："对于伊斯兰教徒，你们没有获得成绩；对于印度人，你们则没有收到任何效果。现在的情形如同你们首次踏上印度国土的第一天一样。"（1858 年 9 月 29 日，《泰晤士报》）

但在另一方面来说，基督教传教士却是做出了令人刮目相看的成绩，这是值得称赞的，因为他们其中的一些人为我们带来了有关婆罗门教和佛教优秀和全面的报道，并忠实而又准确地翻译了与这些宗教相关的典籍——如果不是翻译者对其所翻译的著作怀有挚爱的话，他们是不可能取得这样斐然的成绩的。谨以下面这首打油诗，献给那些高贵而出众的人物：

> 你们出去的时候是老师，
> 归来的时候则变成了学生；
> 被遮挡了深意的真理，
> 从此不再感觉陌生。

所以，我们希望有一天，在欧洲也能消除所有由犹太教神话造成的影响。

也许这一世纪已经如期而至了：根源出自亚洲和操雅弗语系的人将重获本该属于其祖国的神圣宗教，这是因为在步入迷途很长一段时间以后，这些欧洲人再次接受这些宗教的时机已经完全成熟了。

在读了我讨论有关道德自由的获奖论文之后，对于这一点，任何一个有思想的读者都不会再心存疑问：这样的自由在大自然里是寻觅不到的，所以它只能存在于大自然以外的其他地方。这里的自由是一种形而上的自由，在自然和物理界当中是不可能找得到的。所以，我们的个人行为根本就不是自由的。但人们却习惯把自己的个体性格看作是自己自由行为的一种结果；一个人之所以是这样，那是因为他自始至终坚持要变成这样的人。实际上，只要意志寓于某一个体，那意志便是自在的存在，因而它也就构成了这一个体的原初、根本的意志活动；此外，它独立于所有的认知，因为意志先于认知而存在。意志只是由认知那里找到动因——在这些动因的作用下，意志源源不断地发挥着其真实本性，并使得这一本性显现出来；于是，我们也就有了了解这一本性的可能。意志作为一种已经超越了时间的事物，只要它是真实存在的，那它就是不能被改变的。所以，每一个既定的这样的人，在每一种同样的情形下，只能做出与这种情形相对应的事情，而这些外在的情形本身也要遵循着严格的必然性而产生。所以，一个人一生中由大大小小的事情所画出的现实人生的轨迹就像是一只座钟的运动一样，它是一种必然，被预先确定好了。这种情形的出现，归根到底是因为上面叙述的形而上的自由行为，其潜入我们认知意识的方式是靠我们的直观，而直观又是以时间和空间为其自身形式的，因此，那种原本统一而不可分割的行为会由于时、空形式的缘故呈现为按照根据律四种形态所指引的连串分散事件与情境，而按照根据律所指引的道路恰恰就是人们所说的必然性。但是这样的结果往往含有道德方面的含意，也就是说，从我们的所作所为中我们了解到自己，正如通过我们承受的那些痛苦能够了解到我们的存在价值一样。

由此我们可以进一步推断得出：人的个体性并不完全由个体化原理所绝非定，所以可以说，人的个体性并非完全一连串现象的组合；人的性格的根源到底多么深厚，这不是我所要处理的问题。

此时，我们不妨回想一下，即使柏拉图也以其方式将每个人的个体性描绘成他们的自由行为，这样的结果是因为柏拉图把人的个体性的产生解释成每个人心和性格的结果，就像每个人都是经过转世轮回以后才出现的产物那样（《菲德洛斯篇》），即使婆罗门教也用神话的形式来说明人与生俱来形成的性格注定不可以被改变这一看法：每个人呱呱坠地时，婆罗门就利用在每一个人的头盖骨上镌刻文字的方式记录下此人的行事与痛苦，当然这个人的人生轨迹也就由此展开。并且他们认为头盖骨上残存的锯齿痕很有可能就是那些记录的文字，而这些文字的内容则是这个人前世的生活以及行为的业报（《教育和奇妙书信集》）。这一观点似乎就是基督教神恩选择教义时的依据。

由上述讨论所引出的另一个结论——这已经得到了经验的普遍证实——它就是：一切真正的优点与功德，不管是属于道德上的还是属于智力上的，不仅仅具有物理的或现实经验的根本原因，还具有其形而上的原因。所以，我们说的这些优点和功德是先验而非后验的；也就是说，这些东西是天生就有的，并非靠后天习得。因此，它们的根源并不单单存在于现象之中，而是植根于自在之物。所以，总而言之，每个人做出的只是存在于他本性当中、亦即由天生的内在已经不可挽回地固定下来的那些事情。虽然说智力才能的确需要得到发掘与修养，正如大自然的很多产品需要经过一番加工之后才可以为人类享用一样，但是在这两种情形里，任何形式的修养和加工都不能代替原有的材料。所以，一切只是靠学习得来的、后天勉强获得的，亦即后验的素质——其中包括道德素质与智力素质——的确都不是货真价实的，它们不过是没有内容的表面功夫罢了。由正确的、形而上的观点所得出的结论看，我们仍然可以通过深刻地观察经验事情取得。关于这一方面的证明，甚至还包括所有人都十分重视的每个在某一方面表现出色的人的面相和外形，亦即这个人具备的先天条件，所以，人们都期待一睹此人的风采。当然，那些肤浅、庸俗之辈出于易于理解的理由会抱有与之截然相反的意见，从而，他们就可以从中得到安慰，希望有朝一日他们所欠缺的东西会不期而至，降临到他们头上。所以，这个世界不仅只是规划好了人们下辈子的福、祸——这些要依人们在这辈子的善、恶而定——事实上，在这个世界的人们早已经得到了最后审判，因为每个人据其自身素质及其做出的功德就已经随之获得了相应的酬劳和耻辱。当然，在传授转生轮回时，婆罗门教和佛教就已申明了这一道理。

人们常常会提出这样一个问题：如果两个人各自在荒野中独自长大，那么当他们第一次相遇时，会做些什么？对于这个问题，霍布斯、普芬多夫和卢梭都给出了不同的答案。普芬多夫相信这两个人会进行一番友好的问候；霍布斯则认为他们会把彼此当作是敌人；而卢梭的看法很特别，他认为这两个人只是在相遇后擦肩而过，沉默不语。这三个人的回答既是对的也是错的，因为正是在这种情况下，两个人与生俱来的个体道德倾向之间无法衡量的差别就会表现出来。而这种情况就好像是测量道德倾向差别的尺度和仪器。而原因是，对于某些人来讲，当他们看见别人时，就会产生一种敌对情绪，而且他们的内心深处还会警告自己："这个人是非我！"也有一部分人在面对其他人时，会马上产生一种好感，感到友好、关切和同情，他们的内心就会说："这个人就是另外一个我！"

在这两种情绪之间存在着无数的等级，而我们在这种具有关键性的立场上，感到这些根本不同的问题确实是一个巨大的不解之谜。在丹麦，一位名叫巴斯特海姆的人在他的《关于生活在原始状态下的人的历史报道》一书中，为我们提供了一些针对人类道德性格所具备的这种先验本质而进行多方考察的素材。巴斯特海姆从中发现：一个民族所表现出来的思想文化竟然与这个民族的道德优点是完全独立、分开的，其原因是这两者常常分离开而不结伴出现。对于这种现象我们可以这样解释：民族的道德优点并非源自理性的思考；而理性思考的训练、培养则依赖于思想文化的发展。但是这种道德优点是直接发自意志本身的，而意志的内在成分又是人类与生俱来的，因为意志本身是无法通过文化修养而发生改进的。在巴斯特海姆的著述中，他提出大部分民族都是道德败坏的，而在某些野蛮部落里，他却看到了人类身上具有许多异常令人钦佩的总体性格特征，例如生活在萨乌岛的居民，以及居住在西伯利亚一带的通古斯人和皮鲁岛人。为了解绝非这个难题，巴斯特海姆颇费了一番脑筋：为什么一些部落的人异常善良，而生活在他们周围的部落的人却又是如此卑劣呢？依我个人的观点，对于这种现象的解释是，道德素质遗传于父亲。

在上面的这个例子中，孤零零、道德高尚的部落来自同一家族，因此他们出自同一个祖先，而这个祖先正是一个善良的人。由此，这个部落代代保持纯洁无瑕。在北美一些地区，曾经出现过许多令人不愉快的事情，例如，逃避公债，明火执仗打劫、抢掠等。出现这些事情时，英国人则想到：当年，北美是英国流放罪犯的殖民地。当然，我这里所说的只适用于这些人当中的极小部分人。

一个人的个性——即他既定的性格和智力——就像渗透力超强的染料，能够精确地绝非定他的所有行为和思想，甚至包括生活中最琐碎的细节——这真是奇妙至极。在人类个性的影响下，一个人的人生轨迹，即记录着他的内在与外在事情的发展过程，会清楚地显现出他与另一个人的人生轨迹完全不同的差别。就像植物学家可以从一片叶子识别出整株植物，居维尔能够通过一块动物的骨头重构出这个动物，同样，根据一个人的某一种具有典型性的行为，我们也可以准确地了解这个人的性格。换句话说就是，在某种程度上，我们是从这一行为而勾画出这一个人的，尽管这种行为只涉及一些芝麻绿豆般的小事，但事实上，这些小事却常常能使我们认识一个人，因为在处理一些很重要的事情时，人们会很自然地提高警惕，小心地控制自己；而对于小事情，他们就会疏于防备，只是循着自己的本性行事。假如一个人在处理一些小事情时做出了丝毫不顾及别人、完全自我的行为，那么我们可以断定他的内心并没有公平、正直的感情，从而我们也就不能在没有任何保障的情况下托付给这种人任何事情，哪怕是一文钱。因为这样一个在不涉及财产的事情上，都毫不关心、缺乏公正的人，他那种无限膨胀的自我主义，很容易在日常生活中的微小动作、行为中暴露出来，就好像透过一件褴褛的外衣的孔洞看见里面肮脏的内衣一样——对于这样的人，谁又会相信他在处理人际交往的事情时,除了正义而没有任何动机的情况下,能够做到童叟无欺呢?任何人,如果在小事上不懂得体恤别人,那么他就会在大事上肆无忌惮。而如果忽略了一个人性格上的微小特征,那么,只有等他吃亏受累以后,才能了解到自己的特殊性格已暴露无遗了,而这也是他咎由自取的结果。根据这个原则,当我们所谓的好朋友泄露出自己下流、恶劣的特性时——哪怕是毫不起眼的小事上面——我们就要立即与这些"好朋友"断绝往来。只有这样才能避免误中他们的阴毒招数——只要时机一到,这些东西就会现形。这种判断标准也同样适用于我们所雇佣的仆人。对此我们应该时刻谨记于心:即使孤单一人也总比被背叛自己的人簇拥着要好。

认识一个人的基础就是,坚信他的行为在大体和本质上并不受他的理智机能、希望和绝非心所控制。因此可以说,并不是一个人希望自己成为哪一种人,他就能如愿以偿,尽管他的愿望是那么地真诚。事实上,一个人的行为发自其与生俱来、无法改变的性格,并是在动因的特殊、具体的安排下进行的。所以说,一个人的行为是其性格和动因的共同作用下的产物。或许我们可以将一个人的行为过程看作是一颗行星的运动轨迹:行星在运行时划出的轨迹是在离心力和太阳对其牵引的向心力的共同作用下出现的结果,前者代表了性格,后者体现的就是动因的影响。在这里我所运用的不仅仅是比喻,换句话说,行星运行时的离心力,虽然受到外界引力的限制,但根据形而上的意义来说,这也是此行星所显现出的自身的意志。

如果明白了上述的道理,我们就会清楚一点:对于自己在将来的某一处境会做出什么行为的判断仅仅是猜测而已,虽然我们常常将这种猜测看作是一种定论。例如,当别人提出一个方案时,一个人会非常真诚,并且十分愿意许下诺言,在将来的某种情况里做出这样或那样的事情。但这个人是否真的会在那一时刻履行这项义务,可就无法确定了,除非他的本性能够制约他所做出的承诺,在任何情况下对于这个人来说都是一个有足够影响力的动因——因为,例如,这个人非常在乎自己的信誉,那么这种维护信誉的动因所发挥出的作用就同别人的强迫没有什么区别。另外,这个人在将来的某一处境下会有在怎样的作为，也可以预先确定下来——只要我们准确、细致地了解这个人的性格，以及他所处的外在情形对他性格所产生的影响。假如我们见过他在相似情形下所表现出的行为，那么我们的预知自然是非常容易的，因为当他第二次出现在这种情形下会不可避免地做出同样的行为，而前提条件是：在第一次时，这个人已经准确并彻底地了解了当时的情形。这正如我在前面所指出的："最终产生作用的原因并非受其真正的本质所影响，而仅仅是依据其本质被了解的程度。"（苏阿雷斯，《形而上学的讨论》）换句话说，一个人在第一次处于某种情形时，并不知道或明了一些东西不会对他的意志造成影响，就像某一种绝缘体，由于没有导体的作用，电流传导时也就停止下来一样。下面这个例子能够清晰地显现出性格的不变本质以及由此产生的必然行为：如果一个人在某种情况下没有像他所应该的那样行动，那么他一定是欠缺果断、坚定以及勇气，或者就是缺乏在那一刻所需要的素质。事后，这个人必然会认识到自己在处理事情时的不当行为，并为之后悔。他或许会对自己说："啊！如果事情能够重头再来一次的话，我一定会做出不同的行为！"可是，当相同的情形真的再度出现时，他又会不自觉地做出和以前一样的行为——他自己都为此感到莫名其妙。

在莎士比亚的戏剧中，我们可以找到大量的例子，来清晰地说明现在所讨论的真理，这是因为莎士比亚完全相信这一真理，他凭借自己直观的智慧将这一真理以具体、形象的方式表达在他的每一部著作中。我现在就来列举一个例子——在这个例子中，莎士比亚将这一真理表现得淋漓尽致，但又丝毫不存在主观倾向，也没有做得生硬、过火。其中原因是，对于一个真正意义上的艺术家，莎士比亚并没有从概念出发。相反，他仅仅只是满足于将自己直观所见以及直接了解的这一真实的心理情形表现出来。对此，莎士比亚并不在意大众是否会注意、明白这一道理，他也不曾想到在将来的某一天，在德国，那么肤浅和愚蠢的家伙会十分详细地分析自己写下来的这些剧本只是为了图解一些在道德方面平淡无奇的理论。就像作品中的诺森伯兰伯爵一角。他连续出现在三部悲剧里，但都是配角。他分散出现在十五幕剧中为数不多的几个场景里。这样一来，假如我们没有全神贯注地阅读的话，即使作者牢牢地把握着这个角色，我们也会很轻易地遗漏这一角色，以及其在道德上的一致性，因为作品对于他的性格揭示是分散在不同的段落里的。这位伯爵的每一次出场，莎士比亚都将他定位为道貌岸然的人，伯爵有着高贵的骑士派头，谈吐也与他的身份很相配。有时，莎士比亚甚至还会让他的嘴巴里说出一些十分优美、高雅的辞藻。当然，这是因为莎士比亚的手法与席勒相比相差很远。在席勒的笔下，他习惯于将魔鬼涂成黑色。作者对于自己创造的这些角色是赞许还是反感，就体现在这些角色所说出的话语。而在莎士比亚和歌德的笔下，人物一旦出现在情景中，那么他所说的话则完全合乎当时的情理，即使这个角色是个魔鬼。对此，我们也可以用歌德和席勒作品中的艾尔巴公爵为例。我们在《理查二世》中第一次见到了诺森伯兰伯爵。在剧中，伯爵第一个站到了波林布鲁克一边，制造阴谋对抗国王，而最终波林布鲁克成为了亨利四世。在第二幕，第三景中，诺森伯兰伯爵私下里对亨利四世阿谀奉承。而在接下来的一幕里，伯爵仅因为在说到国王时，直呼理查而遭到斥责，但他向上帝发誓说那只是为了简约。当这件风波过去后不久，伯爵就花言巧语地说服国王。接下来，伯爵则苛刻、无礼地对待这位让位的国王。到最后，失魂落魄、郁郁寡欢的国王在忍无可忍的情况下，吼道："魔鬼，我还没进地狱你就在折磨我了！"在这部剧的结尾，伯爵向新国君报告说：他已经将那些追随前国王的人的头颅砍了下来并送到了伦敦。在莎士比亚后期创作的悲剧《亨利四世》中，诺森伯兰伯爵以同样的方式制造了一次对抗新任君主的阴谋。那些叛乱者在第四幕中联合起来，计划着在第二天的早上发动这场大战役。他们迫不及待，以致没有等诺森伯兰伯爵和他的军队。最终，伯爵差人捎来一封信：他此刻正抱病在身，但他实在不放心将军队交给别人，但即便如此，他仍然希望他的战士们能够勇往直前、奋勇杀敌。叛乱者们是这样做的，可由于没有伯爵的军队，致使战斗实力大减。他们遭受了重创，造反的首领们也被俘虏了。而伯爵的儿子——英勇的"热刺"也被威尔士亲王亲手击倒。

在《亨利四世》的下半部里，伯爵因为儿子的死而爆发出雷霆般的愤怒，喘着粗气叫嚷着要为儿子复仇。于是他再次煽动暴乱，幸存的叛乱首领们也都聚集在一起，商议着复仇大计。在第四幕中，一场大战迫在眉睫，叛乱者等候着与伯爵的军队会合。这时，有人又捎来了一封信：诺森伯兰伯爵由于无法聚集足够的将士，所以，他绝非定到苏格兰避避风头；即便如此，他还是衷心地祝愿他的同党——英勇作战的将士们，并希望他们能够获得最终的胜利。收到这一消息后，叛乱者放弃了起义而与国王达成协议，并缴械投降。可是后来，国王并没有遵守协议，最终将叛乱者全部消灭了。

由此我们不难看出，一个人的性格并非是这个人的理智思考和选择的产物。在人类的行为里面，智力所起到的作用就是将动因呈现给意志。它只是一个旁观者和目击证人，仅仅是眼睁睁地看着动因制约、作用于性格，从而形成人生的轨迹。但是，对于人生轨迹里所发生的总体事件，严格地说，通常情况下，其发生的必然性同钟表运动的必然性是没有什么差别的。对于这一点，读者可以参阅我《论意志的自由》中的获奖论文。那里面提出，一个人在做出每一个具体、特定的行为时，其意志是完全自由的这种看法只是一种错觉。在这篇论文中，我根据人类的这种错觉，还原出了其真正的含意和根源；并以此方式陈述了出现这种错觉的作用原因。在下面运用目的论来解释这种自然错觉的同时，我还想补充一点，即产生这种错觉的目的原因。自由与原初性事实上只属于人的悟知性格，而智力只能在人走过这一生后才能了解到这一悟知性格——可大部分人认为，人在每一种单独行为中都体现了这样的自由和原初性。这样，根据我们的经验意识来看，最初的作品似乎经由我们的单个行为而以一种崭新的形势开始和结束；而我们的人生历程也就因此获得了最大限度的道德警示，因为只有我们经历过人生的历程才能对我们性格中一切不良的东西有所感觉。换句话说，只有这样，我们做出的每一个行为才会有良心的伴随，同时它还给予这样的评价："你本不该这样做，你本可以做出这样或那样的事情。"也就是说"你本不该成为这样的人，你本来应该是这样或那样的人"。但因为我们的性格无法改变，身处其中的外在情形又遵循着严格的必然性持续出现，所以，从总体上说，人生的历程从一开始到结束始终被精细地确定下来。即便这样，人的一生，以及其主体和客体的既定命运，会比另外一个人的一生更加幸福、高贵和有价值。因此，如果我们没有剔除一切公道、正义的话，那么我们就会得出这种假设：人类与生俱来的主体条件，以及其出生于其中的客体条件，都是这个人在前世道德上种下的因而在今世结出的果。此种思想在婆罗门教和佛教中占有牢牢的崇高地位。

马基雅弗利对哲学思辨几乎没有什么兴趣，但他独特、颇具穿透力的悟性却让他说出了下面这句十分深奥的话。他之所以会得出这种见解，是因为他能够直观地认识到：在既定的性格和动因齐备的情况下，行为是遵循完全的必然性所发生的。他在喜剧《克里提亚》的开场白中说道："在这个世界上，如果相同的人和相同的情形再度出现，那么用不上一百年，现在的人就会再度聚首，而且会做出现在他们正在做的事情。"但是圣奥古斯丁在《上帝之城》中说过的话却能引导马基雅弗利得出这种见解。

古人对于命运之说，一向认为所发生的一切都被因果关系联系在一起，因而这些事情的背后都遵循着严格的必然性；由此我们可以说，将来发生的事情早就被固定、不变的确定下来了，而且是不容有丝毫的更改，仿佛过去已经发生了一样。能够确切地预言将来会发生的事情——在古人的命运、神话里——是被认为不可思议的事情，假如我们忽略催眠预知和第二视觉这两方面的话。我们不能试图用肤浅的空谈、愚蠢的借口来反驳命运论的基本真理，而应该努力地明白和察觉这个真理，因为这个基本真理是可以被证实的——它为人类提供了了解那谜一般神秘的生存的重要素材。

对于两个命运论——上帝绝非定命运论和上面提到的命运论——之间的差别并不是体现在总体和根本性上的。两者间的差别主要在于前者认为：人的与生俱来的性格和对人的行为的外在限制源自某个具体的认知之物；而后者却认为，这一切并非发自某个具体的认知之物。但就结果而言，这两种命运论却是殊途同归：必须发生的事情最终肯定会发生。而道德自由与原初性

231
——
道德的天平

始终保持着密不可分的关系。这是因为，假设将一个生存看作是另一个生存的作品，而在意志和行为上，前者却是自由的——那么这种观点单玩弄字眼还说得过去，可在缜密的思想领域里却是缺乏根据的。换句话说，谁若能凭空创造出某一种生存，那么他也就创造、确定了这种生存的本质，即这种生存的总体素质。这是因为创造者既然将某样东西创造出来，那么同时他也就创造了这样东西所具备的，并被精确地固定的素质。而那些被确定下来的素质也会逐渐遵循必然性而最终显现出来，并发挥其作用。因为这些素质所显现出来的所有外现和效果仅仅是它们被激活的结果——在适当的外在时机出现时，这些素质就会显露出来。什么样的人就会做出什么样的事。因此，功德和罪过并非与这个人的具体行为有关，而是与他的真正本质和存在相联系。所以，一神论同人们应负担的道德责任是水火不相容的，因为这种道德责任自始自终都归于这种生存的创造者。造物主才是真正意义上的责任人。人们努力地运用享有道德自由这一概念来协调这些矛盾，但这是劳而无功的，这种牵强的协调也是站不住脚的。自由的存在必须是原初的存在。如果我们的意志是自由的，那么它同时也是原初之物；反之亦然。前康德教条主义曾试图将这两个难题区分开，为此，他们不得已假设两种自由是存在的：一个是在宇宙起源学中世界形成的第一原因的自由；另一个则是在道德学和神学中，假设人的意志是自由的。由于这个原因，康德的第三对和第四对的悖论内容也就是探讨自由的问题了。

与之相比，在我的哲学理论中，坦白、公开地承认人的行为具有严格的必然性并不与我所宣讲的这种学说相矛盾：表现出的自身意志也存在于不具备认识力的存在物上。不然，假设真的有这种行为的自由，而这种行为并非像其他作用效果那样，时刻受到严格的必然性的制约。事实上，有其必然性的行为必然会与意志活动——它也表现在不具备认识力的存在物的运动之中——相抵触。同时，就像我在上面所表明的，我所提出的关于意志行为有其必然性的学说，不可避免地让我们得出这样一种推论：人的存在和本质是人的意志的结果，而意志也因此成为自为之物，并且不依赖于某一造物主而存在。可是在与此相反的设想中，一切责任都消失得无影无踪，对此我已表明了的；并且，这样一个道德的世界，就像自然、物理的世界那样，仅仅是一台机器——它的制造者将它发动起来只是单纯地为了自己的消遣。因此，一切真理都是连贯、统一的，并且它们彼此补充、论证，但是谬误则会处处碰壁，矛盾之处无法避免。

道德说教对于人的行为所带来的影响，以及其性质、局限，我已经在我的论文《论道德的基础》中详尽地探讨过了。从本质上说，与道德说教相类似的影响是别人的榜样例子的影响。但是同说教相比，别人的榜样发挥出的影响力更大，所以，我们有必要对后者进行一番简短的分析。

榜样例子的影响首先表现在阻挠或者鼓动方面。当榜样力量迫使一个人放弃他很想做的事情时，这种榜样所发挥的就是阻挠作用。换句话说，这是因为这个人并没有看到其他人去做这件事情——由此他得出一个泛泛的推论：做这件事情是不明智的，而且这件事情会给自己、财产或者声誉带来某种危险。一旦这个人有了这种想法，他自然不乐意亲自调查一番，或者愿意亲眼目睹做过这件事的人所承受的糟糕后果。这就是榜样例子所起到的阻挠作用。而榜样例子发挥鼓动作用主要有两种方式：（1）它能够促使一个人做出其原本不想做的事，而这个人这样做的原因只是因为，若不这样做就会使自己处于某种危险中，或者有损自己在其他人心目中的印象；（2）它还能够鼓励一个人勇敢地去做自己想做的事，即使最初因为顾虑危险或者羞辱而一直不敢做。这种榜样例子所发挥的就是鼓动、促进的作用。

其次，这种榜样例子会使一个人注意到他之前不曾注意到的事情。假设在这种情况下，别人的榜样力量显而易见先对这个人的智力发挥作用；而对其意志的影响则是次要的。当这种榜样力量真的对他的意志产生影响时，那么其中还存在一个媒介：那就是自己对所要做的事情做出了判断，或者对做出榜样的人十分信任。这种榜样例子之所以会产生如此强大的影响，是因为通常情况下人们都缺乏判断力，而且没有多少知识去亲自探索自己究竟该走什么路。所以，这些人非常愿意跟随别人的步子。由此可知，一个人越缺乏判断力和知识，那么他就越容易受到别人的影响。从而，这种做出榜样的人也就变成了大众的指路明星。多数人的行为，无论大小，都可以归结为对其他人的仿效；即使是处理最琐碎的事情，他们也不会根据自己的判断行事。其原因，就是因为他们害怕思考、琢磨，并且不信任自己的判断力。人们这种纯粹地模仿他人的倾向足以证明，人与猿猴的亲缘关系。因为模仿和习惯是人们大部分行为的有力动因。可是，这种榜样的力量对于某些人的作用却是由这个人的性格所绝非定。一个榜样的例子会对一个人产生诱惑、怂恿的作用，而对另一个人则会有威吓、惩戒的效果。生活中，我们可以随处看到这种情形，例如，以前，人与人之间的交往不存在不当、无礼举止，但现在却逐渐扎根、蔓延。或许某个注意到这些问题的人会突然意识到："哦！怎么会是这样？这样太自私了，丝毫不为别人考虑！我一定要引以为戒，不可做出这类的事情。"但另外还有一部分人这样想："哈！这个人可以做出这样的事，那我也一样可以这么做！"

从道德的角度来看，这种榜样和说教都有助于社会和法律的改进，但却不能改进一个人的内在，而一个人的道德好坏，主要绝非定于他的内在。这是因为别人的榜样行为仅仅是这个人的动因所产生的作用。因此，榜样的例子能够发挥作用需要一个前提条件，那就是一个人能够接收并接受这种动因。但一个人的性格特征倾向于接收、接受这种动因，或者是另外一种动因，这种动因正好绝非定着这个人本来的、真正的道德素质。从总体上说，别人的榜样力量是一种帮助我们显现出自身性格中好的、坏的素质的手段，但这些手段却不能产生这些素质。因此，塞尼加有句话说得很对："意志是教不会的。"一切真正意义上的道德品质，不管好坏，都是人类与生俱来的。这个道理同婆罗门教和佛教的轮回学说十分吻合——这也是与犹太教相比较而言的。根据佛教的轮回学说："一个人的恶行和功德都自始至终地伴随着他从这一世轮回到下一世。"但是犹太教却认为一个人在来到这个世上时，他在道德上是空白纯洁的；他根据那令人无法想象的"无须根据的自由和任意选择"，经过理性的思考，绝非定了自己最终要成为天使还是魔鬼，或者是成为介于两者之间的人。我很清楚犹太教的这些说法，但我对此不屑一顾，因为我是真理的拥护者。同时我也不是哲学教授，我的职责不是巩固、维持犹太教的基本观点，何况这种观点已经成为永远阻碍人们获取任何哲学认识的绊脚石。打着"伦理道德的自由"的名义，"无须根据的自由和任意选择"成为了哲学教授爱不释手的玩具。就让他们自得其乐吧！这些所谓的聪明、正直、真诚的人啊！

健全的人格

通常说来，人是什么比他自己有些什么及他人对他的评价是什么更能影响他的幸福。由于个性每时每刻伴随着人并且影响他的全部经验，所以人格——也就是人自身所具有的一些特质是我们应该首先考虑的问题。能从各种享乐中获得多少快乐是因人而异的。我们都知道在肉体享乐方面的确如此，精神享乐方面亦然。每当我们运用英文里的句子"好好享受自己"时，这话实在太容易理解了，因为我们没说："他享受巴黎。"而是说："他在巴黎享受'自己'。"一个性格出现问题的人会把一切的快乐都看作不快乐，好比美酒倒入充满胆汁的口中同样也会变苦。因此，生命的幸福和困厄，不在于遭遇的事情本身的苦与乐，而是要看我们如何面对这些事情，要看我们感受性的强度怎样。人是什么，他自身所包含的一些特质是什么，如果用一个字来形容，那就是人格。人格所具备的所有特质是人的幸福和快乐最根本、最直接的影响因素。其他的因素都是间接的、具有媒介性的，所以它们具有的影响力也可以被消除破灭，但人格因素产生的影响却是不能消除的。这就说明了为什么人的原本根深蒂固的嫉妒心性难以根除，况且，人们时常会小心谨慎地掩饰自己的嫉妒心性。

在所有我们所做、所遭受的经历当中，我们具备的意识素质总是占据着一个经久不变的位置；一切其他方面的影响都依赖于机遇，机遇都是过眼云烟，稍纵即逝且变动不已；独有个性在我们生命中的每一刻不停地工作着。所以亚里士多德说："经久不变的不是财富，而是人的个性。"我们对完全来自外界的厄运倒还可以容忍，但是由于自己个性所致的苦难却无法忍受；只因运道可以改变，个性却很难更变。人自身的福祉，例如精明的头脑、健康完善的体魄、爽朗的精神、乐观的气质以及高贵的天性等，简言之，就是幸福的第一要素，所以我们应竭尽全力地去促进与保存这种使人生幸福的特质，且莫孜孜于外界的功名利禄。

在这些内在的品格中，最能给人带来直接快乐的莫过于"健全愉悦的精神"，因为美好的品格本身就是一种幸福。愉快且喜悦的人是幸福的，他之所以能做到这一点，只因其个性本身就是愉快而喜悦的。这类美好的个性可以弥补由于其他一切幸福的丧失所带来的缺憾。例如若一人因年轻、英俊、富有而受到人们尊敬，你想知道他是不是幸福只需看他是不是欢愉。如果他是欢愉的，则背直、背弯、年轻、年老、有钱、无钱，这与他的幸福又有何关系？总之，他是幸福的。几年以前我曾经于一本古书中发现了下面的两句话："如果你常常笑，那么你就是个幸福的人；如果你常常哭泣，那么你就是不幸福的。"虽是很简单的几个字，甚至几近于老生常谈，但就是因为它的简单才使我一直铭记于心。因此当欢愉的心情来敲打你的心门时，你就应该大大地敞开你的心门，令愉快与你同在。这是因为它的到来总是不错的。但人们却常常犹豫着担心因自己太快活而导致的乐极生悲与灾祸。其实，"愉快"本身就是一种直接的收获——它虽不是银行里的支票，却是兑换幸福的现金，因为它能使我们获得当即的快乐，是我们人类所能拥有的最大幸事，因为从我们的存在对于当前这一方面来说，我们只不过是介于两个永恒之间那极短暂的瞬间而已。因此，我们追寻的幸福的极致便是如何保持和促进这种愉快的心情。

能够保持和促进心情愉快的不是财富，而是健康。我们不是常常会在下层阶级、劳动阶级，尤其是工作在野外的人们脸上看到愉快而满足的表情吗？而那些富有的上层阶级人士不是时常表现出愁容满面、满怀苦闷的神情吗？所以我们应尽力维护健康，亦唯有健康方能浇灌出愉悦的花朵。至于怎样维护健康，实在无需由我指明——避免任何种类的肆意放任自己和那些激烈且不愉快的情绪，也不要太压抑自己的情绪，经常做户外运动，洗冷水浴和遵守卫生规范等。没有适度的日常运动就不可能永葆健康，生命过程便是依赖于体内各个器官的不停运转，运转的结果不单单影响到身体的各部门，同时也影响了全身。亚里士多德曾说："生命即运动。"运动也确实是生命的本质。有机体的每个部门都在不停地迅速运转着。比如说，心脏在一张一弛间有力而不息地跳动着；每跳28次它便把体内所有血液由动脉运至静脉再分布到身体每处的微血管之中，肺就像个蒸汽引擎般无休止地膨胀与收缩；内脏也一直蠕动工作着；各种腺体不停地汲取养分再分泌激素；甚至连脑也随着我们的呼吸和脉搏的跳动而运动。世上注定要有不计其数的人去从事办公室工作，他们经常无法运动，于是体内的骚动与体外的静止不能被调和，必然导致显著对比的产生。实际上，体内的运动是需要适度的体外运动来平衡的，否则便会产生情绪的困扰。大树的繁盛荣茂也要有风来吹动。人的体外运动必须与体内运动平衡就更不用说了。

幸福基于人的精神，而精神的好坏又常常与健康息息相关，这只要我们于同样的外界环境及事件，在健康强壮与缠绵病榻时的看法以及感受有着怎样的不同中便可看出来，让我们感到幸福与否的并非客观事件，而是这些事件带给我们的影响以及我们对此的看法。就像伊辟泰特斯所说的："人们通常不是受事物的影响，影响他们的是他们对事物的想法。"一般说来，人的幸福十有八九归功于健康的身心。有了健康，做什么事都是令人快乐的；反之就失去了快乐；即使有的人具有伟大的心灵、开朗乐观的气质，通常也会因健康的丧失而黯然神伤，甚至发生质的改变。所以当两人见面时，我们通常都会问及对方的健康状况，相互祝愿福体康泰，原来健康才是成就人类幸福的最重要的成分。只有最愚笨的人才会为了其他的幸福而不惜以牺牲健康为代价，不论这其他的幸福是功、名、利、禄，还是学识以及过眼烟云般的感官享受，人世间没有任何事物能比健康来得重要。

愉快的精神是赢得幸福的要素，健康有利于精神的愉快，但要精神愉快仅有健康的身体还不够，因为一个身体健康的人也有可能终日愁眉苦脸、郁郁寡欢。忧郁植根于更为内在的体质，此种体质是没法改变的，它系于一个人的敏感性以及他的体力与生命力的一般关系中，非正常的敏感性往往导致精神的不平衡，比如忧郁的人总是会比较敏感，患有过度忧郁症的患者会爆发周期性的不受控制的快活，天才通常会是精神力即敏感性很充足的人；亚里士多德观察到了此特点，他说："一切在政治、哲学、诗歌以及艺术上有突出贡献的人士都具有忧郁的气质。"毋庸置疑，西塞罗也有同样的想法。

柏拉图把人分为两类，即性格随和的人和脾气别扭的人。他指出关于快乐和痛苦的印象，不同的人会有不同程度的受容性，所以即使经历同样的事情，有的人痛苦绝望，有的人却一笑置之。大概是因为对痛苦的印象的受容性愈强的人其对快乐的印象的受容性就愈弱，反之也成立。每件事情的结果非好即坏。总担忧、烦恼着事情可能转坏，因此即使是好的结果到来，他们也快活不起来了。

另一方面是不担心结果的人，如果是好的结果，他们便很快乐。

这就好比两个人，其中一人的十次事业即使成功了九次，但还是不快乐，只为那一次的失败便懊恼不已；另一人虽然只成功了一次，但他却在这次的成功里得到了安慰和乐趣。然而，世事有利也就有其弊，有弊的事也必有其利，阴悒且充满忧郁个性的人所经受和必须克服的艰难困苦多半是自己想象出来的，欢乐而漫不经心的人所遭遇的困苦都是实实在在的，因此事事往坏处想的人不容易受到失望的打击，但是凡事只见光明一面的人却时常不能如愿。内心本就忧郁的人若一旦患上精神病或消化器官不良症，则有可能会因为长期的身体不舒适使忧郁变为对生命的厌倦。哪怕一些小小的不顺心便令其走上自杀的道路，更糟的是，即使没有特殊事件发生，他们一样会自杀。这种人因长期的不幸福而想自杀，并且会冷静而坚定地施行他的绝非定。如果我们观察到有这样一个受苦者，他厌倦生命到了极点时，的确可以发现他不会有丝毫的战栗、挣扎和畏缩，只是焦急地待他人不注意之时，立刻采取自杀行动，自杀几乎成了最自然、最受欢迎的解脱工具。即使是世上最健康最愉快的人也有可能自杀，只要他对外在的困难以及不可避免的厄运的恐惧大于他对死亡的恐惧，便自然会走上自杀之路。对于快乐的人，唯有在遭受高度的苦难时才会不得不选择自杀来寻求解脱。对原本悒郁的人而言，只要小小的苦难就会使他自杀。两者的差别就在于受苦的程度不同。愈是悒郁的人所需之程度愈低，甚至低到零度。但一个健康而愉快的人，非高度的苦难不足以使他自杀。内在病态悒郁情绪的加强能够导致人的自杀，外在绝大的苦难同样也会使人自杀，在纯粹内在到纯粹外在的起因的两极端之间，当然还有不同的程度。美也是健康的表现之一。虽然美只是个人的一个优点，没有与幸福构成直接的关系，但它间接地给予了他人一种幸福的印象。所以美对于男人来说，同样也有它的重要性。美可以说是一封打开了的介绍信，使所有见到这封信的人都对持信人产生好感，欢喜心便油然而生。荷马说得好：美是神的赐予，切勿轻易抛掷。

只要稍微考察一下便知，人类的幸福有两种敌人：痛苦和厌倦。进一步说就是即使我们幸运地离痛苦愈来愈远，但我们却是在向厌倦靠近。若远离了厌倦，我们便会更加靠近痛苦。生命呈现出两种状态，即外在或客观、内在或主观，在这两个状态里的痛苦与厌倦都是对立的，所以生命本身亦可以说成是剧烈地在痛苦和厌倦的两端来回摆动。贫穷与困乏带来痛苦；过于得意，人又生厌。所以，当下层阶级在与困乏做着无休止的斗争也就是痛苦挣扎时，而上流社会却在和"厌倦"打着持久战。对于内在或主观的状态，对立的起因是人的受容性和心灵能力成正比，然而个人对痛苦的受容性又和厌倦的受容性成反比。现作如下解释：根据迟钝性的定义，所谓的迟钝就是指神经不受刺激，气质感觉不到痛苦或焦虑，且无论后者多么强大，心灵空虚的主要原因在于知识的迟钝，只有常常兴致勃勃地注意观察外在的细微事物，才能消除许多人脸上流露出的空虚。心灵的空虚是厌倦的根源，正如兴奋过后的喘息，人们需要通过寻找某些事物来填补已经空白的心灵。而所寻求的事物大多类似，试看人们依赖的娱乐消遣方式，他们的社交娱乐以及谈话的内容不都是千篇一律吗？再看看有多少人在阶前闲聊，又有多少人在窗前凝望室外。由于内在的空洞，人们在寻求社交、娱乐、余兴以及各类享受时，便产生了奢侈浪费和灾祸。人们避免灾祸的最好方法莫过于增长自己的心灵财富，心灵财富愈多，厌倦所占据的地位就愈小。那生生不息的思考活动在纷繁复杂的自我与包罗万象的大自然中寻找新的材料，实现新的组合，如此不断地鼓舞我们的心灵，这样，除了休闲时刻以外便不会再有厌倦乘虚而入。

但是，从另一方面来看，高度的才智植根于高度的受容性、强大的意志力以及强烈的感情；这三者的结合体，使人易动感情，对各种来自肉体和精神痛苦的敏感性也有所增加，不耐阻碍并且厌恶挫折——这些性质又由于高度想象力的作用变得更加强大，使整个思潮（不愉快的思潮亦包括在内），都好像真实地存在一样。以上所述的人性特质适用于任何人——不论最笨的人还是空前的大天才。所以，无论是在主观还是客观方面，一个人接近了痛苦便意味着远离了厌倦，反之亦然。人所具有的天赋气质绝非定了他受苦的种类，客观环境受主观倾向的影响，人们所采用的手段总是与他所易受的苦难相抗衡，因此有些客观事件对人类有特殊意义，有些则不含什么特殊意义，这要由天赋气质来绝非定。聪明的人首先要努力争取的莫过于避免痛苦和烦恼的自由以求得安静和闲暇，减少与他人的接触，享受平静、节俭的生活。所以，智者在与他的同胞们相处了极短的一段时间后就会隐退，若他再有极高的智慧，更会选择独居。一个人内在具备得愈多，求之于他人的就会愈小，他人带给自己的也愈少。所以，人的智慧愈高愈显得不合群。当然，假如智慧的"量"可以替代"质"的话，那么活在大世界里才称得上划算，但不幸的是，人世间的一百个傻子亦无法替代一位智者。更不幸的是，人世间傻子何其之多。

那些经常受苦的人，他们一旦脱离了令人困乏的苦痛，便会马上不顾一切地寻求娱乐消遣和社交，唯恐要自己独处，与任何人都能一拍即合。唯因孤独时，人须委身于己，他内在财富的多寡便暴露出来；愚笨的人，虽然在此身着华衣，也会为了自己卑下的性格而呻吟，这本是他无法脱弃的包袱，然而，对于才华横溢之士而言，即使身处荒原，亦不会感到孤独寂寞。色勒卡曾宣称，愚蠢是生命的包袱，此话实为至理名言——确可与耶稣所说的话相媲美。

脑——可以看作是有机体的寄生物，它就像是一个住在人体内等待接受养老金的人，而闲暇——个人的意识与个性自由活动的时刻，却成为体内其余各部门的产品，是它们辛苦、劳累取得的成果。然而大多数的人在闲暇时刻里能得到些什么呢？除了感官享乐以及浪费以外，便只剩厌倦与无聊了。这样度过闲暇时光真是没有丝毫价值。亚里奥斯图曾说，无知人的闲暇是多么令人可悲啊！而如何享受闲暇实在是现代人的最大问题。常人只会想如何去"消磨"时光，而有才华的人却懂得如何"利用"时光。世界上只有那些才智有限的人才易生厌倦，因为他们的才智并非是独立的，它只是被当作一种施行意志力的工具，从而满足自己的动机；如果他们没有那些特殊的动机，那么他们就是无欲无求的，才智也就此长期处于休息状态，因为才智和意志都需要外物来发动。于是，闲暇的结果会造成不同能力的可怕停滞，那就是厌倦。为了消除这种可怕的后果，人们往往求助于仅可取一时之悦的琐事，从各种无聊的琐事当中寻求刺激以激发自己的意志，又因意志还要有才智的帮助才能达到目的，所以借此来唤醒停滞的才智。但这些人为的动机与那些真正的、自然的动机相比，就好像假钱和真钱对比一样，假钱派不上真用场，只能在牌戏中玩玩。所以这种人一旦无事可做，他们宁可摆弄手指，抽雪茄，敲桌子，也懒得动脑筋，因为他们本无脑筋可动。所以如今世上社交界里最主要的职务是玩牌，我觉得玩牌不但毫无价值，而且还是思想破产的象征。因在玩牌的时候，人们不事思考，一心想去赢别人手里的钱。这是多么愚蠢的人啊！但是为了保持公平，我们录下了支持玩牌者的相关意见。他们以为玩牌可以作为进入社会和商界的事前准备工作，因为人们可以从玩牌过程中学到：如何巧妙地运用一些偶然形成但又不可逆转的情况（例如玩家手中分到的牌），并且如何取得最好的效果；如何假装，比如在情况恶劣时要摆出一副笑脸，这些都是人在步入社会时的必要手腕。但是，我认为，正因牌戏是教人如何利用伎俩与阴谋去赢取别人的东西，所以它是道德败坏、不予提倡的。这种由牌桌上学来的东西，一旦扎下根，便会渗入到现实生活中，将人与人之间的种种关系和平日所发生的事都视为牌戏，只要在法律允许的范围内，每个人都无所不用其极。在商业界，这种例子比比皆是。闲暇是存在于必然的花朵和果实，它能使人面对自己，所以只有内心拥有真实财富的人才真正懂得欢迎闲暇。然而，大部分人的闲暇又是什么样呢？一般人总是把闲暇看得一无是处，他们对闲暇显得异常厌倦，好似沉重的负担。这时他的个性便成为自己最大的负担。

进一步说来，所需很少，输入愈少的国土愈是富足，所以具备足够内在财富的人向外界寻求的帮助也就很少，甚至是一无所求，这种人是何其幸福啊！输入的代价是巨大的，它显示了该国尚不能取得独立自主的地位，甚至可能引发危险，肇生麻烦。总而言之，它是比不上本国自产的。因此，任何人都不应该向外界及他人索求太多。我们要知道每个人能为他人所做的事情本就有限，到头来，任何人都是孤立存在的，重要的是，知道那孤立的并不是别人，而是你自己。这个道理便是歌德于《诗与真理》一书中的第三章中所阐明的，也就是说，在任何事情当中，到最后，人必须而且只能求助的还是自己。葛史密斯在《旅游者》中有这样的话："行行复行行，能觅原为己。"

人所能作为与成就的最高极限是不会超过自己。人们愈能达到这一点，愈能发现自己就是一切快乐的原动力，就愈能使自己感到幸福。这便是亚里士多德所得出的伟大真理："幸福即自足。"所有其他的幸福来源，从本质上来讲都是具有不确定性和不稳定性的，它们都如过眼云烟，随机缘而定；也都经常难以把握，所以即使是在极得意的情况下，这种幸福之源也可能轻易消失，这本是人生在所难免的事情。当人老年迈时，这些幸福的源泉也就必然耗尽：这个时候所谓的才智、爱情、爱马狂、旅行欲，甚至社交能力统统舍弃了我们；那可怕的死亡更要夺走我们的亲朋好友。这样的时刻来临时，自己是唯一纯粹和持久的幸福源泉。在充斥着悲惨与痛苦的世界之中，我们究竟能得到什么呢？到最后，我们每个人除了自己外原来都是一场空啊！一旦想逃脱悲惨与痛苦，往往又难免落入"厌倦"的魔掌中。何况在这个世界里，又常常是小人得志、愚声震天。每人的命运是残酷的，而全人类又原是可悯的。世界既是如此，所以只有有着丰富内在的人才是幸福的，就好比圣诞节时，我们在一间温暖明亮而又充满欢歌笑语的屋子里一样；那些缺乏内在生命的人，其悲惨与痛苦就好比置身于暮冬深夜的冰天雪地里。所以，世上命好之人，无疑地，是指那些既有天赋才情又有着丰富个性的人，他们的生活虽然不一定是灿烂辉煌的，但一定是最幸福的。19 岁的瑞典皇后克莉丝蒂娜在很年轻时，除了听别人的议论外，她对笛卡尔的了解仅通过一篇短文，因为那时笛卡尔已经在荷兰独居了二十年。她有感地说道："我认为笛卡尔先生是最幸福的人，他的隐居生涯实在令人羡慕。"当然，也要有有利的环境做保证才能令笛卡尔得其所愿，从而成为自己生命与幸福的主宰；从《圣职》一书我们读到的智慧只有对于那些具有丰厚遗产的人才是好的，对生活在光明之中的人才是有利的，被自然与命运赋予了智慧的人，必急于谨慎地打开自己内在的幸福源泉，这样就需要他具有充足的独立自主和闲暇。要想获得独立自主和闲暇，人必须自愿地节制欲望，随时修身养性。更要有不受世俗喜好及外界的束缚影响的定力，唯其如此，人就不致为了功名利禄，或是为了博取同胞们的喜爱和欢呼而牺牲自己，使自己屈就于世俗低下的趣味和欲望；智慧之人是绝不会如此的，他必然会听从于荷瑞思的训示。在写给马塞纳思的书信中，荷瑞思说道："世上最大的傻子，他们为了外在而牺牲内在，为了光彩、壮观、地位、头衔及荣誉而付出大部分甚至是全部的闲暇和自己的独立空间。"歌德不幸这样做了，而我却侥幸没有这样。

在此我所要坚持的真理在于人类的幸福主要植根于内在，这一点是和亚里士多德在他的《尼·可马罕氏的伦理学》中的某些仔细观察相互印证的，亚氏认为，幸福预设了某种活动和某些能力的运用，没有了这些，幸福就不复存在。在注解逍遥学派的哲学时，斯多巴斯对亚里士多德的人类幸福在于能自主发挥各种天赋才能直至极限的主张做了如下解释："能够有力而又成功地从事你的一切工作，那才是幸福。"所谓有力，就是"精通"任何事情。人类天生就有与周围困难作斗争的力量，一旦困难消失了，搏斗也便就此停止，从此，这些力量无用武之地，力量反而变成了生命的一种负担；此时，为了免受厌倦带来的痛苦，人还需再次发动自己的力量，同时运用这些力量。

"厌倦"的最大的受害者是那些有钱的上层阶级人士。古时的卢克利特斯曾在诗里描述陷于"厌倦"的富人那可怜悲惨的画面，他于诗中所描写的仍可见于当今的每个大都市中——那里的富人很少呆在家里，因为那儿会令他们深感厌烦，但在外面他们也不好受，所以不得不再次回到家里；或者想健步如飞地奔赴郊外，仿佛他在那儿的别墅着火了一般。但是到了郊外，他却又马上厌烦起来，不是匆匆入睡以便使自己于梦中忘怀一切，就是再忙着启程返回都市。

像上面这种人的年轻时代，多半是体力与生命力过剩，肉体及心灵不能对称，无法长期保持体力和生命力；到了晚年，他们不是一点心灵力都不具备了就是欠缺了培植心灵力的工具，以致自己陷入悲惨凄凉的境地中。意志，是唯一不会枯竭的力量，也是每个人应该永远具备的一种力量；为了保持意志的高度活力，他们宁愿从事各种各样的高赌注危险游戏，这无疑是一种堕落。一般情况下，人若发觉自己终日无所事事，必然会为那闲置的精力寻找一种合适的娱乐，诸如下棋、保龄球、赛马、打猎、诗词、绘画、音乐、牌戏、刻印、哲学或其他方面的嗜好，对于每种娱乐他都不甚精通，仅仅只是喜欢罢了。我们可以将此种嗜好规则地分成三类，它们分别代表三种基本力量，即合成人类生理组织的三个要素；不管它指向的目的为何，我们都是可以研究这些力量的本身，如何发现三种幸福的源泉，以及每人依其剩余精力种类选择其一，使自己获得快乐。

第一类是通过满足"生命力"得到快乐，生命力的代表有食、饮、消化、休息及睡眠；在世界上的某一部分，这种基本快乐是很典型的，几乎每个人都要得到这种快乐。第二类是满足"体力"得到的快乐，这种快乐可以从散步、奔跑、舞蹈、角力、骑马、击剑以及类似的田径等运动中得到，有时甚至可以在军旅生涯战争年代消耗过剩的体力。第三类是满足"怡情"得到的快乐，诸如在音乐、学习、阅读、沉思、发明、观察、思考、感受、对于诗与文化的体会以及自哲学等中得到的快乐。关于这些快乐的价值、持续性以及相对效用的久暂仍有很多，我们只能到此为止，其余留待读者去思索。但这一点却是大家公认的，即我们所运用的力量越高贵，所获得的快乐也就越大，因为快乐的获得涉及到了自身力量的使用，而一连串的快乐顺利地不断显现是组成人类幸福的主要因素，越是高贵的力量所带来快乐的再现性就越高。所以获得的幸福即是稳定。就这一点而言，满足"怡情"而得的快乐地位，当然要比其他两种根本快乐高；前两类快乐同时为兽类所拥有，甚至兽类具有更多这样的快乐；只有充足的"怡情"方面的快乐才是人类所独有的，这也是人与兽类的不同之处。我们的精神力是怡情展现出来的各种样态，因此，充足的怡情使我们可以获得某种与精神相关的快乐，即"睿智的快乐"是也，怡情越占优势，此类快乐就越大。

　　一般人平日所热切关心的事是那些会刺激他们的意志，也就是与个人利害息息相关的事情。然而，经常性地刺激意志并不是一件纯粹的乐事，其中必定夹杂着苦痛。就牌戏这个普遍流行于"上流社会"的玩意来说，它便是提供刺激的一种方式。因为它牵扯的利害关系很小，所以不致产生真实、长久的苦痛，只有短暂的微疼存在，"牌戏"对意志而言，实际上只是一种搔痒的工具罢了。

　　从另一方面来说，那些有着强大睿智的人可以完全不涉及意志，他们热切关心一些"纯知识"的事物，这种关心是这种人必有的品格，它为他们排除痛苦的干扰，让他们生活在仿佛仙境般的宁静国度里。

　　让我们看看下面的两幅景象吧：一幅是大众们的生活———段长期乏味的搏斗史，为了追求无价值的个人福利，他们投入自己的全部精力，历尽千辛万苦，目标一旦达成，再度回到自身时，生活便立即被无法忍耐的厌倦所包围，各种活动都停滞下来，唯有如火的热情方能燃起一些活意。另一幅景象是一个有着高度心灵能力的人，他的思想丰富，生命充实、有意义，一旦自主便立即致力于有趣味、有价值对象的追求，所以他在自身便形成了最高贵的快乐源泉。比如对自然的观察、对人类社会的思索、对历史的伟大成就的了解和领悟（深刻透彻地理解伟大事迹蕴含的意义是此类人士所独具的才能），这些是他们所需要的唯一外界激励的源泉。历代伟人们所期盼的千古知音便是这种有着高度心灵能力的人，同时，伟人们也会为自己的思想上获得知音而感觉没有白活，其他的人虽然对伟人们也抱有崇拜之心，但其对伟人以及他们门徒的思想却仅是一知半解，只称得上是一个道听途说的人而已。

智慧之士既然有上述特性，跟一般人相比，他就更需要学习、阅读、观察、沉思以及训练自己，总而言之，他需要不被打扰的闲暇。法国的大文豪伏尔泰曾说："没有真正的需要，就不会有真正的快乐。"智慧之士们的这些特殊的需求，使他们从大自然、艺术以及文学的瞬息万变的美中得到了无穷无尽的快乐，并且这些快乐是其他人所不能感受的。我们要使那些无所事事的人获得同样的快乐，但他们又不需要且不能领略这种快乐，这就真像希望满头白发的老人再度陷入爱河中一样。有资格享受无穷无尽快乐之天赋的人们，他们过着两种生活：私人生活与睿智的生活。睿智的生活渐渐成为他的真正生活，而私人生活不过是达到睿智生活的一种手段而已。但是一般人遇到的只是肤浅、空洞而又多烦扰的日子，无法变换为另一种模样的存在状态。然而心智力量强大的人，却始终坚守着睿智的生活胜于其他行业这一看法；随着学问和见识的日益增长，这种睿智生活好像一个渐渐成形的艺术品，日臻坚实，具有更高三位强度和固定性，生命的内在调和也更趋于一体；和这种生活比起来，那些只图个人安逸的人生就如同一幕拙劣的戏剧一样，虽然有广度，但却无深度可言，他们不过是浮生着的可怜虫罢了。如我前面所说，人们却把这种卑贱的存在方式当作一种人生目标，这是多么令人慨叹啊！没有激情渲染的日常生活是冗长乏味的，但是一旦激情产生，生活却又充满苦痛。唯有那些上天赋予过多才智之士是幸福的，因为他们除了在执行意志命令以外，还有能力感受另一种生活，一种没有痛苦、逸趣盎然的日子。但仅有闲暇，即仅有不受意志支配的多余睿智仍旧不够，尚需充沛的剩余力量以及不受意志奴役的力量来供睿智使用。所以色勒卡才说："无知人的闲暇是人类的一种死亡形式，是活的坟墓。"根据剩余力量的多少，第二种生活即心智的生活，可划分为无数层次：自收集、制作昆虫、鸟类与矿物的标本到诗学、哲学的巨大成就，它们都是此类生活的展现。心智的生活不但可以防御"厌倦"的侵袭，还可以避免厌倦的各种恶果的产生；它使我们远离不幸、危险、恶友、损失与浪费，这些都是那些把幸福完全寄托于外界的人必然要遭受的不幸。举个例子来说明，我的哲学虽未使我赚进半文钱，却替我省去了很多开支，心智生活的功效同样如此。

一般人将其一生的幸福寄托于外界事物，或是地位、财产、爱妻和子女，抑或是朋友、社会等等，一旦失去了这些，他们或是感到失望，他们的幸福根基也便就此摧毁了。换句话说，他的重心会随着每个幻想及欲念而改变位置，但却不会把重心放在自己身上。假如他是一个资产家，那么他的目标即幸福的重心便是好的马匹、乡间别墅、有趣的旅行或是朋友，总之过着奢华的生活，因为他的快乐根源在于外在的事物。这就好比一个失去健康活力的人，不知道重新培养已经流走的生命力，却希望借助药水、药片重拾健康。在谈到另外一类人即睿智之士以前，我们先来认识介于两者之间的那种人，他们虽没有出众的才华，但却比一般人更聪慧些。他们爱好艺术但又不精通，也研究几门科学，如天文、历史、物理、植物，喜欢读书，当外界的幸福之源耗尽或不再能满足他的需求时，也颇能以读书自娱。这种人的重心可以说部分在自己的身上。但是喜欢艺术与真正意义上的从事创造是极不相同的两码事，业余的科学探索容易流于表面化形式，不会深入问题的核心部分。一般人很难完全投身于学术探索并且任凭这种探索充满、渗透至生命的每个角落，以致完全忽略了其他方面的兴趣。唯有具有极高睿智力的人，即所谓的"天才"才能达到此种求知的强度，他能投入全部的时间和精力，极力表达自己独特的世界观，或者用诗、哲学来表达其对生命的看法。因此，他急需安然地独处以便完成他思想的作品，所以他乐于孤独，闲暇是最高的善，其他一切非但不重要，甚至是令人厌恶的。

这类人便把重心完全地放在自己的身上，所以虽然他们为数极少，不论性格多么优秀，也不会对朋友、家庭或社团表现出很大的热情或兴趣；他们只要求真正的自我，即使失去其他所有也无妨。正是由于这一点，他们的性格往往容易陷入孤独状态，更由于其他人的本性与他自身不一样，不能使他满足，彼此的相异之处便时时明显可见，以致即使他行走在人群之中，却似孤立的异乡人，当其谈及一般人时，只用"他们"而不说"我们怎样"。

我们现在可以得出如此结论：天生具备充足睿智的人是最幸福的人，所以，主体因素和人的关系较它与客观环境的关系要更为紧密，因为不论客观环境怎样，他的影响总是间接、次要的，并且都是以主体作为媒介。卢西安察觉了这个真理，于是说道："心灵的财富是唯一真正的宝藏，其余的所有财富都可能带来比该财富本身还要大的灾祸。"除了消极和不受打扰的闲暇之外，不需再向外界索要任何其他东西，因为他需要的仅仅是闲暇时光，发展、成熟自己的智性机能，以及享受生命内在的宝藏；总而言之，这样的人生只求其一生之中的每一刻都能为他自己而活。如果他注定能成为整个民族的精神领袖的话，那么能不能完美地发展心智力量直至巅峰以完成其精神使命，便成了他幸福与否的唯一标准。其他的都无关紧要。这就说明为何生来具有伟大心智力量的人都重视闲暇，珍视闲暇似生命。亚里士多德也曾说过："幸福存在于闲暇之中。"戴奥简尼赖尔提斯在记述苏格拉底的言行时说过："苏格拉底视闲暇为一切财富中最美好的财富。"所以亚里士多德在《尼可马罕氏伦理学》一书里总结说，奉献给哲学的生活便是最幸福的生活；此外他又于《政治学》中说道，得以自由运用任何类别的力量就是幸福。最后，我们再引用歌德的一段话："若某人生而具备一些可以为他使用的才华，那么他的最大幸福就在于使用这些才华。"

但是成为拥有闲暇宁静的人与成为一般人是不一样的，因为对宁静闲暇的渴求原本不属人之本性，那些一般人生来便注定了劳碌终生来养家糊口，成为处在挣扎与困乏交织的俗人，不能做有才智的自由之人。所以，一般人厌倦空闲，总需为着某些目的而忙碌，要是连幻想或勉强的目标——比如游戏、娱乐消遣和各种嗜好都不能找到，闲暇就成为他们的一种负担了。正如人一旦闲下来便急于找些事做，所以闲暇有时可能充斥着危险因素，就像有人说的："当人无事可做时，是很难沉默下来的。"从另一方面来讲，一个有适当才智而又远超常人的人，这似乎是一件不合自由且一反常态的事。但若这种情况真实存在，那么具有这种才华的人士若要得到幸福，就必须求得被他人认为是负担和有害的安静与闲暇。毕卡素是希腊神话中的飞马，若他披上普通马必须的鞍子，我们可以想象得到他根本不会快乐。若外界、内在两种反常情况即无扰的闲暇与极高的智慧重合在某人身上，那便是他极大的幸福；再加以命运顺遂人意的话，这个人就能过着不用受制于人类两大苦源——痛苦与厌倦的烦扰的高度生活，他非但不需再为生存而痛苦挣扎，而且还可以享受自由的存在情境——闲暇，唯有对痛苦和厌倦保持中立的态度，不受它们的感染，我们方可避免痛苦与厌倦。

但是从相反的观点来看，天赋的伟大才智是一项个性极为敏锐的活动，对于各种痛苦有着极大的受容性。它含有强烈的气质，广博而又生动的想象力，这两种性格便是伟大才智的鲜明特征，它们使具备此种特征的睿智者常有着较那可以吞食一般人的热情更为深刻的情绪，所以他也往往很容易成为这种情绪的牺牲品。世界上能带来痛苦的事情，本来比制造快乐的事情要多。天赋之才常远离他人，只因他本身所具备的条件已绰绰有余，不需要也不能从他人那里再得到什么，所以他人认为值得高兴的事，他只觉得浅薄枯燥罢了，相对地，能令他高兴的事也就少些。这就是所谓的"失之东隅，收之桑榆"的例证，我们称此现象为"赔偿律"，他是指世界上凡事有所得必有所失，反之亦然。常听人说，心地狭隘的人，其实是特幸福的人，即使这种好运并不值得艳羡。对此，我不想做过多的辩驳，以免影响读者自己独立的判断，特别是古代圣哲典籍中，对这一点也常有相互对立的言论出现。现举例来说，苏弗克利士曾说：

智慧占据幸福的大部分；

于另一段文章中，他又提到了：

无思虑人的生活是最快乐的生活。

《旧约》的作者，也产生了类似矛盾，他们一方面说：

愚人的生活比下地狱还糟。

另一方面又说：

智慧越高，痛苦越深。
知识越多，徒增烦恼。

我可以称一个才智平庸、没有心灵渴求之人为"菲利斯丁"——此语原属德文，是大学里面流行的俚语，后来意义深化，其定义为：没有心灵渴求的人。首先自这里我们可以推出，于己他不会有睿智的快乐，因为只有有需求才会有快乐。在他的生活里，不曾有过对知识和见解的本身所发生的欲求，也无法感受与它们接近的美感快乐。若遇美感乐趣正值时尚之时，为了追求时髦，他亦会强迫自己去尝试这种乐趣，但总会力求尽可能少尝试一些。他真正喜爱的是感官上的享受，同时相信它可以补偿其他方面的缺憾。牡蛎与香槟于他便是最高的存在目标了，生活目标在于取得身体的安适，若能花费一些功夫才能达成这个目的，他便更快活了。如果生活得豪华奢侈，他又难免厌倦，于是利用了许多不切实际的弥补方法，例如打球、看戏、赴宴、赛马、赌博、喝酒、玩女人、旅行等；实际上这些并不能使人避免厌倦，没有对于知性的渴求便不会得到知性带来的快乐，亦唯有知性的快乐才不会产生厌倦。"菲利斯丁"的性格特点是枯燥乏味又气质滞钝，好似动物。由于感官的乐趣容易耗尽，于是便没有什么东西可以真正刺激他或得到他的欢心，社交生活也随即成了一种负担，就连玩牌也不能提起他的兴趣了。当然，唯有虚荣心的满足还能留给他一些快意，他自以为是乐在其中，或是感觉自己在财富、地位、权力和影响力上较他人优越，或是因经常为有权势的人奔走而不自觉地沐浴在他们的光耀下而自鸣得意，这就是英国人所叫的"势利鬼"，真是可悲！

　　其次，从"菲利斯丁"的本质可以推得，在"对他"方面，他只有肉体方面的需要，自己却没有才智，他所寻求的也只是能满足肉体上的一些活动。他绝对不会要求朋友具备才智，因为后者会使他产生自卑感以及一份连自己也不想知道的、深深的嫉妒，所以，即使他碰上有才华的人，只会令他厌恶，甚至痛恨。在其心中对才智的嫉妒有可能会转成私下的怨恨。但他仍不会为此而转变自己的价值观念使自己符合才智之士的要求，他依然偏爱地位、财富、权力及影响力，希望自己样样精通，因为在他看来，世界上真正的价值就在于此。以上所提的种种乃是因他不具知识欲的后果。菲利斯丁们最深重的苦恼在于他们缺乏理念，所以他们为了逃避"厌倦"，需要不断以现实来填充心灵的空虚。然而现实总是危险和令人失望的，一旦他们失去对现实的兴趣，疲惫便会不请自来了。只有理念世界才是无限平静的，它远离了人世间的一切烦扰与忧患。

女性的价值

席勒的《女性的尊严》一诗，对仗工整，韵律和谐，颇能动人心弦，是一篇比较成熟的作品。但依我之见，赞美女性最中肯、最妥当的，当数朱伊（法国作家）所写的那几句话。他说："假如没有女性，我们生命的起点将失去被扶持的力量；中年失去快乐；老年失去安慰。"拜伦在他的剧作《萨丹那帕露斯》里发表的对女性的赞美更是感人至深：

> 人类呱呱坠地之始，就必须依靠女性的乳房方能继续生长，婴儿的牙牙学语亦出自女性之口来传授，我们最初的眼泪是由女性来给我们抑止，我们的最后一口气往往也都是在女性身旁吐出来……

（第 1 幕第 2 场）

以上两人所说皆颇能真切、具体、逼真地道出女性的价值所在。

显然，就女性的外观以及内在精神而言，她们总是不能承受肉体上的剧烈劳动，这是因为她们在行动上无法承担"人生的债务"，所以，造物者特意安排一些受苦受难的事情施加在女性身上以求补偿，诸如分娩的痛苦、对于子女的照管、对丈夫的服从等等——很微妙的是女性对丈夫往往有着一种超强的忍耐力。女性很少表现出强烈的悲哀、欢喜或是其他强烈的力量，因此，她们的生活本质上无所谓比男人幸或不幸，她们只是冀求一种恬静、安稳的一生。

女性最适于从事养育婴儿及教育孩子的工作，为什么这么说呢？因为女性本身就像是个小孩，既浅见又愚蠢——一言以概之，她们的思想介于男性成人与小孩之间。一个少女能一天到晚和小孩儿通过唱歌、跳舞、嬉戏等方式来度过时光。要是换个男人，即使他能耐下性子来做这种事，但大家不妨想想看，其场面将会如何？

造物者好像是把戏剧中所谓的"惊人效果"用在了年轻女孩们的身上。造物主给她们的财富仅为短短几年的美丽以及暂时的丰满和魅力，到后来，甚至透支她们此后全部的姿色。所以在这短短的几年时光里，她们可以俘获男人的感情，让男人承诺对她们的呵护———一直到死。因为欲使男人动心直至承诺，单凭理性的成熟还不能确保其行之有效。因此，上苍创造女人和创造万物一样，采取经济手段，只是在生存必需时才赐予她（它）们要用的武器或器械。例如，雌蚁在交接之后便失去翅翼，因为翅膀已经成了累赘，并且对产卵与抚养会构成一种威胁；同理，一名女性在生下几个小孩之后，通常也失去了美丽、娇艳。

根据以上总结可知，家务及其他女工在年轻小姐们的心目中，它们只是些次要的工作，甚至仅仅当成是一种游戏。她们唯一思虑的，不外乎是如何恋爱，如何俘获男人以及与此相关的事情而已，诸如化妆、跳舞等事。

宇宙中的万事万物越是优秀、高等，他们至成熟的时间就来得越晚。男人在二十八岁以前理智与精神能力成熟的并不常见，女子却在十八九岁之时便步入成熟期。虽称其"成熟"，她们在理性方面仍表现得很薄弱，所以，女性终其一生只能像个小孩，她们常常只看到眼前利益，执著于现实，思维也仅及于皮相不能深入，不注重大是大非问题，只喜欢与那些鸡毛蒜皮的小事较劲。

人，与一般动物不同，只满足生存在"现在"，人类是有理性的，靠着它，自检讨过去而瞻顾未来。人类的远见、悬念以及烦闷等皆因理性而发。由于女子的理性十分薄弱，所以那些由理性所引发的利与弊，也较男性少得多。不，说女性是精神上的近视者应该更为确切，她们直觉的理解力，对周围事物的观察力异常敏锐，但对于远距离的事物则无法入目。所以，凡是于她们视野中所不存在的，不论是有关过去抑或是有关未来的她们都无动于衷。固然男子身上也有这种现象发生，但总没有女性来得普遍，何况她们厉害的程度有的已经几近疯狂。女性的浪费癖便是基于这种心理，在她们的心中，赚钱是男人的天职，而尽可能花光这些钱（在丈夫未逝前或去世后）则是她们应尽的义务。特别是，丈夫为了家庭生计把薪金转交她们保管后，更增强了她们的这种信念。当然，上述的做法和观念存在许多弊端，可是也包含一些优点，因为女性是活于现实的，所以她们深知及时行乐的道理，女性看着终日辛劳的丈夫，难免于心不忍，为了调节丈夫的身心，必要的场合还会想方设法给丈夫以种种慰藉，增添生活情趣。

古日耳曼民族的一个风俗就是每当男人们遭遇困难之际，通常会移樽就教于妇女，这么做无可厚非。为什么呢？多是因为女子对于事物的理解方法较男人截然不同，最显著的是，她们的眼中只有距离近的事物，做起事来总是会选择离目标地最快捷的路径。而男子在看待眼前的事物时，起先是毫不在意地一晃而过，但思前想后，兜了几个圈子，最后总结出的结论是重点仍在眼前的事物。加之，大抵说来，女子果断，较冷静，对于事物的见解，只存在于当前事实，头绪单纯，不会为那些纷乱杂陈的思想所搅乱。而男人则不然，一旦激动起来，往往把存在的事物加以扩大或想象，结果不是小事闹大就是钻进牛角尖。

女性比男子更具怜悯之心，所以，对于那些遭遇不幸的人，她们容易表现出富有仁爱和同情的言行。但因现实的心理，关于诚实、正直、正义感等德行却比男人差。这是因为女子理性的薄弱，所以只有现实、具体、直观的东西能在她们身上激起力量，对于与之截然相反的抽象思想、常在的格言或那些关于过去、未来或远隔的各种事物，女子根本无心顾及。故此，她们天生虽然具有那些德性，却不能发挥展开。就此方面而言，女性完全可以和有肝脏但缺胆囊的生物相比了。由此，我们可以发现女性根本与最大的缺陷——不正。这个缺陷也要归咎于理性的欠成熟，女性是弱者，她们没被赐予雄浑的力量，造物者便赋予她们一种法宝——"狡计"依其生存。她们先天上就有虚伪、谲诈的本能，这便是上苍的巧妙安排，正如狮子有锐爪和利齿、牛有角、象有牙和乌贼有墨汁一样，造物者令男子具有强壮的体魄与理性，也给女性赋予防卫武装的力量，那便是佯装的力量。虚伪和佯装，它们可以被称为是女性的天性，即使是贤女，和愚妇比较起来，实无太大的差别。所以她们尽可能地利用机会，借助这种力量，其实，这就和上述动物受到外界攻击时使用它的武器一样，是天经地义、顺理成章的事。从某种程度上来讲，她们觉得这样做就如同是在行使自己手中的权利一般。所以，绝对诚实、没有丝毫虚伪的女性几乎没有。正因如此，女性对于他人的虚假很容易被发觉，因此，我们还是不要拿虚伪去回报女人才是上策。因她们有这个根本缺陷，因之不贞、背信、虚伪、忘恩等毛病相继产生，法庭上的"伪证"，女性做出的就远比男子多得多。所以，对于女性的发誓赌咒之类的行为，至于其真实性如何，实颇具推敲性——我们不是经常听到一些光鲜亮丽的贵妇人在店铺中居然顺手牵羊地做起了三只手的勾当吗？

为了人类的繁衍，为了预防种族的退化，那些年轻、强壮而又俊美的男性，在造物者的召唤中呼之而出。这种自然而坚不可破的意志，于女性表为激情。从古至今，这种法则始终凌驾于其他所有法则之上，所以，男子的权利和利益一旦和它相违背，势必遭殃，在那"一见钟情"的瞬间，他的所言所行就要四分五裂。因为女性在她们潜意识的、不形之于外的、秘密的、与生俱来的道德中就被告知："我们女性对于只为谋私利、妄图霸占种族权利的男子行使欺骗的权利。种族的构成与幸福，关系到我们所生的下一代，全倚仗我们女性养育及照顾。我们本着良心去履行我们的义务吧！"对于这最高原则，女性不单是抽象的意识，还潜藏表现为对具体事实的意识，所以如若机会来临之时，除以行为表现外，再无其他任何方法了。当她们这么做时，其内心比我们所推想的还要平静，因为她们的内心深处已经意识到种族的权利远比个体大，从而更该为种族尽义务，虽然说个体的义务会因此受到侵害。

总之，女性只是为种族后代的繁衍而生存。她们的天性亦完全针对此点而成，所以，她们情愿为种族牺牲个体，她们的思维往往也侧重于种族方面的事情。因此她们的性情和行为被赋予了某种轻佻的色彩，具有和男子完全不同的倾向。这在婚后生活中可见一斑，不，几乎一般所说的夫妇不和谐，就在于此吧。

男子与男人之间可以漫不经心地相处下去，女性之间似乎生来就彼此相互敌视。商场中的所谓"同行相嫉"之心理，于男子而言，只是在某种特定的情形下才可能发生嫌隙，而女性则怀有一种独霸市场的心理，其所仇视的对象包括所有的同性女子，即使是在路上相遇，也好似 Guelfs 党徒碰到 Ghibellines 党徒一样，彼此怒目相向。对于初见面的朋友，女人显然要比男人表现出更多的矫柔造作，所以，那时她们间的客套话和奉承话，听来就比男人们要滑稽多了。还有，男人们在晚辈或下属面前，尚能保持若干的客套和人情味交谈；而高贵的妇女与身份较低贱的女人谈话，态度大抵都很倨傲，大有不屑与之一谈的神气。这大概是由于女人在阶级上远较男人不固定、变化无常。此外，男人所思虑的范围大、杂事多，而女人则只有一桩事情——如何虏获男人的心。唯有理性被性欲所掩盖的男人才会将"美丽天使"这个名衔冠之于那些矮小、窄肩、肥臀而又短腿的女子，因为女性之美其实只存于性欲当中。与其称她们美丽，不如说她们毫无美感更为恰当。无论是对于音乐、诗歌还是美术，她们都没有任何真情实感。也许她们会表现出一副认真欣赏、十分在行的神态，那只不过是为了配合他人的一种幌子罢了。总而言之，女人对以上事情，不可能以绝对的客观性介入，依我个人之见，是因为：男人对待任何事物都是凭智慧或理性，努力去理解它们或者亲自出马去征服它们，而女性不论身处何时何地，都是通过丈夫的这层关系，间接支配一切，所以她们本身具有一种支配丈夫的能力。她们生来就有种一成不变的观念——一切以虏得丈夫为中心。女性表现出关心其他事物的态度，实际上那只是在伪装，是为达目的的迂回战术，终其极那不过是在模仿或呈媚罢了。卢梭在写给达兰倍尔（法国哲学家、数学家）的信中曾提到："一般女子对所有艺术都没有真正的热爱和真正的理解，同时，对于艺术而言，她们也没有一点点天赋。"此语说得甚为正确。例如在音乐会或歌剧表演等场合，我们可以仔细观察一般女子们的"欣赏"态度，即便是最伟大的杰作，即便是演唱到最精彩的时刻，她们仍像小孩子似的吱吱喳喳，不知讨论些什么名堂。相传古希腊人曾有严禁妇女观剧之规定，此举若确属实，那倒是实在可行的，至少可以让我们在剧院中不致于受到干扰，能够多领会一点什么出来。我们现在的确必须在"妇女在教会中宜肃静，'（见于哥林多前书 16 节之 24）的规则之后再附注一条，以大字书写于幕布之上："妇女在剧院中宜肃静"。

此外，我们不能对女性有太多期望，就以美术来说吧！从绘画的技法上说，男女同样适合，但有史以来，即使最优秀的女性也从未在此方面产生任何一项富于独创性或真正伟大的成就，而在其他方面，她们也从未给世界做出任何具有永久价值的贡献。女性们表面看来对绘画是那么热衷，但是为什么不能出现优秀作品呢？"精神的客观化"是绘画的重要因素之一，而女性事事较易陷入主观，正因为这个缺陷，所以一般妇女对绘画都没有真正的领悟性，连这基本条件都不能达到，自然不会有多大的作为。三百年前的哈尔德（马德里医学家和作家）在他的杰作《对于科学的头脑试验》中，就曾下过这种断言："女性缺少所有高等的能力。"除了少数的特殊情况以外，这是不容置疑的事实。大体看来，女性实是俗不可耐得很，她们一辈子都不可能摆脱平凡庸俗的环境和生活。因此，妻子与丈夫共享身份和称号是极不公平的社会团体。如让她们指挥调配，会因为女人的虚荣心不断地给男人造成刺激，这是酿成近代社会腐化的一大原因。妇女们在社会中究竟居于何种地位最为恰当？拿破仑一世说道："女性无阶级。"我们不妨以此作为圭臬。其他的像夏佛茨倍利（英国伦理学家）的见解也颇为准确。他说："女性虽是因男子的愚蠢和弱点而生，但与男子之理性全然无关。男女之间，只有表面上的同感，在精神、感情、性格诸方面实则绝少一样。"女性毕竟是女性，她们永远都赶不上男子的步伐。所以，在针对女性的弱点这一点上，我们只有睁一只眼闭一只眼地装糊涂，毋须太认真，但如果对她们太过尊敬，又未免显得可笑与夸张，在她们看来，我们男子是在自贬身价。自浑沌初开，人类划一为二之时，就没有真正的"等分"，只是划分成"积极"和"消极"两类，不但质如此，量亦如此——比如东方民族和希腊罗马人，他们对女性的认识判断就比我们精确得多，他们赋予妇女的地位，也比我们恰当得多。女性崇拜主义是基督教与日耳曼民族充裕感情的产物；它也是把感情、意志与本能高举在意志头上的浪漫主义运动的导火线，这种愚蠢至极的女性崇拜，往往使人联想到印度教"圣城"贝拿勒斯之神猿，当这只猴子得知自己被视为神圣而摘得"禁止杀伤"的招牌时，它便肆无忌惮地横行霸道。女性的横霸及任性似乎有过之而无不及。

西方诸国所给予女性的——尤其所谓"淑女"地位，实在是大错特错。自古至今都是屈居人下的女子，绝对不是我们所应敬重与崇拜的对象，因为凭借她们自身的条件和男性享有同样的权利尚且不能同日而语，更不用说享有同等特权了。否则必然酿成不可收拾的残局。我们指定给予妇女一定的地位，不但会成为亚洲人民的笑柄，若古希腊罗马人泉下有知的话，亦必会讥笑我们的不智，只希望"淑女"一词从此销声匿迹才好。若如此，我相信不论是在社会还是政治上，都将会带来数量可观的收益。

由于"淑女"这种身份的存在，使得欧洲绝大多数的女性（尤其是那些身份较低的女人），比东方女人遭遇了更多的不幸。此类所谓"淑女"完全没有存在的必要，当然对于主妇和那些即将成为主妇的少女们，她们还是不可或缺的，对于后者，我们要好好地对她们教导，使她们不再狂妄自大，使其变成具有服从的优良品性以及快速适应家族生活的能力。

拜伦说："古希腊妇女的生活状态，实在是一面很好的镜子。男人能够充分地供给她们衣食，让她们不用抛头露面到社会上谋生，能够一心一意地照顾家庭。要实现这样的生存状态，她们必须都得接受足够多的宗教教育，与诗、政治理论等书籍相关的不读也无所谓，只管阅读有关'敬神'和'烹调'方面的书籍即可。闲暇时，绘画，跳舞，抚琴唱歌都行，偶尔造些园艺或是下田耕作。伊比鲁斯的妇女便可以修筑出非常漂亮的道路来，所以我们现在的女人还有什么理由不做那些挤牛奶、砍枯草之类的轻便工作呢？"

服从是女人的天性，这里我还可再提出一个佐证：年轻的女性原本是逍遥自在与独立不羁的（这有悖于女人的自然地位），但没过多久，就要找个指挥统治自己的男士为伴，这便是女人的要求支配者。在她们年轻的时候，支配者是她们的丈夫，年老时，则是听取忏悔的僧侣。

财富欲

伟大的幸福论者伊壁鸠鲁将人类的需要分成三类，可以说他所做的分类十分真确。第一类为自然且必须的需要，如食物和衣服。这都是易于满足的需要，一旦缺乏便会有痛苦感。第二类是自然却不是必须的，如某种感官的满足。在这里我要说明一点：根据狄奥简尼·卢尔提斯的记述，伊壁鸠鲁并未指明是哪些感官，因而比起原有的伊氏学说，我所叙述的更为固定和确实。第二种需要较为难满足。第三类就是既非自然又非必需的，诸如对奢侈、挥霍、炫耀及光彩的渴望。这种需求如同无底的深渊，更难以令人满足。

实在很难用理性定义出财富欲的界限，我们几乎无法找出能使人感到绝对满足的财富量，这一数量是相对的，正如在他所求和所得间，通过意志维持着一定的比例。仅以人的所得来衡量其幸福，不顾其所希望得到的——这种衡量方式，就如同仅有分子无法写出分数一样无效。对自己不希冀的东西，人是不会产生失落感的：没有那些，他依旧能够快乐；而另一类人，尽管有着千百倍的财富，却为着得不到自己所希望的东西而苦恼。在他所见范围内的东西，只要他有信心获得，便会感到快乐；而如果难以到手，便终日苦恼。人人都有自己的地平面，超出这范围以外的东西，对他而言，得到与否都没影响。

因此，富人的万贯家财不会令穷人眼红，而富人也无法用财产来填补希望的落空。财富好比海水，喝得越多，越是口渴，名声也同此理。除了第一次阵痛外，丧失财富并不会使人的习惯气质发生改变；如果人无法摆脱财产减少的命运，他将会自动减少自己的权利。当噩运降临，减少权利的确非常痛苦，可一旦做了，这种痛苦便会渐渐减小，终究没有了感觉，如同痊愈的旧伤一般。相反的情况是，好运来到，权利越来越多，没有约束。这种扩展感令人快乐，却也是短暂的，当扩展完成，快乐也随之消失，习惯了权利增长的人们，便渐渐不再关心满足他们的财富数量。《奥德赛》中的一段话便是这一真理的描述：

"在我们无法增长财富，却又不断想增加权利时，不满之情油然而生。"

我们要是知道人类的需要是何等之多，人类的生存如何建立在这些需要之上，便不会惊讶于财富为什么会比世上其他东西更为尊贵，为什么财富会占着极为荣耀的地位；对于有些人将谋利看成是生命的唯一目标，并把不属此途的——例如哲学——推到一边或抛弃于外，我们也不会感到惊奇了。那些希求金钱和热爱金钱超过一切的人常常会受到斥责，这是很自然且不可避免的事情，他们就如同多变而乐此不疲的海神，追求各种事物，随时随地想要满足自己的各种欲望。任何其他的事都能成为满足对象，但一件事物只能满足一个希望与一个需求。食物当然是好东西，但只有在饥饿时才是如此。倘若懂得享受美酒的话，酒也是如此；有病时药就是好的；冬天火炉就是好的；年轻时爱情是好的。但这一切的好都是相对而言的，而金钱才是绝对的好：钱不但能具体满足特殊的需要，也能抽象地满足一切。

如果人有一笔颇能自足的财富，他便应该将此作为抵御他可能遭遇的灾祸与不幸的保障；而不应当作在世间寻欢作乐的许可证，或以为钱就应当如此用。那些白手起家的人，常认为致富的才能是他们的本钱，所赚取的金钱只相当于利润，因而他们尽数花去所赚的钱，却不懂得把一部分存起来当作固定资本。这类人大多数会再度陷入穷困境地：或收入减少，或完全没有进项，这一切缘于他们才能的枯竭，或是时境变迁，使他们的才能没了用武之地。而通常以手艺为生的人，任意花用所得并无大碍，因为手艺是一种不易失掉的才能，倘若某人失去了手艺，他的同行尽可以弥补，此外这类劳力的工作为社会普遍所需，所以古语说："一项有用的行当如同一座金矿。"而对于艺术家和其他专家，情况又会不同，这也是后两者的收入为何会比手艺人好得多的原因。这些收入高的人原本应该存一部分钱当作资本，而他们却把收入当作利润尽数花掉，以致日后变得非常窘困。此外，继承遗产的人至少能够清楚哪部分是资本和利润，并尽力保全资本，轻易不会动用；倘若有紧急情况，他们至少会存起八分之一的利息来应付。因而他们之中的大部分能够保持其地位不坠。

上面所陈述的有关资本和利润的几点在商业界并不适用：金钱之于商人，好比工具之于工人，只是获得利益的手段，因而即便他的资本完全是自己努力赚取的结果，他也会灵活运用这些钱来保有和增加财富。所以，没有别处会像商业阶级那样，把财富当成稀松平常的事物。

我们很容易发现，那些切身体验过和了解困乏与贫穷滋味的人，不会再怕困苦，正因为如此，比起那些家境富裕、仅听闻穷苦的人，他们也更容易有挥霍的习惯。与那些凭运气致富的暴发户比起来，生长于良好环境的人们通常更为节省和慎重计划未来。由此看来，似乎真正的贫穷并未像传闻中说的那么可怕，其中真正的原因在于，那出身良好的人常把财富看得跟空气一样重要，失去财富他便不知该如何生活，所以他会如同保护自己的生命那样来保护财富，进而也会喜爱有规律、谨慎和节俭的生活作风。但对于从小习于贫穷的人来说，一旦致富，他也会将财富视作过眼烟云，如同尘土一般，可以随意用来享受奢侈品，因为他随时都能够过以前那种穷困的生活，还可以不必为金钱忧虑。莎士比亚在《亨利四世》一剧中说过："乞丐可以悠哉地过活一生，这话真不假！"

应该说，出身穷苦的人有着坚定而充足的自信，相信命运，也相信天无绝人之路——相信自己的头脑，也信赖自己的心灵，所以同富人不一样，他们不会把贫穷的阴影看成是无底的深渊，而很坚定地相信，即使再次摔倒在地，仍然能够再爬起来——人性中的这一特点正好可以用来说明婚前贫苦的妻子为何会比那些带有丰厚嫁妆的太太更爱花费，要求也更多。显然，富家女带来的不仅仅是财富，还有比穷家女更热切的保存这些财富的本能。倘若有人对此表示怀疑，并认为实际情况恰恰相反，那么他能够在亚理奥斯图的第一首讽刺诗中找到共鸣，而另一方面，姜生博士的一段话却恰好印证了我的观点："出身富裕家庭的女子，早已习惯了支配金钱的生活，懂得如何谨慎地花钱；相比之下，一个因结婚而首次获得金钱支配权的女子则会非常热衷于花钱，浪费而奢侈也就不足为怪了。"

在我奉劝各位谨慎保管自己或继承或赚取的财富时，还有一件事情值得一提：假如有一笔钱足够让人不需要工作就可以独立舒适地生活，即便只够一个人的花销——够一家子用的就不必考虑了——也算是捡了个大便宜，因为有了这笔钱，那仿佛慢性病般紧附在人们身上的贫穷就可以"药到病除"，人类就可以从几乎注定般的强迫劳役中解脱出来。只有如此好命的人方能说是生而自由的，他们才能够成为自己所处时代和力量的主人，才能够在每天清晨骄傲地说："这一天是我的。"正是因为如此，每年收入过百与每年收入过千的人之间的差距，远小于前者与一无所有的人之间的对比。要是具备高度心智力的人继承了遗产，那么这笔财富就能够实现最大的价值，这种人大部分追求的是一种不必自己劳苦赚钱的生活，因而倘若获得遗产，就如同获得上天双倍的恩赐，其聪明才智能够得到充分的发挥，实现他人所不能够实现的工作——可促进大众福利并增进全人类的荣耀，倘若他以百倍于此的价值回报了曾给与他这区区之数的人类，另一种人也许会用其所得的遗产去开展慈善事业以帮助同胞们。但如果此人对上述事业一概不感兴趣，也不曾试着去实践，从来没有专心地去研究一门学问以促进其发展，那么即便他长于富有的环境，这种环境也只能使他更愚钝，成为时代的蠢物，为他人所不齿。在这种情况下，他也不会感到幸福的。金钱虽使他免于贫困，却使他陷入另一种人类痛苦的深渊——烦闷。这种烦闷的痛苦，令他宁可贫穷——倘若这能使他有事可做的话。也因为烦闷，让他更倾向于浪费，最终致使他失掉这种自以为不值得去占的便宜。很多人都是这样：当他们有钱时，就用钱来购得暂时的解放，以便让自己逃离烦闷感的压迫，而最终的结果是，自己又归于贫困。

如果一个人以政治生涯的成功来作为奋斗的目标，那么情况就又会有所不同。在政界，个人利益、朋友和各种关系都是帮助他一步步达到成功顶端的重要因素。在此类生活中，居于社会底层一文不名的人是较容易实现目标的。倘若他雄心壮志，颇具头脑，即便不是贵族出身，甚至身无分文，这不仅不是他事业的障碍，更能增加他的声望。因为在日常与他人的接触中，几乎所有人都希望别人有不如自己的地方，这种情形在政界表现得更为显著。一个穷光蛋，不管是从那个方面看，都是彻底地、绝对地不如他人，更因为他的渺小和微不足道，反而令他悄然在政治把戏中占有一席之地。只有他能够做到深深地鞠躬，必要时甚至磕头；只有他能够对任何事物妥协且又能极尽嘲讽；只有他懂得仁义道德的虚假；在提及或写到某位长官要人时，只有他能放开最大的音量和使用最大胆的笔调；只要他们略作回应，他就可以将此誉为最富神采的杰作；只有他了解如何乞求，因而一旦他脱离孩童时期，便立即成为一名教士，来宣扬这种歌德所揭示的隐秘背后的秘密。

抱怨世俗目的的低下根本就是发牢骚，不管人们怎么说，他们都是世界的统治者。

另一方面，生来就有足够财产舒服过此一生的人，一般而言都会拥有一颗独立的心，不习惯于同流合污，也不会奴颜婢膝地乞求他人，甚至还追求一点才情，尽管他应该明白这种傲骨的才气远非凡人诌媚的对手。与此慢慢看清了居高位者的庐山真面目，当对方羞辱自己的时候，就会表现得更为倔强与不屑。高处不胜寒——那些身居高位者绝非得世之道，他们终将会服膺于伏尔泰所说的话：

生命短促如蜉蝣，用短短一生去侍奉那些卑劣的恶棍，是多么不值得啊！

然而，世间"卑劣的恶棍"终是人多势众，因而米凡诺所说的"倘若你的贫穷大过才气，你是很难有所成就的"，只适用于文艺界，政界及社会的野心则另当别论。

在上面所叙述的人的产业中，妻子与子女是我所没有提到的，因为我认为自己是为他们所有而非占有他们。另外，我似乎还应该提到朋友，可朋友的关系应该是一种相互的关系。